# Honoré de Balzac

mit Selbstzeugnissen
und Bilddokumenten
dargestellt von
Gaëtan Picon

rororo bildmonographien

Rowohlt

Aus dem Französischen übertragen
von Eleonore zu Salm-Salm und Hansgeorg Maier
Den Anhang bearbeitete Paul Raabe
Die Neubearbeitung der Bibliographie (1994) stammt von Brigitte Haertel
Umschlagentwurf von Werner Rebhuhn
Vorderseite: Honoré de Balzac. Fotografie von Nadar um 1850
Rückseite: Erster Fahnenabzug von «La Vieille Fille»
mit Balzacs handschriftlichen Korrekturen (Rowohlt Archiv)

Veröffentlicht im Rowohlt Taschenbuch Verlag GmbH,
Hamburg, August 1959
Mit Genehmigung des Verlags Éditions du Seuil, Paris

Gesetzt aus der Linotype-Aldus-Buchschrift
und der Palatino (D. Stempel AG)
Gesamtherstellung Clausen & Bosse, Leck
Printed in Germany
ISBN 3 499 50030 2

8. Auflage. 37.–38. Tausend April 2000

# Inhalt

*Balzac, etwa 22 Jahre alt. Sepiazeichnung von Deveria*

# Ein Universum ohne Schöpfer?

*Mir selbst ist es unbegreiflich ...*

Balzac ist der Schöpfer der *Comédie Humaine.* War er einfach Monsieur Honoré de Balzac? Der Mann, auf den die Tatsachen seines Lebens, die Aussagen seiner Umgebung und sein Briefwechsel schließen lassen: welch ein Abstand trennt ihn von dem Erzähler, von dem unsere Phantasie träumt, sobald wir ihn in der Werkstatt der *Menschlichen Komödie* lärmen hören! Balzac in Selbstzeugnissen? Wenn er nichts weiter gewesen ist als der Urheber seines Werkes – wozu dann in diesem Werk dem Menschen namens Honoré de Balzac nachspüren und in diesem Menschen den Beweggründen seines Schaffens?

Kein dichterisches Werk gewinnt soweit die Oberhand über seinen Schöpfer, daß es uns glauben machen könnte, es habe ihn aus sich geboren. Es gibt Dichter, bei denen wir fühlen, daß sie über ihrem Werk oder zumindest mit ihm auf gleichem Fuß stehen. Gustave Flaubert überragte seine Romane; bei Stendhal erleben wir mit, wie die Luzidität und die Prägnanz seines Stils sich entzünden und schärfen in der Glut eines auf Selbstbeobachtung erpichten Naturells; wir wissen, daß Tolstoj und Dostojevskij ihre eigene Wirklichkeit gelebt haben und daß die Gestalten ihrer Romane dasselbe tun; und die Persönlichkeit Goethes kommt im beiläufigsten Satz seiner von Eckermann aufgezeichneten Gespräche voll zum Ausdruck. Doch Balzac? Bei ihm hat man den Eindruck, er habe sein Werk nicht eigentlich sich selbst entrungen, sondern sein Werk habe ihn, den Urheber, in sich hineingesogen; nicht der Töpfer sei er gewesen, der dem Tonkrug die Form gibt, sondern der Hohlraum, der seine Formung dem ihn umschließenden Gefäß verdankt.

Angenommen, wir wüßten nichts von Balzac und die *Comédie Humaine* wäre für uns das Epos eines anonymen Verfassers: hätten wir nicht zuallererst die Empfindung, zwischen diesem erdichteten Universum und einer Einzelexistenz, einer wie immer gearteten Individualität, gäbe es keine gemeinsame Dimension? Ein so weitgespanntes, kaum überschaubares, in sich widerspruchsvolles Epos, von solchen Scharen gegensätzlicher Gestalten belebt und so weit voneinander entfernte Regionen umfassend: wie sollte der Dichter die riesige Fülle des Unvereinbaren allein aus sich selbst genommen haben? Auf welchen gemeinsamen Stammvater sollten Eugénie Grandet und Valérie Marneffe, Vautrin und Benassis, Rastignac und Desplein, Louis Lambert und Philippe Bridau sich zurückführen lassen – der Ehrgeizige und der Weise, der Verbrecher und der Gerechte, der Sinnliche und der Mystiker, die Jungfrau und die Kurtisane, der Homosexuelle und der Weiberheld, der Traditionalist und der Rebell? So fragt man aber nur, bis man sich darauf besinnt, daß die Vielzahl und Vielfalt Balzac'scher Charaktere der reichgestuften Mannigfaltigkeit des wirklichen Lebens entspricht, deren er sich als unbeeinflußter Beobachter bemächtigt hat.

Wiederholt hat Balzac sich als sein einziges Verdienst das einer gewaltigen Bestandsaufnahme zuerkannt. Der Titel *Die Menschliche Komödie* enthält eine Distanzierung: er will nahelegen, daß Balzac Zuschauer bleibt; daß er sich der Parteinahme entschlägt und die Welt so schildert, wie sie ist. Balzac ist gleichsam der Geheimschreiber der französischen Gesellschaft, die ihre Chronik durch ihn zu Papier bringen läßt ... Aber bereits einen Augenblick später bedenkt man, daß die Weltkenntnis eines einzelnen Mannes unmöglich derart komplex sein kann und daß Balzac seine *Comédie Humaine* als *eine Art «Tausendundeine Nacht» des Abendlandes* bezeichnet hat.

Demzufolge wäre also die Einbildungskraft die Quelle, aus der Balzac schöpfte. In der Tat: wenn man ihm lange Zeit auch nachgerühmt hat, daß er den auf Beobachtung der Wirklichkeit basierenden Roman begründet habe, so würdigten doch die besten Balzac-Kenner von jeher den Anteil der Dichtkunst an seinen Büchern. Der Romanschriftsteller Paul Bourget (1852—1935) nannte Balzac einen «analytischen Visionär», und Hugo von Hofmannsthal verherrlichte die überströmende, unerschöpflich reiche Phantasie eines Balzac als die produktivste und bannkräftigste seit Shakespeare. Gleichviel aber, ob man das Werk von Balzac der Phantasie zuschreibt oder als realistische Bestandsaufnahme gelten läßt: auf jeden Fall führt es ein Eigenleben jenseits der Einseitigkeit und Parteilichkeit eines Einzelnen, wirkt es wie unabhängig von einer Einzelpersönlichkeit entstanden. Nicht von ungefähr hat in ihm einer der Balzac-Interpreten (F. Brunetière) das Urbild künstlerischer Entpersönlichung gesehen: «Das hervorstechendste Merkmal seines Werkes ist entschieden die Objektivität. Seine Romane sind nicht die Beichte seines Lebens; und der Griff nach bestimmten Stoffen ist ihm niemals von subjektiven, in irgendeiner Hinsicht privaten Motiven diktiert worden ... Weder erzählt er von sich selbst noch spricht er sich in seinen Romanen als Individualität aus ... Nicht Balzac wählt ein bestimmtes Sujet, sondern seine Stoffe ergreifen ihrerseits von ihm Besitz und nötigen sich ihm auf.»

Die äußere Erscheinung von Balzac macht den Abstand zwischen Werk und Persönlichkeit noch sinnfälliger ... Auf der einen Seite das so abgründige Epos, auf der anderen der am prosaischen Alltag haftende, zum Vulgären neigende, vierschrötige Mann. *Unter uns gesagt: ich bin nicht tiefgründig, sondern recht dick,* schreibt Balzac im November 1838 an die junge Mailänder Contessa Clara Maffei, die damals, statt für patriotische Rebellen, noch für berühmte Dichter schwärmt.

Seine unbändige Vitalität genießt er mit offenen Sinnen; ihr Grundzug ist eine Art Lüsternheit, eine unersättliche Gefräßigkeit, ein Hunger, sich auszuleben und zu genießen, der sich in erster Linie auf Körperliches und Materielles richtet — auf Geld, auf Frauen, auf Ruhm und Ansehen, auf Besitz, auf Weine und Früchte. «Seine Lippen bebten», erzählt der Balzac-Biograph Léon Gozlan, «seine Augen strahlten vor Glück, seine Hände zuckten vor Freude beim Anblick

Seite 9,
10 und 11:
*Drei Balzac-Statuen von Rodin*

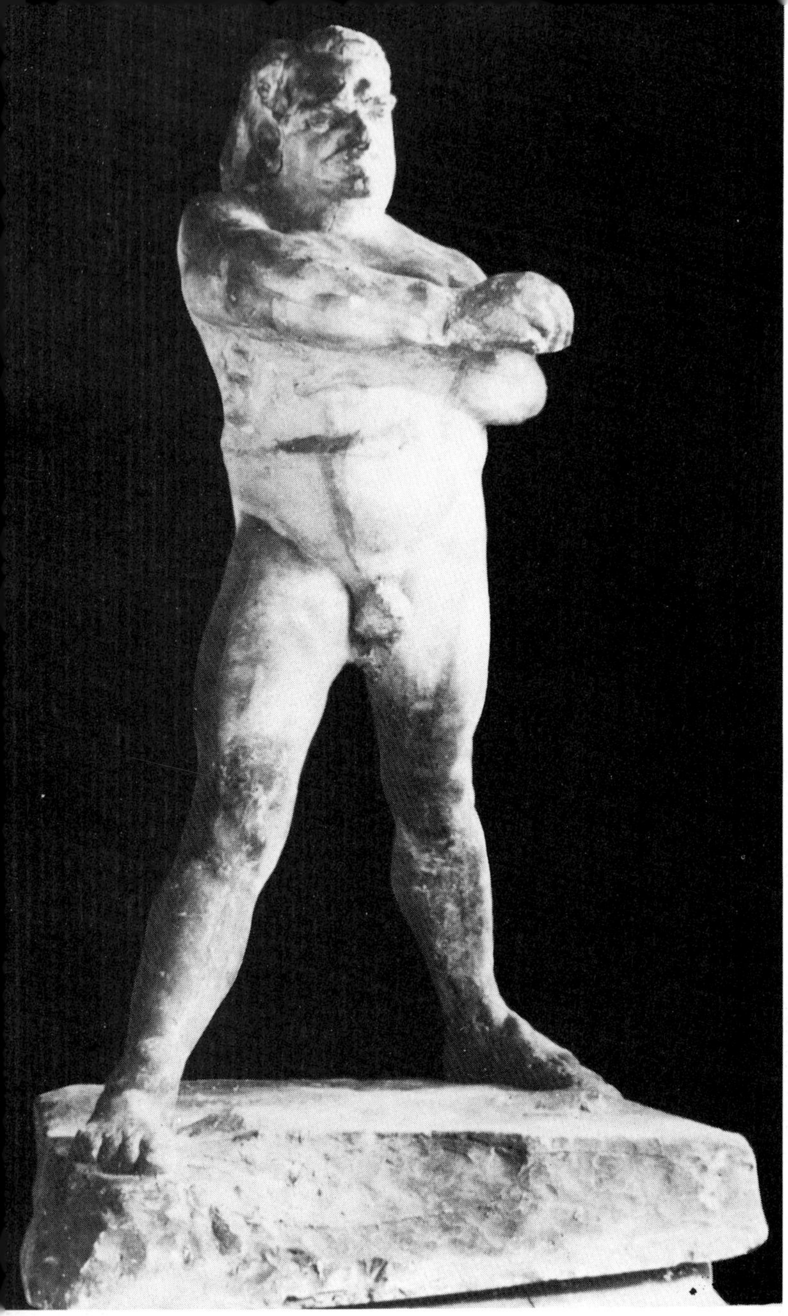

einer Pyramide von Birnen oder schönen Pfirsichen ... Er war hinreißend in seinem unbewußten Pantagruelismus, seinem Genußmenschentum, wenn er die Halsbinde abgelegt und das Hemd geöffnet hatte und zum Obstmesser griff, wenn er lachte, ein Weinglas leerte, eine saftige Birne zerschnitt.» Frau von Hanska erschrickt vor seiner Schwelgerei; nach dem Zusammentreffen in Neuchâtel schreibt sie ihrem Bruder: «Du wirst Dich daran erinnern, daß Du mir prophezeit hast, er esse mit dem Messer und putze sich die Nase mit seiner Serviette. Nun, das letztere hat er sich zwar nicht geleistet, aber die erstgenannte Missetat hat er in der Tat begangen.»

Getragen wird seine sinnliche Vitalität von einer bäuerlich-zähen Konstitution. «Monsieur de Balzac hatte den Leib eines Athleten», betont der Literaturkritiker Sainte-Beuve. Auch der Dichter Théophile Gautier, dem Balzac 1835 begegnet, ist von dessen Körperbau beeindruckt: «Seine zurückgeworfene Mönchskutte gab den Hals eines Athleten oder eines Stieres frei, der rund wie eine Säule war; nirgends traten sichtbar die Muskeln hervor, und die Haut war von atlasartiger Weiße, von der die kräftigere Färbung des Gesichts deutlich abstach ... Er bot ein Bild ungestümer Gesundheit, das nicht recht harmonieren wollte mit der kränklichen Blässe und Grämlichkeit der in Mode kommenden Romantik. Das reine Blut eines in ‹Frankreichs Garten›, in der Touraine, Geborenen färbte ihm die Wangen mit prangendem Purpur und rötete ihm die vollen, schwellenden und geschwungenen Lippen, zumal sooft ihn das Lachen ankam.»

Überhaupt das Lachen von Balzac:

«Es barst» — nach der Schilderung von Léon Gozlan — «wie eine zerplatzende Bombe, wenn ihm eine witzige Bemerkung gefiel: Hauptsache, sie war gehörig gesalzen; zu stark gesalzen dünkte sie ihn nie. Dann schwoll ihm die Brust, und wie sein zuckendes Kinn tanzten seine Schultern. Frank und frei kam der Sohn der Touraine zum Vorschein. Wir glaubten seinen Landsmann François Rabelais vor uns zu sehen: Rabelais im schlaraffischen Lustschloß der erdichteten Abtei Thélème. Balzac zersprang förmlich vor Vergnügen, wenn ihm der Knalleffekt eines Kalauers aufgetischt wurde, mochte der letztere noch so albern, noch so einfältig und vom Wein eingegeben sein.»

Sicherlich stimmt dergleichen gut zu dem Bild, das wir uns vom Autor der *Contes Drôlatiques*, der dreißig «Trollatischen Geschichten» machen. Aber paßt es zum Autor der *Comédie Humaine*?

Nun, auch der neigt zu einer heiteren Lebensbejahung, die sich ungehemmt verschwenden möchte. Ihr entspringen die Lachlust, die Einfallsfreude, die Geschwätzigkeit, die vielen Possen und fortwährenden Mystifikationen. Wir tun gut daran, uns Balzac in jener ihm zur zweiten Natur gewordenen Pose vorzustellen, die der Dichter Alphonse de Lamartine beschreibt: der Romancier der *Comédie Humaine* nötigt, «am Marmorkamin stehend», einer mehr amüsierten als gefesselten Zuhörerschaft eines seiner endlosen Selbstgespräche auf. («Die Unterhaltung mit ihm war anregend», beteuert die Romanschriftstellerin George Sand, «ermüdete jedoch etwas durch die eingeflochtenen Wortspiele.») Zweifellos gibt er Proben seiner nimmermüden Suada und Erfindungsgabe zum besten. Aber seine Beredsamkeit verschmäht auch das Vulgäre nicht: Scherze etwa, die er Romangestalten wie dem Karikaturenzeichner Bixiou, dem Landschaftsmaler Léon de Lora, den zu jeglichem Schabernack geneigten Kanzleischreibern des Rechtsanwalts Derville in den Mund legt, oder Spielereien mit der Wortendung «rama», bei denen sich die Mittagsgäste der Pension Vauquer auf Kosten des unglücklichen *Père Goriot* erheitern, indem sie die Suppe ein «Supporama», die Novemberkälte ein «Kältorama», den melancholischen Novembernebel (einen wahren Vater-Goriot-Nebel) ein «Goriorama» nennen; dieser Humor ähnelt den Sprichwörter-Verdrehungen, die Balzac in seinen Notizheften sammelt und die er uns dann aus dem Munde geeigneter Romanfiguren vernehmen läßt. Da wird aus *Il faut battre le fer quand il est chaud* (Man muß das Eisen schmieden, wenn es heiß ist) die komische Wendung *Il faut battre son frère quand il a chaud* (Man muß seinen Bruder schmieden, wenn ihm heiß ist). Aus *Qui trop embrasse mal étreint* (Wer zuviel umarmt, umarmt schlecht) wird *Qui trop embrasse a mal aux reins* (Wer zuviel umarmt, hat bald lahme Lenden). Statt *Il ne faut pas courir deux lièvres à la fois* (Man soll nicht zwei Hasen zu gleicher Zeit jagen) heißt es *Il ne faut pas couvrir deux lèvres à la fois* (Man soll nicht zwei Lippenpaare zu gleicher Zeit mit Küssen bedecken). Oft tritt bei Balzac die Phantasie auch in den Dienst einer durchaus eigennützigen Sucht, zu übertreiben und zu mythologisieren. Was sagt er fortgesetzt von sich selbst? Dies namentlich: daß sein überkommener Name in der Tat Honoré *de* Balzac laute und er mit Herzögen und Herzoginnen befreundet sei; daß «kolossale Reichtümer» und ein liebendes Herz seiner in der fernen Ukraine harrten; daß er mit den Nüssen aus dem Garten seines Landhauses oder an den Silberminen auf Sardinien ein Vermögen verdienen werde; daß er die Stelle kenne, wo der Schatz des Negers Toussaint Louverture verborgen liege, jenes führenden Politikers der Aufständischen auf Haiti, den der Erste Konsul Napoléon Bonaparte nach Frankreich hatte entführen lassen ... Das alles geäußert als natürliche Herzensergießung eines animierten Tischgenossen, als Ausdruck einer gesellschaftlichen Strategie, die durch die gut erzählte Geschichte, das treffende Bonmot bezaubern will.

Dieser Balzac, der sich so bereitwillig an dergleichen berauscht — an seinen eigenen Worten zumal, an dem Effekt, den sie auf andere machen (besonders auf die Frauen, die er erobern will), an Gemälden und Möbeln (die er wahl- und kritiklos zusammenkauft), an tiefsinnigen Betrachtungen über die Gesellschaft und den Luxus — genau dieser Balzac ist es, mit dem seine Korrespondenz uns bekannt macht. Stets behält er etwas von dem Jüngling, der (in einem Brief vom Februar 1822 an die in sein Pseudonym *Lord R'hoone* eingeweihte Schwester Laure) seine nächste Zukunft folgendermaßen ausmalt:

*Binnen kurzem wird Lord R'hoone ein sehr gefragter Mann sein,*

*Balzacs Kaffeekanne. Der Dichter trank an einem Arbeitstag vierzig bis sechzig Tassen starken Kaffees. Er kannte alle Zubereitungsarten des stimulierenden Getränks und gab der türkischen Methode den Vorzug.*

*der fruchtbarste, liebenswerteste Schriftsteller des Tages, und die Damen werden ihn hüten wie ihren Augapfel, und so weiter; dann wird Dein lieber alter Honoré in einer Equipage angerollt kommen, erhobenen Hauptes und stolze Blicke verschießend, die Taschen voll Geld. Bei seiner Ankunft wird ein für ihn höchst schmeichelhaftes Geflüster anheben, und die Leute werden einander zuraunen: ‹Das ist der Bruder von Madame Surville!› Und Männer, Frauen und Kinder, selbst die ungeborenen, werden so hoch in die Luft springen, wie die Hügel ragen, und Frauengunst wird mir zuhauf in den Schoß fallen. Im Hinblick auf diese glänzende Zukunft lege ich Geld zurück, das ich nur im Notfall angreifen werde. Den älteren Damen habe ich seit gestern entsagt, und fortan beschränke ich mich auf Witwen von höchstens dreißig Jahren. Schicke alle, die Du auftreiben kannst, nach Paris zu Lord R'hoone, diese Adresse genügt.*

Immerfort redet er von den Büchern, die er schreibt, aber er tut es nie, um sie sich innerlich noch mehr zu eigen zu machen oder um seine Erzähltechnik zu verbessern. Wenn er in jedem neuen eigenen Buch ein Meisterwerk ankündigt, so darum, weil er sich endlich den erhofften Ruhm und klingenden Ertrag davon versprechen möchte. Die Literatur? Für ihn ist sie schlechtweg die Kunst, mit soundsoviel Bänden ein Vermögen zu erwerben, und eine Spielart der Liebes-Strategie. Seine politischen Ansichten, die er in seinen Briefen ausführlich darlegt, scheinen sich ganz seinem Ehrgeiz unterzuordnen, seiner parvenühaften Eitelkeit, was auch für seinen Begriff von Eleganz und guten Manieren gilt: er will unbedingt mit den sozial Höhergestellten Umgang haben, mit Leuten *comme il faut* verkehren. Liegt seiner Bekehrung zum Royalismus nicht in erster Linie der Wunsch zugrunde, der Marquise de Castries zu gefallen, Zutritt zu ihrem Bekanntenkreis zu erlangen, womöglich gar, von ihr protegiert, Abgeordneter zu werden? Die selbstlose Freundin Zulma Carraud wird nicht müde, ihm vorzuhalten, welcher Widerspruch zwischen seinem Roman *Louis Lambert* und seinem Auftreten in der Öffentlichkeit klafft. In ihrem Brief vom 10. September 1832 redet ihm Zulma Carraud ins Gewissen: «Wer einen *Louis Lambert* geschrieben hat, dem sollte eigentlich nicht so viel an englischen Kutschpferden liegen... Honoré, es tut mir weh, Sie nicht groß gesinnt zu sehen. Hören Sie auf mich! Wenn Sie Sätze schreiben, die eine unedle Absicht verraten, wie etwa die, mit Ihren Geistesgaben gewagte Geschäfte zu machen, dann leide ich tausend Tode, steigt mir die Schamröte ins Gesicht. Ausgerechnet Sie schicken einen Aufsatz an die ‹Revue de Paris›! Oh, wie habe ich bedauert, keine hundert Louisdor in meinem Schreibtisch zu haben, um Sie vor einer derartigen Selbstbeschmutzung zu bewahren. Ach, ich an Ihrer Stelle hätte eher die Pferde, den Wagen und sogar die orientalische Wandbespannung verkauft, als einem Kerl, der Sie beleidigt hat, das Recht zu geben, daß er von Ihnen sagt und weiter sagen wird: ‹Für Geld kann man ihn immer haben.›»

Auch wenn Balzac von echtem Liebesempfinden hingerissen ist,

*Das Schloß von Saché, wo Balzac an «Séraphita» und an «Père Goriot» arbeitete.*

bricht dabei etwas Vulgäres hervor. *Über die riesigen Besitzungen will ich mich Dir gegenüber nicht verbreiten. Was bedeuten sie schon angesichts eines Meisterwerkes der Schönheit aus Fleisch und Blut ... Ich bin ganz berauscht gewesen vor Liebe,* schreibt Balzac an seine Schwester nach der ersten Begegnung mit der Gräfin Hanska in Neuchâtel. Von der Marquise de Castries liest man in einem an Zulma Carraud gerichteten Brief: *Eins von diesen aristokratischen Frauenzimmern, ganz vornehme Dame, sehr spröde, sehr anziehend, zart, geistreich, kokett, völlig verschieden von dem, was mir bisher vor Augen gekommen ist.* Ein paar Tage nach dem Ableben der Herzogin von Abrantès schreibt Balzac an Evelina Hanska: *Bei passender Gelegenheit werde ich Ihnen dieses Frauenzimmer schildern: das gibt eine nette Abendunterhaltung in Wierzchownia.* Auch in seinen Büchern unterlaufen ihm verräterische unbedachte Sätze. So etwa, wenn Balzac in *L'Envers de l'Histoire contemporaine (Kehrseite der Geschichte unserer Zeit)* seinen Romanhelden Godefroid erfahren läßt, daß die Bankabrechnung der Madame de la Chanterie sich in Einnahme und Ausgabe auf 1,6 Millionen frs. beläuft. Wozu Balzac bemerkt: *In unserer Zeit würden von tausend jungen Männern in Godefroids Lage neunhundertneunundneunzig auf den Gedanken gekommen sein, diese Frau zu heiraten.*

Indessen weiß man ja, auf welche Weise der ‹Genußmensch› Balzac sein Dasein meist gefristet hat: zu seinem Leidwesen ausgeschlossen vom wirklichen Leben, dafür jedoch in ständiger Qual und Angst um sein mammuthaftes Romanwerk. *Wenn ich nicht an mei-*

*nen Manuskripten arbeite, denke ich an meine Entwürfe und Pläne, und wenn ich weder an diese denke noch über meinen Manuskripten sitze, habe ich Fahnenabzüge zu korrigieren. Das ist tagaus, tagein mein Leben.* Balzac wollte der Napoléon der Literatur werden; doch nur das Kriegführen war es, was er mit dem ersten Franzosenkaiser teilte. In seinen Briefen herrschen zwei Hauptthemen vor: der ungestillte Lebensdurst und das Ächzen und Stöhnen des literarischen Galeerensträflings. Um (später einmal) sich auszuleben, um (schließlich doch noch) zu genießen, muß er die meiste Zeit gerade das verdrängen und unterdrücken, was man schlichtweg Leben heißt. *Einen vollen Monat lang,* teilt Balzac 1832 seiner Freundin Zulma mit, *habe ich mich nicht von meinem Schreibtisch entfernen können, auf dem ich mein Leben ausschütte wie ein Alchimist sein Gold in einem Tiegel.* Ein paar Ausbrüche aus dem Käfig, ein paar gelegentliche Besuche in den Salons von Adel und Literatur, einige flüchtige Geld- und Liebesaffären, und dann der durch lange Jahre währende Traum, sich mit der Gräfin Hanska zu verbinden ... Sein wahres Leben aber gleicht dem jenes Fremden, der in *Les Proscrits (Die Verbannten)* sich als der aus Florenz vertriebene Dichter der «Divina Commedia» Dante Alighieri entpuppt: *Im Hause angekommen, schloß sich der Fremde in sein Zimmer ein, entzündete seine Lampe und warf sich dem schrecklichen Dämon der Arbeit entgegen, dem Stillschweigen Worte, der Nacht Gedanken entreißend.*

Ein Tageslauf von Balzac? Im März 1833 schildert ihn Balzac der Freundin Zulma so: *Ich lege mich um sechs oder sieben Uhr abends zu Bett, gehe mit den Hühnern schlafen; um ein Uhr früh werde ich von meinem Diener geweckt, und dann arbeite ich bis um acht; anschließend schlafe ich nochmals, anderthalb Stunden; danach esse ich eine Kleinigkeit, trinke eine Tasse schwarzen Kaffee und schirre mich wieder an meinen Karren, bis um vier; ich empfange Besuch, nehme ein Bad oder gehe aus, und nach dem Diner lege ich mich nieder.*

Während eines Aufenthalts in Saché, wo ihm der Schloßherr Monsieur de Margonne, ein Jugendfreund seiner Mutter, verschiedentlich ein Arbeitszimmer einräumte, hatte Balzac bereits zwei Jahre früher derselben Freundin anvertraut:

*Ich lebe unter der härtesten Tyrannei: der, die man sich selbst auferlegt. Ich arbeite jede Nacht und jeden Tag. Ich habe mich hierher begeben, um mich im Inneren eines Schlosses zu verbergen wie in einem Kloster. Sollte ich Ihre und Ihres Gatten Gastfreundschaft in Angoulême in Anspruch nehmen, so nur um zu arbeiten. Mein Gehirn ist in dauernder Anspannung! ... Ich komme nicht zur Ruhe! Mein Leben ist ein ewiger Kampf; Schritt für Schritt muß ich die Anerkennung meines Talents erkämpfen, falls es überhaupt vorhanden ist. Welche Entbehrungen es mich kostet, diese Fron durchzuhalten, läßt sich gar nicht sagen. Keinerlei Freuden! Wenn ich bedenke, daß es heute Frauen gibt, die mir von überall her schreiben, die mir aufs liebenswürdigste schmeicheln und mir ein Dasein voll paradiesischer Entzückungen andichten, mitunter, weil sie in mich verliebt, meist aber, weil sie neugierig und frivol sind!! O nein, klagen Sie mich nicht an; ich habe sehr häufig an Sie gedacht, und wenn ich Ihnen nicht öfter geschrieben habe, so rührt das Versäumnis von dem qualvollen Dasein her, das ich führe. Der Egoismus eines Mannes, der sein Leben dem Geist weiht, ist etwas Schreckliches. Um anders zu werden als die anderen, muß man damit Ernst machen, daß man sich außerhalb stellt. Für einen Mann, der nur auflebt, wenn er sein Herz ausschüttet, dem nichts so fehlt wie Zärtlichkeit, und den danach verlangt, beständig neben sich eine Seele zu wissen, bei der er Zuflucht findet — ist es für einen solchen Mann nicht ein Martyrium, nachzusinnen, zu vergleichen, zu erfinden, sich fortgesetzt den Kopf zu zerbrechen, unterwegs zu sein im weiten Reich der Gedanken, während er gern lieben möchte?*

Das Zimmer, in dem Balzac, in seine weiße Mönchskutte gehüllt, bei heruntergelassenen Vorhängen sich einschließt, in dem seine Hand die sorgfältig angespitzte Rabenfeder über das bläuliche Schreibpapier gleiten läßt, beim Schein der sechs Kerzen in ihren silbernen Leuchtern — wie wenig ähnelt dieser Raum jener Dachstube, in der sein Schriftsteller-Kollege Stendhal «das wahre Glück eines lebenden Wesens» kennenlernt! Stendhal bedient sich, um etwas, worüber er schreibt, zu haben, seines Lebens und lebt geradezu davon, daß er schreibt; Balzac hingegen unterdrückt um des Schreibens willen das Leben und schreibt, um endlich ein anderes Dasein führen zu können. Diese Art Selbstberaubung und das Angewiesensein auf die Nachtstunden — wie sinnbildlich sind sie bei Balzac! Um schöpferisch zu werden, muß er sich in jene außerhalb des normalen Daseins bestehende Welt versetzen, deren Realisierung zustande kommt durch den Genuß toxischer Mengen von Kaffee, die Mithilfe der Nachtstunde und der Stille und durch eine Art hypnotischen Somnambulismus, der sich nur einstellt, wenn die Arbeit am Schreibtisch lange genug währt, um dem Ersonnenen und Erdichteten eine innere Folgerichtigkeit und eine Geschlossenheit zu verleihen, die der Tageswirklichkeit überlegen sind. *Arbeiten ist mir unmöglich, wenn ich zu bestimmter Stunde ausgehen soll, und darum arbeite ich auch niemals bloß eine oder zwei Stunden.* Wenn sich die Wirkung des Kaffees einstellt, den Balzac getrunken hat, *gerät alles in Bewegung, die Ideen formieren sich zum Angriff wie die Bataillone der napoleonischen Großen Armee auf der Wahlstatt, die Schlacht hebt an. Die Erinnerungen eilen im Sturmschritt herbei, mit fliegenden Fahnen; die leichte Kavallerie der dichterischen Metaphern schwärmt aus in prächtigem Galopp; die Artillerie der Logik und Kausalität fährt auf mit ihren Protzen und ihren Kartuschen; die geistreichen Einfälle greifen als Scharfschützen in den Kampf ein; die Romanfiguren melden sich zur Stelle, das Papier benetzt sich mit Tinte ...* Und ist es erst soweit gekommen, ersteht

*Das Arbeitszimmer in der Rue Basse*

über der in Pulverdampf aufgegangenen Alltagswelt das Reich der Eingebung und der Phantasie:

*... Erwiesenermaßen ist er* (der Künstler) *in das Geheimnis seines Schaffens nicht eingeweiht. Er produziert unter dem Einfluß gewisser Umstände, deren Zusammenwirken ein Mysterium darstellt. Er ist nicht sein eigener Herr. Er ist der Spielball einer äußerst launischen höheren Macht.*

*Ohne daß er es selber gewahr wird, weht eines Tages ein widriger Wind, und alles stiebt ihm davon. Nicht für ein Kaiserreich, nicht für Millionen würde er seinen Pinsel anfassen, ein Stück Wachs kneten, um zu modellieren, eine Zeile zu Papier bringen; und müht er sich dennoch damit ab, ist nicht er es, der den Pinsel, das Wachs, die Feder ergreift — es ist ein anderer, sein Doppelgänger, der ihm nur in der äußeren Erscheinung gleicht: er setzt sich aufs hohe Roß, wirft mit Kalauern um sich, ihm steht der Sinn nur nach Trinken und Schlafen, und sein Geist dient nur dazu, Extravaganzen auszuhecken.*

*Aber eines Abends, mitten auf der Straße, frühmorgens beim Aufwachen oder mitten in einem Zechgelage passiert es, daß glühende Kohlen ihm den Schädel, die Hände, die Zunge versengen; plötzlich erweckt ein zufälliges Wort seine Ideen zu neuem Leben; sie drängen ans Licht, breiten sich aus, geraten in Gärung. Eine Tragödie, ein Gemälde, eine Statue, eine Komödie gaukeln ihm ihre Dolche, ihre Farben, ihre Umrisse, ihre komischen Pointen vor. Vorerst ist das Ganze nur eine Vision, flüchtig und rasch bei der Hand wie Leben und Tod; doch alsbald gewinnt die Vision abgründige Tiefe, wirkt sie so erhaben wie das Brausen des Meeres; die Figurengruppe, die sich ankündigt, ist eines Pygmalion würdig, ihren Mittelpunkt bildet eine Frau, die zu besitzen selbst dem Teufel das Herz stocken ließe; die neue Komödie hat eine Szene, die einen Schwindsüchtigen noch auf dem Sterbebett zum Lachen brächte; endlich hat sich die Arbeit eingestellt, bei der alle Schornsteine rauchen; die Stille, die Einsamkeit öffnen ihre Schatzkammern, nichts ist mehr unmöglich. Und die Wollust der Empfängnis lindert noch nachträglich die wilden Schmerzen der Geburt.*

*Schicksal des Künstlers: demütiges Werkzeug eines despotischen Willens, gehorcht er dem, der Gewalt über ihn hat.*

Weder die persönlichen Lebenserfahrungen (geschweige jene Schlafzimmer-Vertraulichkeiten, denen, wie der Essayist Sainte-Beuve angeblich glaubt, Balzac seine Lebenskenntnis verdankt) noch die vorgefaßten Meinungen des Autors liefern eine hinreichende Erklärung für ein Romanschaffen, dessen Zustandekommen davon abhängt, daß sich zur Nachtzeit jene schöpferische Phantasie regt, die das Alltägliche und die Individualität auslöscht. Denn in der Schöpfungsnacht des Balzac'schen Universums erstrahlen nie zuvor erblickte Sternbilder, nie zuvor erkundete Leuchtfeuer, leitet sich die Orientierung von Lebenserfahrungen her, die mit den eigenen des Autors, mit seinem so gehetzten, fragmentarischen, vom Werk aufgezehrten Dasein nicht in Übereinstimmung zu bringen sind — die

Welt der *Comédie Humaine* ist eine von gewaltigen Dimensionen und eine tragische, die mit dem heiter-jovialen Mystifikateur, der sie aus sich herausgestellt hat, nicht viel gemein hat: eine Welt der Mysterien, die den Sinnenmenschen von sich stößt und verwirft, und sie wird bewegt von einer Schwungkraft des Widerspruches und des Aufruhrs, die den Royalisten Balzac, diesen Verteidiger der bestehenden Ordnung, Lügen straft. Wie weit klaffen sie doch auseinander: dieser Mensch und diese erdichtete Welt, dieses Gesicht, das die zeitgenössischen Karikaturen überliefern, und dieser riesige Vogel Roch, dem der Stein des Bildhauers noch nicht die Schwingen freigegeben hat und als den Auguste Rodin den Genius Balzac visionär schaute! Leicht kann man den Eindruck gewinnen, die *Comédie Humaine* sei gleichsam eine Einflüsterung, das fabelhafte Geschenk einer dreißig Jahre hindurch beharrlich erträumten Nacht im Gelobten Land. *Alles hängt davon ab,* bekennt Balzac, *daß meine Gedanken wie das Wasser einer Fontäne aus meinem Kopf hervorsprudeln. Mir selbst ist es unbegreiflich.*

Ein Universum ohne Schöpfer? Sprechen wir eher von einer Schöpfung, die sich ihren Schöpfer erschafft; von einem Menschen, der nur als Geschöpf seines Werkes existiert. Lassen wir Monsieur Honoré de Balzac außer Betracht: es gibt allein den Autor der *Menschlichen Komödie.* Wenn indessen Balzac nur insoweit existent ist, als es sein Werk und seine Fähigkeit, es zu schaffen, bezeugen, dann scheint der Versuch, vom Werk ausgehend den Menschen aufzuspüren, von vornherein aussichtslos: sinnvoll wäre dann allein die Analyse des Werkes und seines Aufbaues als einer absolut selbständigen Schöpfung. Mithin hätten wir vor uns ein Werk nebst einem Demiurgen, der sich auf seine Schöpfungsgebärde beschränkt?

Es kann durchaus dieser Eindruck entstehen. Und wenn Balzac, statt seine ehrgeizigen Absichten darzutun und zu umreißen, das Wagnis eingeht, sich sozusagen (von seiner Schöpfung) erschaffen zu lassen, lenkt er damit den Blick auf eine Art Vakuum, in dem lediglich das sichtbar wird, was nun freilich gerade das Schöpferische ausmacht: die Energie und die chamäleonhafte Wandlungsfähigkeit, die alles zu ersinnen und jede Gestalt anzunehmen vermag, weil sie völlig neutral ist. *Nur auf meinen Löwenmut und meine unnachgiebige Tatkraft kann ich mich verlassen,* gesteht Balzac 1838 einem Freund (Armand Pérémé). Nie hat er aufrichtiger von sich selbst gesprochen als in einem Brief (vom Juli 1826) an die Herzogin von Abrantès:

*Wenn ich eine für mich charakteristische Eigenschaft besitze, Madame, dann ist es, wie ich Ihnen versichern kann, meiner Meinung nach diejenige, die Sie mich am häufigsten verleugnen sehen; jene Eigenschaft, die alle, welche über mich Bescheid zu wissen glauben, mir aberkennen: die Energie ...*

*... Ich möchte Ihnen sagen, daß Sie hinsichtlich meiner zu keinen bündigen Schlüssen gelangen werden, auch nicht gegen mich; daß ich den absonderlichsten Charakter mein eigen nenne, der mir je vorgekommen ist. Studiere ich doch mich selbst, wie ich es ebenso*

*gut bei jemand anderem tun könnte. In meinen fünf Fuß und zwei Zoll sind leibhaft alle Widersprüche, alle erdenklichen Gegensätze vereint, und diejenigen, die mich für eitel halten würden, für verschwenderisch, eigensinnig, leichtfertig, unkonsequent, eingebildet, nachlässig, faul, unordentlich, unbedacht, unbeständig, schwatzhaft, taktlos, flegelhaft, unhöflich, wunderlich und launisch, hätten genau so recht wie jene, die mir nachsagen könnten, ich sei sparsam, bescheiden, mutig, zäh, energisch, natürlich, arbeitsam, beständig, verschwiegen, feinfühlig, höflich und stets bei guter Laune. Wer von mir sagte, ich sei ein Hasenfuß, wäre nicht weniger im Unrecht als derjenige, der mich über die Maßen tapfer nennen würde; dasselbe wäre der Fall, wenn mich jemand für einen Weisen oder einen Dummkopf, für ein großes Talent oder einen Narren erklärte; es gibt für mich nichts Erstaunlicheres als eben mich selbst. Schließlich hat sich bei mir die Ansicht herausgebildet, daß ich einfach ein Instrument bin, auf dem die jeweiligen Umstände spielen.*

*Womöglich rührt dieses mein Kaleidoskop daher, daß der flüchtige Augenblick der Seele derer, die sich anmaßen, alle Gefühlsregungen und das menschliche Herz darzustellen, ebendiese Gefühlsregungen als eigene eingibt, damit sie in ihrer Phantasie empfinden können, was sie schildern, und die Menschenbeobachtung wäre nur eine Art Erinnerung, die der beweglichen Phantasie zu Hilfe kommt? Ich fange in der Tat an, das zu glauben ...*

Das Phänomen Balzac war wesentlich etwas anderes als dergleichen schöpferische Verfügbarkeit, als ein mit Energie und Formbarkeit begabtes Talent in einem Menschen, der dieses Geschenk nicht verdient. Die *Comédie Humaine* ist ebensosehr die geistige Frucht begnadeter Inspiration wie auch das Ergebnis vorurteilsloser Wirklichkeits-Erforschung. Zweifellos versteift sich nur die Einfalt darauf, es könne eine objektive Beobachtung oder objektive Phantasie geben, die nicht die individuelle Anschauungsweise und nicht die subjektiven Geheimnisse dessen verriete, der da beobachtet oder seine Phantasie spielen läßt. Dennoch sind ein Flaubert, der seine «Madame Bovary» schreibt, und ein Eugène Sue, der sich «Les Mystères de Paris» («Die Geheimnisse von Paris») einfallen läßt, vom eigenen Ich viel stärker losgelöst als Balzac, während er *Le Père Goriot* verfaßt oder *Splendeurs et Misères des Courtisanes (Glanz und Elend der Kurtisanen)* ersinnt. Je gründlicher man das Werk von Balzac liest, je genauer man seine Persönlichkeit betrachtet, desto greifbarer enthüllt sich die Übereinstimmung von Objektivität und Phantasie. Die weitgespannte gesellschaftliche Bestandsaufnahme, die mythischen Schicksale der Gestalten, sie verlassen nie die Bahnen, die ihnen die Leidenschaften, die Wunschträume und die persönlichen Dramen des Erzählers weisen. Wenn die trennende Kluft zwischen Mensch und Werk so groß und so sehr geeignet scheint, die Deutung des letzteren auf den Generalnenner objektiver Beobachtung und objektiver Phantasie zu bringen, dann liegt dies daran, daß der augenscheinliche, vordergründige Balzac und der wahre, echte Balzac sehr stark voneinander abweichen. Der reale Abstand zwischen dem, was Balzac nach außen hin scheint, und dem, was er zuinnerst ist, täuscht den illusorischen Abstand zwischen Mensch und Werk vor. Balzac ist nicht nur ein Demiurg, ein Weltbaumeister: er ist die Vereinigung, die Summe der Leidenschaften, von denen sich seine Schöpfung nährt. Die *Menschliche Komödie* verdankt ihre Existenz ihm, und ihre Einheit ist vor allem die einer inneren Stimme, die eines keimfähigen Plasmas. Der Mensch Balzac füllt sein Werk wie ein Gefäß – gleichwie das Wasser das Becken füllt, in das es rinnt.

*Die Herzogin von Abrantès*

Der klaffende Riß zwischen dem, was ein Mensch nach außen hin scheint, und dem, was er zuinnerst ist – dieses Auseinanderklaffen ist das Stigma des schöpferischen Geistes, und bei keinem tritt das greller in Erscheinung und typischer als bei Balzac. Ganz auf sein Werk eingeschworen, vermag er den anderen, auch denen, die er liebt, bloß das zu zeigen, was bei ihm an der Oberfläche haftet, Bruchstücke nur ohne rechten Sinn. In seinem Briefwechsel teilt er seine rein momentanen, rein elementaren Empfindungen mit, seine am wenigsten fundierten Gedanken. Als Briefschreiber hat er keine Zeit, mehr zu sagen. Aber ziehen wir daraus nicht etwa den Schluß, er wäre nur das, was er von sich aus preisgibt. Denn da ist ja sein Werk und bezeugt, daß der Mensch Balzac in Wahrheit viel komplexer gewesen ist.

In *La Peau de Chagrin (Die tödlichen Wünsche)* sagt der Romanheld Raphaël de Valentin zu dem Journalisten Émile: *Um über einen Menschen urteilen zu können, muß man doch wenigstens das Geheimnis seiner Gedanken, seines Unglücks und seiner Erregungen kennen! Wenn man von seinem Leben nicht mehr wissen will als bloß die äußeren Ereignisse, heißt das nur, es chronologisch ordnen und zur Geschichte für die Flachköpfe machen.*

## Ich schliesse die Augen und bin schon dorthin entrückt...

*Die Erinnerungen eilen*
*im Sturmschritt herbei . . .*

Balzac hat sein literarisches Werk als Schöpfung der Phantasie oder als Ergebnis der Menschenbeobachtung hingestellt, nie jedoch als autobiographisches Bekenntnis ausgegeben. Im Vorwort zur *Comédie Humaine* (von 1842) ist mit keiner Silbe vom Autobiographischen, vom Selbsterlebten als der Quelle der Inspiration die Rede, obwohl gerade damals die Romantiker das literarische Selbstbekenntnis hoch veranschlagten. Balzac sorgt denn auch dafür, daß sein Kommentator Félix Davin versichert, der Autor der *Physiologie du Mariage (Physiologie der Ehe)* sei keineswegs so, wie man sich ihn vorstellt: «Es ist freilich recht schwierig, das Publikum davon zu überzeugen, daß ein Autor ein Verbrechen ersinnen kann, ohne darum selbst verbrecherisch zu sein.» Im Vorwort zu *La Peau de Chagrin* sagt Balzac: *Zweifelsohne gibt es viele Autoren, deren persönliche Artung sich im ganzen Zuschnitt ihrer Bücher unverkennbar abzeichnet und bei denen der Mensch und das Werk nicht voneinander zu scheiden sind; aber es gibt ebensowohl andere Schriftsteller, deren Charakter und Lebensweise zu der Form und dem Gehalt ihrer Schöpfungen in Gegensatz stehen; und zwar so sehr, daß keine festen Richtpunkte vorhanden sind, nach denen der Grad der Annäherung zwischen den Lieblingsideen eines solchen Autors und der Phantasiewelt seiner Bücher zu ermitteln wäre.* — Es kann keinem Zweifel unterliegen, daß Balzac unter diejenigen einzureihen ist, die sich von ihrer literarischen Produktion distanzieren. Bei ihnen liegt das Geniale in der geheimnisvollen Befähigung, ohne jede reale Erfahrung die Wahrheit intuitiv durch die Phantasie zu erfassen:

*. . . Bei den Dichtern und bei den wirklich philosophischen Schriftstellern pflegt sich ein rein geistiges, kaum faßliches, höchst seltsames Phänomen einzustellen, für das die Wissenschaft schwerlich eine Erklärung zu liefern vermag. Es ist das eine Art zweites Gesicht, das sie befähigt, unter allen Umständen die Wahrheit zu erahnen; oder, besser gesagt, irgendeine, ich weiß nicht welche, Kraft, die sie genau dahin versetzt, wo sie von rechtswegen sein sollen oder wo sie gerade zu weilen wünschen. Sie bringen die Wahrheit mit Hilfe eines Analogieschlusses heraus, oder sie sichten das zu beschreibende Objekt, teils weil es von selbst zu ihnen kommt, teils weil sie sich zu ihm hinbegeben.*

*Der Autor bescheidet sich damit, das Problem einzugrenzen, ohne es lösen zu wollen; denn für ihn handelt es sich um eine Rechtfertigung und nicht um die Ableitung einer philosophischen Theorie.*

*Ein Schriftsteller muß also entweder alle Charaktere erforscht, alle Lebensweisen sich zu eigen gemacht, den ganzen Erdball durch-*

*messen, alle Leidenschaften empfunden haben, ehe er ein Buch schreibt; oder die Leidenschaften, die Länder, die Lebensweisen, die Charaktere, natürliche und moralische Begleitumstände, all das drängt sich von selbst seiner Vorstellung auf. Er ist geizig oder versteht momentan, wie man es wird, wenn er das Charakterbild des «Laird of Dumbiedikes» entwirft. Er ist verbrecherisch, begreift das Verbrechen oder fordert es heraus, während er «Lara» verfaßt.*

Mit der 1814 erschienenen Verserzählung «Lara» hatte der auch von Goethe hochgeschätzte Lord Byron, ein Jahrzehnt vor seinem frühen Tod, an seine vielgelesene Verserzählung «The Corsair» («Der Korsar») angeknüpft. Der «Laird of Dumbiedikes» gehört zu den Figuren des Romans «The Heart of Midlothian» (aus der Reihe der «Waverley Novels») von Walter Scott. Die Bekanntschaft mit diesen beiden Literaturwerken konnte Balzac bei seinen Zeitgenossen voraussetzen. In seinem Vorwort zu *La Peau de Chagrin* geht die Erörterung, deren Anfang vorstehend zitiert ist, folgendermaßen weiter:

*Wir finden keinen Mittelweg in jenem Dilemma der literarischen Produktivität.*

*Denen, die sich mit dem Studium der menschlichen Natur befassen, gilt es indessen für erwiesen, daß der schöpferische Mensch über beide Möglichkeiten gebietet.*

*Im Geist durchmißt er jede Entfernung, und genau so mühelos*

*Balzac 1843. Zeichnung von David d'Angers.*

*vergegenwärtigen sich ihm getreulich frühere Beobachtungen, so schön und erhebend oder so schrecklich und abstoßend, wie sie sich ihm ursprünglich dargeboten haben. Entweder also hat er sich tatsächlich in der Welt umgeschaut, oder sein Vorstellungsvermögen hat ihm intuitiv die Welt offenbart. Wie der Maler, der Florenz in den glühendsten Farben und am richtigsten malt, nie in Florenz geweilt hat, so kann der Schriftsteller trefflich die Wüste, ihre Sanddünen, ihre Luftspiegelungen, die Palmenhaine ihrer Oasen schildern, ohne daß er erst von Dan bis in die Sahara wallfahrten müßte.*

*Gibt es demnach Menschen, die über die Fähigkeit verfügen, das Universum in ihr Gehirn einfließen zu lassen, oder deren Gehirn ein wundertätiger Talisman ist, mit dessen Hilfe sie die Gesetze von Zeit und Raum aus den Angeln heben? ... Die Wissenschaft zögert einstweilen, zwischen diesen zwei gleich geheimnisvollen Mysterien zu entscheiden. Seit eh und je aber steht fest, daß die Inspiration dem Dichter unzählige Visionen beschert, die den magischen Zaubereien unserer Träume ähneln.*

Selbst bei Erzählungen, deren autobiographischer Gehalt augenfällig zutage liegt, ist Balzac's Reaktion die gleiche. Zu dem Roman *Le Lys dans la Vallée (Die Lilie im Tal)* erklärt er: sich selbst habe er *nirgends darin auftreten lassen* und hege *hinsichtlich der Vermischung von persönlichen und fiktiven Gefühlen eine strenge Auffassung und feste Prinzipien.*

Gleichwohl hat Balzac zugegeben, daß bei dieser und jener erfundenen Romanfabel auch bei ihm persönliche Erinnerungen Pate gestanden haben. Als er den Vorgang der dichterischen Inspiration, wie er ihn durchlebt, in seine Elemente zergliedert, vergißt er nicht das Auftauchen der eigenen Vergangenheit: *die Erinnerungen eilen im Sturmschritt herbei.* Er ist sehr wohl imstande, jene Augenblicke, in denen er glücklich gewesen ist, sich ins Gedächtnis zu rufen, und als Romancier weiß er von dieser Fähigkeit ebensogut Gebrauch zu machen wie als Mensch:

*Nur eines gibt es, was mir glückliche Stunden verschafft: im Geist gewisse Tage der Vergangenheit nochmals zu durchleben, die mit einer bildhaften Genauigkeit und einer Klarheit des Erinnerns wiederkehren, welche mich erstaunen. Ich schließe die Augen und bin schon dorthin entrückt.*

So schreibt Balzac im August 1847 an Evelina Hanska. Schon im April 1834 hat er an die Mailänder Gräfin Maffei geschrieben:

*Die Erinnerung ist eines der Mittel, die uns dazu verhelfen können, in unserer Seele reine Luft zu schaffen und die Sonne aufleuchten zu lassen.*

Doch noch bereitwilliger gedenkt er durchstandener Leiden, und zwar derart ausgiebig, daß aus dem Briefschreiber unversehens der Romancier wird:

*Ich habe viele Beobachtungsmöglichkeiten gehabt, weil ich unfreiwillig in alle möglichen Berufe verschlagen worden bin. Als ich danach zu den höheren Gesellschaftsschichten Zutritt fand, machte ich alle erdenklichen Leiden durch, und nur die verkannten Seelen und die Armen wissen zu beobachten, weil alles und jedes sie verletzt und weil aus dem Leiden die Beobachtung hervorgeht. Das Gedächtnis registriert nur, was Schmerz bereitet hat. Unter diesem Stichwort ruft es, möchte ich sagen, auch ein starkes Lustempfinden in Erinnerung, denn Freude — große, tiefe Freude — kommt dem Schmerz sehr nahe.*

Das Vorwort zu *Le Lys dans la Vallée* ist, wenigstens zum Teil, eine Vorsichtsmaßregel: dem Autor liegt daran, daß Madame Hanska die Romanheldin Henriette de Mortsauf nicht mit deren lebendem Modell, Madame de Berny, identifiziert. Die eigentliche Absicht dieses Vorworts ist es jedoch, einen Sachverhalt zu erörtern, dessen Balzac sich durchaus bewußt ist: daß nämlich die Erinnerung gewiß eine bedeutende Rolle spielt, sich aber der Einbildungskraft unterordnet. In diesem Sinn empfängt Balzac weitaus weniger, als er gibt, bildet er weniger nach, als daß er umschafft, und das letztere tut er am intensivsten bereits in dem Moment, wo ihm eine Erinnerung kommt und er sie zu reproduzieren beginnt.

*Der Vater:*
*Bernard-François Balzac*

Somit empfiehlt es sich, der retrospektiven Wechselbeziehung zwischen Werk und Leben nicht mehr Wert beizumessen, als ihr gebührt. Indessen darf man sie ebensowenig mit Schweigen übergehen.

Der Komplex, an den Balzac sich mit Vorrang erinnert, ist seine Kindheit. Wie die von Baudelaire und Stendhal war sie tief unglücklich, so daß er nie verheilte Wunden zurückbehalten hat: seine Mutter hat ihm niemals die Liebe entgegengebracht, nach der ihn verlangte. Diese Mutter ist eine schwierige, unzugängliche, egoistische Person: ihre Zärtlichkeit wendet sich allein dem jüngeren Bruder von Honoré namens Henri zu, dessen Vater zweifellos nicht ihr um zweiunddreißig Jahre älterer Gatte Bernard-François Balzac ist, der Vater von Laure, Honoré und Laurence. Im Juli 1821 klagt Balzac in einem Brief, in dem er auch seine jüngere Schwester Laurence erwähnt, seiner älteren Schwester Laure:

*Was Mama angeht, so erinnere Dich der letzten Tage Deiner Mädchenzeit, und Du wirst sogleich verstehen, was Laurence und ich jetzt durchmachen. Die Natur umgibt stets die Rosen mit Dornen und unsere Freuden mit einer Fülle von Kümmernissen. Mama folgt diesem von der Natur gegebenen Beispiel. Fünf Stunden lang ist sie unausstehlich und nur einen einzigen Augenblick zwischendurch heiter und freundlich ... Liebe Schwester, solange ich daheim bin, werde ich es wie Papa machen und kein Wort darüber verlieren; ich habe immerhin eine Ausflucht, die er nicht hat, ich halte mich einfach abseits.*

Viel später noch – im April 1844 – hält Balzac seiner Mutter in einem Brief schonungslos vor:

*Du wirst immer wie eine Henne sein, die in ihrem Nest das Ei eines fremden Vogels ausgebrütet hat ... Wo die Vielfalt meiner schriftstellerischen Arbeiten Staunen hervorruft, wo sie Gegenstand des Mitgefühls gänzlich Unbeteiligter ist, da findest Du meine Arbeiten nicht zahlreich genug, nicht rasch genug produziert ...*

Und im März 1849 antwortet Balzac aus der Ukraine, aus dem der Gräfin Hanska gehörenden Landschloß Wierzchownia, seiner Mutter:

*Wie sollte ein Brief mich nicht ins Herz treffen, der offensichtlich denselben Eindruck erregen soll wie die zornigen und starren Blikke, mit denen Du Deine Kinder einschüchtertest, als sie fünfzehn Jahre alt waren, während diese Blicke nun, da ich mittlerweile leider fünfzig geworden bin, ihren Zweck völlig verfehlen ... Ich verlange gewiß nicht von Dir, daß Du Gefühle heuchelst, die Du nicht hast, denn Gott und Du selber, ihr wißt beide sehr wohl, daß Du mich, seit ich auf der Welt bin, weder mit Liebkosungen noch mit Zärtlichkeiten überschüttet hast. Und doch hast Du gut daran getan, denn hättest Du mich so geliebt, wie Du Henri geliebt hast, wäre ich sicherlich jetzt dort, wo er ist, und in diesem Sinn bist Du mir jedenfalls eine gute Mutter gewesen.*

Diese Härte der Mutter gegenüber scheint übertrieben, wenn man bedenkt, daß Madame Balzac immerhin einigen Grund gehabt hat, über den finanziellen Leichtsinn ihres Sohnes Klage zu führen; ganz davon zu schweigen, wie folgsam Madame Balzac sich an alle Anordnungen ihres in der Ukraine weilenden Sohnes hält, soweit sie dessen Haus in der Rue Fortunée und seine Herrichtung anläßlich der Heirat von Honoré betreffen; einschließlich der strikten Weisung für die siebzigjährige Madame Balzac, beim Eintreffen der Neuvermählten von der Bildfläche zu verschwinden. Verständlich indessen wird diese Haltung gegenüber der Mutter aus einem langgehegten unüberwindlichen Groll des Sohnes – sein Geheimnis lüftet Balzac, als er 1846 an die Gräfin Hanska schreibt:

*... Ich habe nie eine Mutter gehabt; heute hat ‹der Feind› sich zu erkennen gegeben. Ich habe diese Wunde vor Dir nie enthüllt; dazu war sie zu schrecklich, und man muß so etwas mitangesehen haben, um es zu glauben.*

*Sowie ich zur Welt gekommen war, wurde ich einer Amme überantwortet, der Frau eines Gendarmen, und ich bin bei ihr geblieben, bis ich vier Jahre alt war. Von diesem Alter an bis zu meinem sechsten Lebensjahr war ich weiter in Halbpension bei Fremden, und mit sechseinhalb wurde ich nach Vendôme geschickt, wo ich blieb, bis ich, im Jahre 1813, vierzehn Jahre wurde; in dieser Zeit habe ich meine Mutter nur zweimal zu Gesicht bekommen. Von meinem vierten bis zu meinem sechsten Lebensjahr sah ich sie an den Sonntagen.*

*Als sie mich dann zu sich nahm, hat sie mir das Leben so schwer gemacht, daß ich mit achtzehn Jahren, im Jahre 1817, das Vaterhaus verließ und mich auf einem Dachboden, in der Rue Lesdiguières, einquartierte, wo ich ein Leben führte, wie ich es in ‹La Peau de Chagrin› geschildert habe. Ich bin also, ich und auch Laurence, das Opfer ihres Hasses gewesen. Sie hat Laurence getötet, ich aber lebe, und sie hat gesehen, wie die Anbetung, die ich ihr entgegenbrachte, sich in Furcht verwandelte und die Furcht in Gleichgültigkeit; heute macht es ihr nichts aus, mich zu verleumden. Augenscheinlich will sie mich mit Gewalt ins Unrecht setzen. Wohl hundertmal hat sie gestern zu meiner Schwester gesagt: ‹Du wirst sehen, daß dein Bruder mir nicht seine Aufwartung machen wird.› Der feindselige Empfang, den sie mir bereitet hat, erklärt sich daraus, daß ich ihre Vermutungen Lügen strafte. In welches Herz aber sollte ich diese wilden Schmerzen verströmen, wenn nicht in das Deine? Mußt Du zudem nicht wissen, warum ich nicht will, daß zwischen Dir und den Meinen die mindeste familiäre Beziehung sich anbahnt?*

*Ich habe den bindenden Entschluß gefaßt, meine Mutter lediglich am Neujahrstag, an ihrem Namens- und ihrem Geburtstag zu sehen, für zehn Minuten. Für Dich als meine Frau wird es, was meine Schwester und meine Mutter betrifft, nur den Höflichkeits-Austausch von Visitenkarten geben. Wieviel schmerzhafte Wunden aber sind dazu nötig, daß es soweit kommt! Madame de Berny hat es mir freilich bereits 1822 prophezeit. Sie sagte zu mir: ‹Sie entstammen einem Adler-Ei, das von Gänsen ausgebrütet ist.› Bei meinem Vater machte sie eine Ausnahme, ihn rechnete sie nicht zu dieser Sippe; wenn ich aber in diesem Sinne auch von meiner Schwester reden*

*Die Schwester Laure als Kind*

*Balzacs Mutter*

*wollte, entgegnete Madame de Berny: ‹Ihre Schwester wird ganz so werden wie Ihre Mutter.› Und sie hat recht gehabt ...*

Jene alte unausgeheilte Wunde bricht wieder auf, als Balzac die ersten Seiten von *Le Lys dans la Vallée* zu Papier bringt. Wie für ihn einst die zärtliche Obhut seiner älteren Schwester Laure eine Entschädigung gewesen ist für die ihm entgangene Mutterliebe, so gleicht für den jungen Romanhelden Félix de Vandenesse die mütterliche Zuneigung der Gräfin Henriette de Mortsauf die ihm von seiner leiblichen Mutter vorenthaltene Kindesliebe aus. In *Le Lys dans la Vallée* also liest man:

*Welche Eitelkeit habe ich verletzen können, ich neugeborenes Kind? Durch welche physische oder seelische Minderwertigkeit zog ich mir die Kälte meiner Mutter zu? War ich ein Kind der Pflicht, dessen Ge-*

*burt zufällig war oder dessen Leben ein Vorwurf ist? – Ich wurde zu einer Amme aufs Land gegeben und drei Jahre lang von meiner Familie vergessen. Als ich in das väterliche Haus zurückkam, wurde ich so wenig beachtet, daß ich das Mitleid der Leute erweckte. Ich weiß nicht, welchem Gefühl oder welchem glücklichen Zufall ich es verdankte, daß ich mich aus dieser ersten Erniedrigung erheben konnte: weder als Mann noch als Kind bin ich mir darüber klar geworden. – Mein Bruder und meine beiden Schwestern belustigten sich damit, mich leiden zu lassen, und dachten nicht im entferntesten daran, mir mein Schicksal zu erleichtern. Das Übereinkommen, durch das Kinder ihre kleinen Sünden verstecken und das sie schon das Ehrgefühl lehrt, wurde mir gegenüber nicht angewandt, im Gegenteil wurde ich oft für die Streiche meines Bruders bestraft, ohne mich gegen diese Ungerechtigkeit auflehnen zu können. War es der Drang, sich einzuschmeicheln, den man schon bei Kindern findet, der sie dazu bestimmte, die Verfolgungen zu unterstützen, die mich bedrohten, um sich auf diese Weise die Gunst einer auch von ihnen gefürchteten Mutter zu verschaffen, oder war es eine Folge ihres Nachahmungstriebes? Wollten sie ihre Kräfte erproben, oder kannten sie kein Mitleid? Vielleicht waren alle diese Dinge gemeinsam daran schuld, daß ich die Freuden der Geschwisterliebe nicht erfahren habe. Schon in einem so zarten Alter konnte ich nicht lieben, da ich keine Zuneigung kannte, und doch hatte mich die Natur schon liebend geschaffen. Werden die Seufzer einer solchen Empfindsamkeit, die fortwährend zurückgestoßen wird, von einem Engel aufgefangen? In manchen Seelen werden die verkannten Gefühle zu Haß, in der meinen sammelten sie sich und schufen sich ein Bett, von dem aus sie sich später über mein ganzes Leben ergossen. Je nach dem Charakter verringert die Gewohnheit, in Angst zu leben, bei einem Menschen das Gefühl, bei dem anderen vergrößert sie die Furcht, und die Furcht zwingt, immer nachzugeben. Daraus entsteht eine Schwäche, die den Menschen minderwertig macht und ihm den Stempel eines Sklaven aufdrückt. Aber durch diese dauernden Stürme gewöhnte ich mich daran, eine Kraft zu entwickeln, die durch Übung stärker wurde und die meine Seele zu moralischer Widerstandsfähigkeit erzog.*

Auch in späteren Büchern, die von solchen Reminiszenzen fast völlig frei sind, kommt Balzac von dem tragischen Erlebnis der mütterlichen Ungerechtigkeit nicht los. In *La Rabouilleuse (Junggesellenwirtschaft)* kehrt Madame Bridau gegen ihren künstlerisch begabten Sohn Joseph die strenge Mutter heraus, während sie seinem ungeratenen Bruder Philippe mit Geduld und Nachsicht begegnet. In *La Femme de Trente Ans (Die Frau von dreißig Jahren)* handelt es sich nicht um eine beiläufige autobiographische Anspielung, sondern um eine sehr bedeutsame Episode des Romangeschehens, wenn Balzac erzählt, wie die des Ehebruches schuldige Mutter ihren kleinen Sohn vergöttert, ihre ältere legitime Tochter hingegen verabscheut; und wie die Mutter vom Schicksal, das sie geradezu herausfordert, in ebendieser Vorliebe für ihren Sohn getroffen wird.

Ist jene Wunde auch das Stigma seiner Kindheit, so hat Balzac doch nicht nur an ihr allein gelitten. Unter der unbefangenen Zuversicht seiner ersten Briefe an seine ältere Schwester lugt ein merkwürdiger Hang zur Verängstigung hervor. *Es gibt Wesen, die zu ihrem Unglück auf die Welt kommen, und zu denen gehöre ich,* hat Balzac bereits Madame de Berny gegenüber geäußert, als er im August 1821 seiner Schwester Laure gesteht: *Wollte Gott, ich wäre nie geboren! ... Unsereiner ist ein so unglückliches Geschöpf für sich allein, so unglücklich in Gesellschaft anderer, so unglücklich im Tode wie im Leben ...* Balzac ist als Kind unruhig und ängstlich, weil er von Anbeginn weiß, daß er anders ist als all die anderen. Unzweifelhaft anders schon darum, weil ihm keine Liebe entgegenbracht worden ist; aber auch deshalb, weil er sich den anderen überlegen fühlt und diese Überlegenheit nicht anerkannt sieht. Er möchte, daß man ihn bevorzugt, ihn zur Kenntnis nimmt; schlimmerweise aber sieht es für ihn so aus, als ob niemand ihn beachtet.

*Ohne auf dieser Erde bemerkt worden zu sein, und das ist etwas, das mir mit am meisten Kummer macht, werde ich schließlich dahingelebt haben wie Millionen Unbekannter, die wieder entschwunden sind, als wären sie nie gewesen ...*

*Wenn man zum Mittelmaß zählt, alles in allem bloß eine Seele ohne Haß und ohne Sauerteig sein eigen nennt, muß man sich darein schicken; die Mittelmäßigkeit des Durchschnitts verleiht keinen Anspruch auf große, besondere Freuden, und ist man nicht fähig, die großen Gefühle zu verströmen und von seiner Berühmtheit, seinem Talent und seiner seelischen Größe zu zehren, hat man die Pflicht, sein Herz nicht zur Schau zu stellen; denn man soll bei niemandem falsche Erwartungen wecken. Es wäre das dieselbe Spitzbüberei, wie wenn man ein dem Einsturz nahes Haus großsprecherisch anpreisen wollte. Die Überlegenheit des Genies und die Vorrechte der Großen sind das einzige, was man sich schlechterdings nicht anmaßen kann. Ein Zwerg hat eben nicht die Kraft, die Keule des Herkules hochzuheben.*

*Wie gesagt, ich stürbe vor Kummer an dem Tag, an dem ich erkennen müßte, daß meine Zukunftshoffnungen unmöglich zu verwirklichen wären. Obwohl ich noch nichts Entscheidendes gewagt habe, schwant mir, daß dieser Tag naht. Ich werde das Opfer meiner hochfliegenden Einbildung sein. Und darum, Laure, beschwöre ich Sie, geben Sie sich nicht mit mir ab, flehe ich Sie an, zerreißen Sie alle Bande zwischen uns!*

Der hier — in einem am 30. Juli 1822 an Laure de Berny gerichteten Brief — bekundete Zweifel am eigenen Selbst, der dem Widerstreit zwischen dem Ehrgeiz des Jünglings und dem aus seiner Kindheit herrührenden Minderwertigkeitsgefühl entspringt — dieser Zweifel löst bei Balzac, seiner ersten Geliebten gegenüber, eine Scheu und ein Unterlegenheitsbewußtsein aus, die er (ebenfalls 1822) wie folgt in Worte faßt:

*Ich habe weder gute Manieren noch Schneid, tauge nicht zum Her-*

*Der Hof des Lycée Ronsard (ehemals Collège des Oratoriens) in Vendôme*

*ausforderer; kurz, ich bin wie manche junge Mädchen, die linkisch, dumm, schüchtern und überempfindlich scheinen ... Im übrigen kann ich meinen Charakter unmöglich besser beschreiben, als es bereits vor mir ein großer Mann getan hat. Lesen Sie von neuem die ‹Confessions› von Rousseau, und Sie werden meinen Charakter in allen seinen Einzelzügen dargestellt finden.*

An das Trauma, das Balzac von seiner Kindheit zurückbehielt, an seine Fernhaltung vom Elternhaus und sein Nicht-Vorhanden-Sein für die Eltern erinnern insbesondere *Le Lys dans la Vallée, La Peau de Chagrin, Louis Lambert*. In *Louis Lambert* wird das Oratorianer-Kolleg zu Vendôme noch einmal gegenwärtig, jenes klösterliche Gymnasium und Internat, dessen Zögling der junge Balzac von 1807 bis 1813 gewesen ist: «ein dicker, pausbäckiger Knabe», wie einer seiner Lehrer bezeugt, «mit rotem Gesicht, im Winter an den Fingern und den Füßen mit Frostbeulen behaftet ... schweigsam ... einer, aus dem sich nichts herausholen läßt.» In diesem Internat, das keine Ferien kannte und wo Balzac *das grausame Noviziat des Gemeinschaftslebens* durchgemacht hat, lernt er die innere Einsamkeit des werdenden Genies kennen. Hier ist der Knabe Balzac der heimliche, verkannte Dichter, den die Rute nicht verschont, den gleichermaßen Lehrer und Mitschüler verspotten, und er entbehrt, anders als sein romanhafter Doppelgänger in *Louis Lambert,* auch den Trost der Freundschaft. Die Leiden seiner verkannten Genialität leben in jenem Romanabschnitt wieder auf, der die Konfiszierung der von dem jungen Romanhelden verfaßten ‹Abhandlung über den Willen› schildert:

*Schon am nächsten Tag begann er* (Louis Lambert) *seine Arbeit, die er «Abhandlung über den Willen» nannte ... Nach sechs Monaten andauernden Fleißes erregten die Arbeiten Lamberts die Neugier unserer Mitschüler und waren der Gegenstand grausamen Spottes, der einen unheilvollen Ausgang nehmen sollte. Eines Tages nämlich wurde einer der Quälgeister durch einen unserer Verfolger, der durchaus unsere Manuskripte sehen wollte, aufgewiegelt und bemächtigte sich gewaltsam eines Kastens, in dem der Schatz lag, den Lambert und ich mit unerhörtem Mut verteidigten. Der Kasten war verschlossen,*

*Das Collège des Oratoriens um 1860*

*und es war unseren Angreifern unmöglich, ihn zu öffnen; da versuchten sie, ihn in dem Kampf zu zerbrechen, eine niedrige Gemeinheit, die uns lautes Schreien entlockte. Ein paar Kameraden, die von Gerechtigkeitssinn erfüllt waren oder denen unser heldenhafter Widerstand imponierte, rieten, uns in Ruhe zu lassen, und überschütteten uns mit einem geradezu beleidigenden Mitleid. Plötzlich fuhr Pater Haugoult, durch den Lärm des Kampfes angelockt, dazwischen und fragte nach dem Grund unseres Streites. – Unsere Gegner hatten uns von unseren Strafarbeiten abgehalten, der Aufseher mußte seine Sklaven schützen. – Zu ihrer Entschuldigung verrieten unsere Angreifer das Vorhandensein der Manuskripte. Der entsetzliche Haugoult befahl uns, ihm den Kasten auszuhändigen: wenn wir uns dem widersetzten, konnte er ihn aufbrechen lassen. Lambert gab ihm den Schlüssel, der Lehrer nahm die Papiere heraus, blätterte in ihnen und sagte dann, sie an sich nehmend: ‹Das sind also die Dummheiten, um derentwillen Sie Ihre Arbeiten vernachlässigen!›*

In dem Roman *Le Lys dans la Vallée* ersteht der zweite Kerker der Jugendjahre von Balzac, das Internat Lepître in Paris: der Akzent der Schilderung liegt auf der bedrückenden Vereinsamung des in seiner Sehnsucht nach Mutterliebe getäuschten Sohnes. Der Romanheld Félix de Vandenesse ist vergleichsweise ein Louis Lambert ohne die dem letzteren eigene Genialität, ein Aristokratensohn, der von der mütterlichen Herzenskälte dem Verdacht ausgesetzt wird, arm zu sein; dem seine Kindheit getrübt wird durch den *Gegensatz zwischen seiner Verlassenheit und dem Glück der anderen*; der übertölpelt wird, verlacht, *von jedem Spiel ausgeschlossen* – so daß ihm keine andere Möglichkeit bleibt, als *sich ganz in sich selbst zurückzuziehen.*

Balzac seinerseits findet indessen einen Ausgleich für seine Isolierung. Gleichzeitig mit dem Gefühl, betrogen, hinter eine Scheidewand verbannt, vom eigentlichen Dasein ausgeschlossen zu sein, erwachen in ihm die Kraft und die Fähigkeit zur Kompensation. Der vernachlässigte Sohn faßt den Entschluß, die ihm verweigerte Liebe zu erzwingen – der unbeachtete Sohn beschließt, nach dem Lorbeer zu greifen und Ruhm zu erringen. In den frühesten Briefen an seine Schwester Laure (aus dem Jahre 1819) ergibt sich hieraus das beharrlich wiederholte zweistimmige Leitmotiv:

*Denke daran, daß ich unter einem glücklichen Stern geboren bin, wenn ich den Namen Balzac dereinst berühmt mache! Welch ein Erfolg wird es sein, Gleichgültigkeit und Vergessen zu besiegen!*

*Nichts, nichts sonst, nur die Liebe und der Ruhm können den leeren Raum in meinem Herzen ausfüllen ...*

*Nur eine Sorge hege ich: daß mir mein Wunsch erfüllt wird, mich über die anderen zu erheben.*

Das sind Worte des Jünglings, die der reife Mann wieder aufnimmt. So schreibt Balzac im Juni 1832 an Zulma Carraud:

*Es gibt Berufungen, denen man unbedingt folgen muß, und mich selbst, mich locken unwiderstehlich der Ruhm und die Macht.*

Um den Groll seiner Mutter zu vergessen, treibt Balzac Kompensation — in Villeparisis (wohin seine Eltern von Paris übergesiedelt sind) nicht minder als im Pariser Internat Lepître und im Oratorianer-Kolleg zu Vendôme. Die zahllosen Bücher, in die er sich vergräbt, die *Abhandlung über den Willen,* die er schreibt, sie sind weder romantische Ausflucht, noch kommt in ihnen der spezielle Zukunftstraum einer unabweislichen literarischen Berufung zum Ausdruck; vielmehr bekunden sie ein allgemeines erstes Erproben der eigenen Geisteskräfte, das, verworren und grandios in einem, auf allumfassendes Wissen und Können abzielt. Dem gleichen Ziel dienen die vielen Bücher, die Louis Lambert (in dem nach ihm benannten Roman) studiert, weil er in ihnen den Schlüssel zum Universum zu finden hofft, wie sie ihm anderseits ermöglichen, seiner Geliebten und Verlobten Pauline das einzige Zeugnis seiner Genialität zu widmen:

*... Von dieser Zeit an war die Lektüre bei Louis zu einer Art Heißhunger geworden, den nichts stillen konnte. Er verschlang Bücher aller Art und labte sich wahllos an religiösen, geschichtlichen, philosophischen und physikalischen Werken. Er hat mir einmal gesagt, daß er, wenn ihm andere Bücher nicht zur Hand waren, einen unglaublichen Genuß bei der Lektüre von Wörterbüchern empfand, was ich ihm gern glaubte. Welcher Schüler hat nicht immer wieder Freude daran gehabt, den wahrscheinlichen Sinn eines Substantivs zu suchen? Die Analyse eines unbekannten Wortes, sein Charakter, seine Geschichte waren für Lambert Ursache langer Träumerei. Aber es war nicht jene unbewußte Träumerei, durch die ein Kind sich an die Phänomene des Lebens gewöhnt, sich an die geistigen wie körperlichen Erscheinungen heranwagt; eine unbewußte geistige Bildung, die später sowohl im Verständnis wie im Charakter ihre Früchte trägt. Nein, Louis Lambert erfaßte die*

*Louis Lambert, «der die Welt brauchte für seine Nahrung, war eingekerkert in vier enge und schmutzige Wände ...»*

*Tatsachen wirklich und erklärte sie, nachdem er sowohl Anfang wie Ende derselben mit dem Spürsinn eines Wilden aufgefunden hatte. Auch konnte er, durch eines jener sonderbaren Spiele, in denen sich die Natur zuweilen gefällt und die die Anomalie seines Wesens bewiesen, schon mit vierzehn Jahren mit Leichtigkeit Gedanken äußern, deren Tiefe mir erst viel später aufgegangen ist.*

Nirgends aber ersteht der junge Balzac derart vollkommen wieder zum Leben wie in der großen Konfession seines Raphaël in *La Peau de Chagrin.* Die Leiden des Knaben, die ehrgeizigen Träume des Jünglings, Hoffnung und Zweifel, der Heroismus des armen Studenten, die Freuden des Geistes, all das kehrt wieder auf den berühmten Seiten jenes Romans:

*... Ich wollte mich an der Gesellschaft rächen; ich wollte die Seelen aller Frauen besitzen, indem ich mir ihren Verstand unterwarf – und wollte alle Blicke auf mich gerichtet sehen, wenn ein Diener an der Tür eines Salons meinen Namen meldete. Ich hatte mich seit meiner Kindheit zum großen Mann bestimmt. Ich habe mich gegen die Stirn geschlagen und wie André Chénier gesagt: ‹Es ist etwas da!› Ich glaubte in mir zu fühlen, daß ich dazu bestimmt sei, einen großen Gedanken auszudenken, ein System aufzustellen, der Welt Wissen zu schenken.*

*Mein lieber Émile, heute bin ich kaum sechsundzwanzig Jahre alt – und bin sicher, unbekannt zu sterben und niemals der Geliebte einer Frau, von deren Besitz ich geträumt hatte, gewesen zu sein. Aber laß mich dir meine Narrheiten weiter erzählen! Wir alle haben doch mehr oder minder unsere Wünsche für die Wirklichkeit gehalten. Ich möchte keinen jungen Menschen zum Freund haben, der sich nicht im Traum Kränze geflochten, Piedestals errichtet und sich nie in seinen Wünschen wunderbare Geliebte zu eigen gemacht hätte. Ich war oft General, Kaiser, ich war Byron – ich war – nichts. Genug! Da ich so auf den Gipfeln menschlicher Macht spielte, erfuhr ich, daß alle Gebirge und alle Schwierigkeiten noch zu überwinden wären. Die ungeheuerliche Eigenliebe, die in mir siedete, der hohe Glaube an meine Bestimmung, der vielleicht zum Genie wird, wenn sich der Mensch in der Berührung mit den Dingen des Alltags nicht seine Seele zerfetzen läßt (wie ein Schaf seine Wolle an einem Dorngestrüpp, durch das es dringt, verliert), diese Gaben haben mich gerettet.*

*... Da meine Seele immer an allen Äußerungen gehindert worden war, verschloß sie sich immer mehr in sich. Ich war offen und natürlich – und wirkte doch kalt und verstellt. Die Despotie meines Vaters hatte mir alles Selbstvertrauen genommen. Ich war scheu und linkisch, ich glaubte nicht, daß meine Stimme die geringste Macht ausüben könnte, ich mißfiel mir, ich fand mich häßlich und schämte mich meiner selbst. Trotz der inneren Stimme, die die begabten Menschen aufrecht erhalten muß – und die mir zurief: ‹Mut! Geh deinen Weg!› – trotz jäher Offenbarungen meiner Macht in der Einsamkeit, trotz der Hoffnungen, die mich belebten, wenn ich die jetzt*

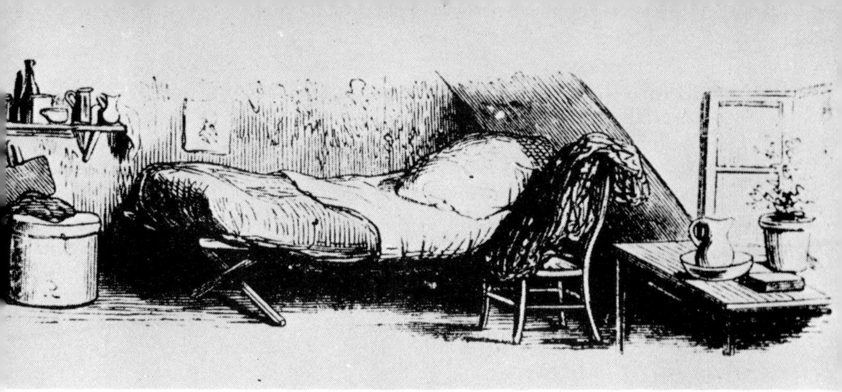

*«Diese Mansarde mit ihren schmutzigen gelben Wänden war schrecklich . . .»*
*(La Peau de Chagrin)*

*vielbewunderten Kunstwerke mit denen verglich, die durch meine Gedanken schwebten, trotz alledem zweifelte ich an mir wie ein Kind. Ich war die Beute ausschweifendsten Ehrgeizes, ich glaubte mich zu großen Dingen erkoren und — ich fühlte mich im Nichts. Ich brauchte Männer — und ich hatte keine Freunde. Ich mußte mir einen Weg durch die Welt bahnen — und ich blieb allein dabei: ich fürchtete mich nicht, aber ich schämte mich.*

*Als mein Vater mich ein Jahr lang in den Wirbel der großen Welt geschickt hatte, war ich mit einer reinen, frischen Seele zu den Menschen gekommen. Wie alle großen Kinder, erwartete ich mir heimlich schöne Liebschaften. Ich traf unter den jungen Leuten meines Alters eine Sekte von Prahlhänsen, die sich erhobenen Hauptes mit nichtssagenden Reden, ohne zu zittern, neben Frauen setzten. Die imponierten mir am meisten: sie redeten Unverschämtheiten, nagten am Griff ihres Stockes, säuselten Redensarten, setzten die hübschesten Frauen vor sich selber herab, taten, als hätten sie in allen Betten gelegen und als ob sie sich gar nichts aus diesem Vergnügen machten; sie umwarben die Tugendhaftesten und Keuschesten, als seien sie die leichteste Beute, die man mit einem einfachen Wort gewinnen könne, mit der ersten gewagten Gebärde und dem ersten frechen Blick. Ich schwöre dir auf Ehre und Gewissen, es schien mir damals viel leichter, Macht oder literarisches Ansehen als eine junge, anmutige, geistreiche Frau von Wert zu erobern. Ich fand die Verwirrungen meines Herzens, meine Gefühle und meine Vergötterung sehr im Mißklang zu den Anschauungen der Gesellschaft. Ich war kühn — aber nur in der Seele, nicht in den Umgangsformen. Später dann habe ich es erfahren, daß die Frauen es nicht lieben, wenn man um sie bettelt. Ich habe ihrer genug gesehen, die ich von fern anbetete und für die mein Herz zu jeder Probe bereit gewesen wäre; sie hätten mir die Seele und meine Kraft, die vor keinem Opfer und keiner Qual zurückschreckte, zermartern dürfen. Sie aber gehörten Dummköpfen, die ich nicht einmal als Portiers hätte haben mögen . . .*

*. . . Diese Mansarde mit ihren schmutzigen gelben Wänden war*

*schrecklich — aber in all ihrem Elendgeruch schien sie wie geschaffen für einen Gelehrten.*

*Die Zimmerdecke stieg schräg ab, und durch die Fugen der Ziegel sah man den Himmel. Das Zimmer hatte Platz für ein Bett, einen Tisch und ein paar Sessel — unter den spitzen Dachwinkel konnte ich mein Klavier stellen. Die arme Frau hatte nicht Geld genug, um diesen den venezianischen Bleikammern ebenbürtigen Käfig zu möblieren — so war er bis jetzt nicht vermietet gewesen. Da ich bei der Versteigerung des Mobiliars die Dinge, die für mich irgendwie persönlichere Bedeutung hatten, mir hatte bewahren können, war ich bald mit ihr einig und zog am folgenden Tag bei ihr ein.*

*In diesem luftigen Grab habe ich an die drei Jahre gelebt, habe Tag und Nacht ohne Unterlaß und mit solcher Lust gearbeitet, daß mich das Studium die schönste Aufgabe und die glücklichste Lösung des Menschenlebens dünkte. Die Stille und das Schweigen, das dem Gelehrten so nötig ist, sind sanft und betäubend wie die Liebe. Die Denkarbeit, das Durchforschen der Ideen und die stillen Betrachtungen der Wissenschaft beschenken uns mit unsagbaren Köstlichkeiten, unbeschreiblich wie alle Dinge des Geistes, dessen Erscheinungen unseren äußeren Sinnen nicht wahrnehmbar sind. So müssen wir die Geheimnisse des Geistes immer mit Gleichnissen aus der materiellen Welt erläutern.*

Jenes ausgiebig betriebene Bücherlesen, jene verschwiegenen Gedanken, jene heimliche Vorbereitung auf ein großes Werk, das *ein Vermögen oder einen Namen schaffen könnte* — all das hat jeder der drei jugendlichen Romanhelden hinter sich, als deren Modell der junge Balzac zu erkennen ist. Gleich seinem Louis Lambert, gleich seinem Raphaël, seinem Félix de Vandenesse hätte der Jüngling Balzac von sich selber sagen können: *Körperlich war ich ein Kind, aber meine Gedanken machten mich alt, und ich hatte soviel gelesen, soviel nachgedacht, daß ich in der Theorie das Leben in all seinen Stufen kannte... Bei mir war das Studieren eine Leidenschaft geworden.* Es ist die Jugend weiterer Balzac-Gestalten wie des Politikers Z. Marcas oder des Grüblers Albert Savarus (in den nach diesen benannten Erzählwerken) — was sich hier abzeichnet, gilt auch für das Leben, das der Schriftsteller Daniel d'Arthez führt, als — in dem Roman *Illusions perdues (Verlorene Illusionen)* — der Romanheld Lucien de Rubempré seine Bekanntschaft macht: *Er war gegenwärtig damit beschäftigt, aus allen Philosophien der Alten und Neuen sich das Beste anzueignen. Er wollte wie Molière ein gründlicher Philosoph sein, bevor er Lustspiele schrieb. Er studierte die geschriebene Welt und die lebende, das Reich des Gedankens und der Tat.* Es ist das der Balzac der Jahre um 1820, wie ihn, von Balzac selbst inspiriert, sein Kommentator Félix Davin dem Publikum vorstellt:

«In diesen Jahren, also 1818, 1819 und 1820, arbeitete Monsieur de Balzac, der in einer Dachkammer in der Nähe der Bibliothèque de l'Arsenal eine Zuflucht gefunden hatte, ohne Unterlaß daran, diejenigen Schriften zu vergleichen, zu analysieren und zusammenzufassen, welche die Philosophen und die Mediziner des Altertums, des Mittelalters und der jüngsten beiden Jahrhunderte uns über das menschliche Gehirn hinterlassen haben... Wiewohl in aller Heimlichkeit und Stille betrieben, haben diese grundlegenden Studien und der unwiderstehliche Hang zur Metaphysik jenen Werken, deren Abfassung Monsieur de Balzac sich damals widmete, ihren Stempel aufgedrückt.»

Zur selben Zeit, in der er seine frühen literarischen Versuche unternimmt: in der er das Versdrama *Cromwell* verfaßt und er von seinen unter mehreren Pseudonymen erschienenen Romanen die ersten schreibt, die nicht nur Brotarbeit sind, sondern (wie er später zu seinem Schriftsteller-Kollegen und Verehrer Champfleury sagt) zumindest stellenweise für ihn «Belehrungen», nämlich die Romane *Stenie* und *Falthurne,* in denen sich bereits deren Nachfolger *Louis Lambert* und *Séraphita* ankündigen — zur selben Zeit legt Balzac schon den Grundstein zur *Menschlichen Komödie*: in Gestalt von Studien und Meditationen, von denen er sich so etwas wie eine vorweggenommene und erschöpfende Erkenntnis des Universums verspricht. Aber er schreibt in ebendiesen Jahren auch sein *Petit Dictionnaire critique et anecdotique des Enseignes de Paris, par un batteur de pavé* (sein *Kleines kritisches und anekdotisches Lexikon der Aushängeschilder von Paris, von einem Pflastertreter*): zu dem Studium der Metaphysik scheint dieses Studium eines Mannes, der durch die Pariser Straßen flaniert und Merkwürdigkeiten aufstöbert, im Gegensatz zu stehen. Dennoch wird man sich fragen müssen, ob die Suche dessen, der entdeckungsfreudig die Stadt durchstreift, denn wirklich in eine andere Richtung geht. Schließlich kommt es für Balzac ja darauf an, noch ehe er das Nacheinander stückweiser Lebenserfahrung zu einem Fazit zusammenfaßt, in der geistigen Vorstellung das Leben als Ganzes wie ein Schauspiel zu überblicken. Der großartige Anfang der Novelle *Facino Cane* (diese Passage ist eine der offenherzigsten des gesamten Werkes, und Balzac, der in der ersten Person zum Leser spricht, gibt darin nicht von ungefähr an, daß er seinerzeit in der Rue Lesdiguières gewohnt hat) erhärtet eindrucksvoll diese innere Einheit von philosophischer Deduktion und praktischer Beobachtung, diese konsequente Bemühung, noch vor Inangriffnahme seines eigentlichen Lebenswerkes und gleichsam noch diesseits des Lebens zu einem definitiven Bescheidwissen zu gelangen, das er allein in der Verkörperung durch immer weitere Romangestalten zu entfalten imstande sein wird. Es ist, als habe man da einen zum Romancier gewordenen Louis Lambert vor sich — in diesem jungen Balzac, der unversehens die Anwendbarkeit seiner philosophischen Reflexionen auf das Menschenmaterial von Paris gewahrt:

*Ich wohnte damals in einer Gasse, die wohl kaum jemand kennen dürfte: in der Rue Lesdiguières; sie führt von der Rue Saint-Antoine, gegenüber einem Brunnen nächst der Place de la Bastille, bis zur Rue de la Cerisaie. Meine Liebe zur Wissenschaft zwang mich, in einer Mansarde zu wohnen, wo ich nachts arbeitete; die Tage aber ver-*

*brachte ich in einer nahen Bibliothek. Ich lebte äußerst einfach, ja, fast mönchisch, wie ein geistiger Arbeiter eben leben muß. Selten einmal leistete ich mir bei schönem Wetter einen Spaziergang auf dem Boulevard Bourdon. Nur eine Leidenschaft drohte mich diesem Leben als Forscher abspenstig zu machen — indessen gehörte sie nicht auch dazu? Ich studiere nämlich das Leben des Faubourg, seine Leute und ihren Charakter. Ich war genau so schlecht angezogen wie die Arbeiter und kümmerte mich nicht darum, wie ich aussah; deshalb genierten sie sich auch nicht vor mir; also konnte ich mich ruhig unter sie mischen und zuschauen, wie sie ihre kleinen Geschäfte betrieben und abends nach Arbeitsschluß ihre kleinen Streitigkeiten ausfochten. Beobachten war bei mir schon ganz intuitiv geworden; ich konnte die Seele erkennen, ohne den Leib zu vernachlässigen; oder richtiger gesagt, alle äußerlichen Einzelheiten waren mir von vornherein so deutlich, daß ich sogleich durch sie hindurch forschte, meine Beobachtungsgabe ließ mich das Leben jenes Menschen, für den ich mich gerade interessierte, unbedingt mitleben; ich konnte mich ganz genau so in ihn hineinversetzen, wie der Derwisch aus Tausendundeiner Nacht sich in Leib und Seele derer verwandelte, über die er bestimmte Formeln sprach.*

*Sah ich nachts zwischen elf und zwölf Uhr einen Arbeiter mit seiner Frau vom Ambigu-Comique heimkehren, so machte es mir Spaß, vom Boulevard-du-Pont-aux-Choux bis zum Boulevard Beaumarchais hinter ihnen herzugehen. Natürlich redeten diese Biederleute zuerst von dem Stück, das sie sich angesehen hatten; nach und nach aber landeten sie todsicher bei ihren privaten Sorgen; die Mutter schleifte ihr Kind hinter sich her, ohne im geringsten auf dessen Klagen und Fragen zu hören; man rechnete aus, wieviel Geld es am nächsten Tag setzen würde, und gab es schon auf zwanzig Arten aus. Dann vertieften sie sich in den Haushalt: die Kartoffeln waren zu teuer und der Winter zu lang und der Preis für den Torf zu hoch; wieviel der Bäcker zu bekommen hatte, war nicht ganz klar, sie gerieten deswegen aneinander, wurden immer heftiger, und bei solchen drastischen Reden zeigte jeder, wie er war. Hörte ich diesen Leuten zu, so drang ich auch schon in ihr Leben hinein: mein Leib fühlte ihre Lumpen, ich ging in ihren verschlampten Schuhen; meine Seele nahm ihre Hoffnungen und Schmerzen auf, und ich dachte, sie empfänden es ebenso. Es war ein Wachtraum. Ich erboste mich mit ihnen über die Meister, die sie unterdrückten, und über die üble Behandlung, daß man sie oft vergeblich nach ihrem Geld laufen ließ. Meine ganze Zerstreuung bestand darin, meine Gewohnheiten aufzugeben, mich moralisch durch und durch in einen anderen zu verwandeln und ein Spiel der Willkür zu spielen. Wem verdanke ich diese Anlage? Ist das ein zweites Gesicht? Ist das eine jener Fähigkeiten, durch deren Übersteigerung man wahnsinnig werden könnte? Ich habe niemals den Quellen dieser Macht nachgespürt, sie sind in mir, ich nutze sie — gut! Ich kann nur sagen, daß ich damals schon die Elemente der zusammengewürfelten Masse, die sich Volk nennt, durchgrübelt und genug*

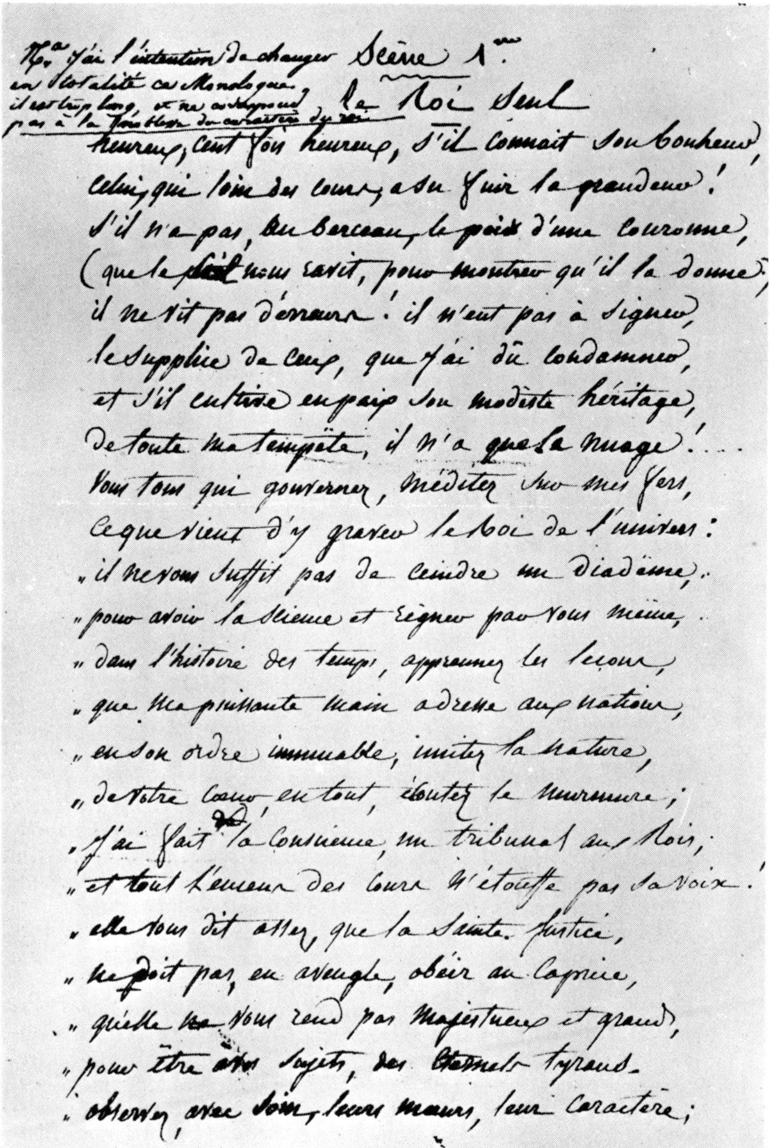
Nota. J'ai l'intention de changer en totalité ce Monologue. il est trop long, et ne correspond pas à la faiblesse du caractère du roi

Scène 1ère.
le Roi seul

heureux, cent fois heureux, s'il connaît son bonheur,
celui qui loin des cours, a su fuir la grandeur!
S'il n'a pas, au berceau, le poids d'une couronne,
(que le [illegible] nous ravit, pour montrer qu'il la donne)
il ne vit pas d'erreurs! il n'eut pas à signer,
le supplice de ceux, que j'ai dû condamner,
et s'il cultive en paix son modeste héritage,
de toute ma tempête, il n'a que le nuage!...
Vous tous qui gouvernez, méditez sur mes fers,
ce que vient d'y graver le Roi de l'univers:
„il ne vous suffit pas de ceindre un diadème,
„pour avoir la science et régner par vous même,
„dans l'histoire des temps, apprenez les leçons,
„que ma puissante main adresse aux nations,
„en son ordre immuable, imitez la nature,
„de votre cœur en tout, écoutez le murmure;
„j'ai fait la conscience un tribunal aux Rois,
„et tout l'encens des cours n'étouffe pas sa voix!
„elle vous dit assez, que la Sainte Justice,
„ne doit pas, en aveugle, obéir au caprice,
„qu'elle ne vous rend pas majestueux et grand,
„pour être vos sujets, des [illegible] tyrans.
„observez, avec soin, leurs mœurs, leur caractère;

*Eine Seite aus dem Manuskript «Cromwell», 1820 geschrieben*

*Der Advokat Guyonnet de Merville*

*analysiert hatte, um ihr Gut oder Schlecht wohl einschätzen zu können. Ich wußte schon, was in diesem Faubourg, in dieser Brutstätte der Revolutionen, alles drinsteckte – Helden, Erfinder, Techniker, Schufte, Verworfene, Tugenden und Laster, vom Elend hinuntergestopft, von der Not entkräftet, von Wein und Schnaps verseucht und zerstört. Niemand vermag sich vorzustellen, wieviele namenlose Schicksale, wieviele verschüttete Tragödien sich in dieser Stadt des Leidens abspielen! Wieviel furchtbar Schönes! Keine Phantasie kann die Wirklichkeit ausmalen, die sich hier verbirgt, keiner kann sie finden, kaum einer ihr nahekommen; allzu schauerlich ist die Tiefe, in der Tragik und Komik sich so wunderbar zu Meisterwerken des Zufalls entfalten ...*

In der *Comédie Humaine* gibt es nicht ein einziges hierfür geeignetes Romankapitel, in dem Balzac nicht Gelegenheit nähme, die Gemütsbewegungen des jungen schüchternen und ehrgeizigen Provinzlers aufleben zu lassen, der frisch aus seiner Heimat kommend – wie Balzac aus der Touraine – in der Metropole landet, der er im voraus soviel phantastische Großartigkeit beigemessen hat. Balzac selber steckt in Rastignac, in Lucien de Rubempré, der, im Pariser Menschengewühl dahintreibend, zunächst *eine ungeheure Verkleinerung seines Selbst* empfindet, dann aber, als er, wieder gefaßt und innerlich ein Stück vorangekommen, die Richtung nach den Tuilerien einschlägt, sich *leicht* fühlt *vor lauter Glück.* Balzac identifiziert sich mit jedem Spaziergänger in der breiten Mittelallee des Jardin du Luxembourg: *diesem ewigen Brachfeld für soviel jugendlichen Ehrgeiz,* wie Balzac in dem Roman *Les Petits Bourgeois (Die Kleinbürger)* vermerkt. Indessen kristallisiert sich seine persönliche Erinnerung nirgends greifbarer als auf den soeben zitierten Seiten aus *Facino Cane.* Hier ist kein Irrtum möglich: der autobiographische Akzent wird nicht durch Transponierung in eine andere Tonart gedämpft. Und wie der Erzähler von *Facino Cane* sprechen in der ersten Person auch Raphaël (in *La Peau de Chagrin*) und Félix (in *Le Lys dans la Vallée*); die Lautstärke wächst, die Perioden branden wie Wogen des Meeres, das eine Mal kürzer, das andere Mal länger ausrollend, das Satzgefüge ist dichter, ohne flaue Stelle, ohne Atempause, ohne jenes schwelgerische Luftholen, zu dem die Phantasie verleitet, sobald sie sich anschickt, die Erinnerung abzulösen.

Lediglich die Jahre der Kindheit und des Studiums diktieren ihm so unverhüllt autobiographische Passagen wie in *Facino Cane.* Sonstige Jugenderinnerungen teilt Balzac auf; er transponiert sie, stattet mit ihnen nur Episoden-Figuren aus. Beispielsweise ist die Anwaltskanzlei, die er am Anfang seines *Colonel Chabert (Oberst Chabert)* als *das scheußlichste aller Gemächer, wo Menschen zusammenkommen,* beschreibt, sicherlich diejenige, in der er selbst in seinen Jünglingsjahren tätig gewesen ist und in der er die schrecklichen Hintergründe jenes Kampfes um den gesellschaftlichen Aufstieg kennengelernt hat, der seitdem nicht mehr aufhört, ihn innerlich zu beschäftigen. Wie Balzac sich hier in seine Lehrzeit bei dem Advokaten Guyonnet de Merville (dem Modell für den fiktiven Anwalt Derville) zurückversetzt, so zieht sich durch die ganze *Menschliche Komödie* die Erinnerung an seine eigenen, niederschmetternden Erfahrungen als Verleger und Druckerei- und Schriftgießerei-Besitzer während der Jahre 1825 – 1827, in denen er Geld in die Hand bekommt und Bankrott macht; in denen er die Sprache des Soll und Haben verstehen lernt, der beiden privilegierten Sinnbilder seiner persönlichen Lebenstragik.

# Die Liebe, das Geld und der Ruhm

*Nichts, nichts sonst, nur*
*die Liebe und der Ruhm …*

Bei Balzac sind Selbstbekenntnisse nur dann wörtlich zu nehmen, wenn sie sich auf einen bestimmten Bereich seiner Erinnerung beziehen — ihre spezifische Tonart vernimmt man hinreichend deutlich in den vorhin zitierten Passagen aus *Louis Lambert* und *Facino Cane, La Peau de Chagrin* und *Le Lys dans la Vallée.* Der fragliche Bereich ist das Stadium der jugendlichen Erwartung, der Vorbereitung auf das eigentliche Dasein. Sobald aus der gedanklichen Vorwegnahme reale Erfahrung wird, sobald die Erfahrung sich aufspaltet in Individualitäten und entsprechende Vorfälle, hat nicht länger nur die Erinnerung das Wort. Seine Kindheit, seine Jugendjahre als armer Student: sie betreffen Balzac allein. Aber sobald die Liebe sich einstellt, bezieht er ein anderes Wesen mit ein, und daraus ergibt sich dann jene zwangsläufige Transponierung, von der Balzac im Vorwort zu *Le Lys dans la Vallée* spricht. Zartgefühl also, Respekt vor dem anderen Menschen? Zweifellos. Doch im Grunde und in erster Linie bekräftigt die Umgestaltung der Erinnerung, daß fortwährend neue Lebenserfahrungen ihr Recht heischen. Die Jugend stirbt, das Leben geht weiter. Balzac bleibt ein Mann, der sich verliebt, sich ständig aufs neue verliebt, auch nachdem er längst aufgehört hat, noch der Jüngling zu sein, der auf das Erlebnis der Liebe brennt. Indem er sich der Erinnerung an seine erste Liebe, an Madame de Berny überläßt, ist er sich selbst gegenüber nicht annähernd so unbefangen, wie er es angesichts seiner Kindheit und seiner Studienzeit ist: seine Liebe zu Laure de Berny ist inzwischen durch die Liebe zur Gräfin Hanska ja in Frage gestellt worden. Was diesen Erlebnisbereich betrifft, so wird in ihm von dem Mann, dessen Leben fortschreitet, nie ein Abschluß erreicht: niemals wird ihm die Liebe schlechthin Objekt rückschauender Betrachtung. Henriette de Mortsauf, die «Lilie im Tal» des gleichnamigen Romans, kann nicht im selben Sinn mit Laure de Berny gleichgesetzt werden, wie der Félix de Vandenesse der ersten Romanseiten mit Balzac identisch ist. Und wie anderseits dieser Félix *rückhaltlos und ungekünstelt* vor Nathalie de Manerville seine Liebe zu Henriette in allen ihren Phasen ausbreitet, so beschwört Balzac seine Liebe zu Laure de Berny neu herauf, indem er die Gräfin Hanska einweiht.

Doch gleichviel: Balzac hat *Le Lys dans la Vallée* in Erinnerung an seine Liebe zu Madame de Berny geschrieben — wie viele andere Kapitel der *Menschlichen Komödie,* in denen seine «Dilecta» (der junge Balzac nannte die fünfundvierzigjährige Laure de Berny, die, als er ihr Geliebter wurde, bereits neunmal Mutter gewesen war, seine «nunc et semper dilecta», seine «für jetzt und immer Erkorene») gegenwärtig ist: als Verkörperung der ans Herz greifenden, reifen Schönheit der alternden Frau und als der gute Geist der Touraine-Landschaft mit ihrem harmonischen Ausgleich der Elemente Erde und Wasser; jener Landschaft, in der die beiden so gar nicht gleichaltrigen Liebenden ihr Glück ausgekostet haben. Jedenfalls braucht man nur die an Laure de Berny gerichteten Briefe zu lesen, um zu gewahren, daß Balzac in *Le Lys dans la Vallée* in seine eigene, romantische Jünglingszeit zurückgekehrt ist. Die Blumensprache, deren sich Félix im Umgang mit Henriette bedient – in den Feldblumensträußen, die er ihr bringt, dominiert das Ruchgras –, diese Blumensprache hat Balzac ohne Zweifel von Laure de Berny gelernt, an die er einmal schreibt: *Die Blumen, die vor mir stehen, verströmen immer noch, obwohl sie vertrocknet sind, ihren betörenden Duft.* Wie denn auch die Sinnlichkeit, die Madame de Berny in ihm weckt *(Gleich als ich Sie zum ersten Mal erblickte,* gesteht Balzac in einem Brief, *wurden meine Sinne aufgerührt),* sich sogleich in Félix de Vandenesse regt, als er auf dem ersten Ball, den er besucht, aus nächster Nähe der nackten Schultern von Henriette de Mortsauf ansichtig wird:

*«Es waren keusche Schultern, die eine Seele hatten . . .»*
*(Le Lys dans la Vallée)*

*...Da ich nicht fortgehen konnte, floh ich in eine Ecke und setzte mich auf das Ende einer Bank, wo ich sitzen blieb und unbeweglich und schmollend vor mich hinstarrte. Eine Frau hielt mich infolge meines schmächtigen Aussehens für ein Kind, das einschlafen wollte, während es auf seine Mutter wartete, und setzte sich neben mich mit der Bewegung eines Vogels, der sich auf sein Nest niederläßt. Alsbald spürte ich einen Frauenduft, der in meine Seele zog wie ein Märchen aus Tausendundeiner Nacht. Ich betrachtete meine Nachbarin, und ihr Anblick begeisterte mich mehr als das ganze Fest. Wenn Du mein Innenleben völlig verstanden hast, so wirst Du die Gefühle erraten, die in meinem Herzen aufgingen. Meine Augen wurden plötzlich von weißen, aus dem Kleid herausquellenden Schultern geblendet, in die ich mich hätte vergraben mögen. Es waren zarte Schultern, die zu erröten schienen, als wenn sie zum ersten Male nackt wären. Es waren keusche Schultern, die eine Seele hatten und deren samtene Haut in dem Licht wie Seide leuchtete. Zwischen den Schultern war eine Linie, über die mein Blick strich, der mutiger als meine Hand war. Zitternd reckte ich mich empor, um ihre Formen zu sehen, und wurde vollkommen gefesselt durch einen mit Gazeschleiern schamhaft verdeckten Busen, dessen alabasterne ebenmäßige Brüste in einer Flut von Spitzen weich gebettet waren. Die leisesten Einzelheiten dieses Kopfes entzündeten in mir eine unbeschreibliche Freude, ihre leuchtenden Haare, die über dem samtenen, klein-mädchen-haften Hals geglättet waren, die weichen, vom Kamm gezogenen Linien, die ich in Gedanken wie duftende Pfade durchlief.*

*All das verdrehte mir den Kopf. Nachdem ich mich versichert hatte, daß mich niemand sah, versenkte ich mich in diesen Rücken, wie ein Kind sich an den Busen der Mutter wirft, und bedeckte diese Schultern mit Küssen. Die Frau stieß einen durchdringenden Schrei aus, der aber infolge der lauten Musik nicht gehört wurde. Sie drehte sich um, sah mich an und sagte: ‹Mein Herr!› Ach, wenn sie gesagt hätte: Mein armer kleiner Mann, was fällt Ihnen ein? — hätte ich sie vielleicht getötet. Aber bei diesen Worten: ‹Mein Herr!› stürzten mir heiße Tränen aus den Augen. Ich wurde von einem Blick durchbohrt, in dem ein heiliger Zorn brannte; ein göttlicher Frauenkopf, mit einem Diadem aschblonder Haare bekränzt, der diesem herrlichen Rücken nichts nachgab, wandte sich mir zu. Die Schamröte eines beleidigten Gefühls flammte in ihrem Gesicht auf, in dem aber auch schon die Verzeihung der Frau zu lesen war, die eine Tollheit versteht, wenn sie der Anlaß dazu ist und unendliche Anbetung aus den Tränen des Reuigen errät.*

Mit Laure de Berny ist indessen, wie gesagt, Henriette de Mortsauf keinesfalls gleichzusetzen; sei es auch nur deswegen nicht, weil Henriette sich ihrem Verehrer Félix nicht hingibt. Eine mangelnde Übereinstimmung zwischen Romanfabel und Wirklichkeit, bei der man sich zunächst fragt: ist sie von mitleidiger Rücksichtnahme auf die «Dilecta» eingegeben oder hat Balzac vorbauen, hat er sich von Evelina Hanska nicht vorhalten lassen wollen, was nach Henriettens Ableben, am Ende von *Le Lys dans la Vallée,* Nathalie de Manerville dem Grafen Félix, in ihrer Antwort auf dessen Lebensbeichte, einschärft: *Keine Frau, müssen Sie wissen, wird in Ihrem Herzen der darin gehegten Toten begegnen wollen!* Jedenfalls hat Balzac gewünscht, daß die Gräfin Hanska in Henriette eine Art Doppelgängerin zur Titelheldin seines «mythischen» Romans *Séraphita* sehen solle. Schreibt er doch an Evelina Hanska: *In vollkommen menschlicher Gestalt verkörpert sich in dem einen Buch die irdische Vollkommenheit, gleichwie in dem anderen Séraphita die himmlische Vollkommenheit darstellt.* Aber die Idealisierung von Laure de Berny ist nicht allein ein Akt zartfühlender Rücksichtnahme und eine Vorsichtsmaßregel, vielmehr kommt in ihr etwas noch Aufschlußreicheres zum Ausdruck. Diese Idealisierung besagt, daß auch in dem Moment, da Balzac zurückdenkt, die Liebe für ihn ein Lebensziel bleibt, das er noch keineswegs erreicht glaubt. Auf seine Romanheldin projiziert er ein Phantasiebild weiblicher Reinheit, das von Evelina Hanska gleichermaßen überboten wie durchkreuzt wird. Und weiter: indem Balzac in Henriette jene ihm selber unbekannt gebliebene Reinheit Gestalt gewinnen läßt und in Lady Dudley, der Gegenspielerin Henriettes, eine Sinnlichkeit, die er freilich nur andeutet, gesteht er sein Verlangen ein nach der Frau, die Reinheit und Sinnlichkeit in sich vereinigt, und die einzige, die ihm dabei vorschwebt, ist eben die Gräfin Hanska. In welchem Zusammenhang man einer Sentenz aus der Pariser Novelle *Un Prince de la Bohème* nachsinnen sollte: *Hoffnung ist ein Gedenken, das begehrt.* Es ist diese Art Hoffnung, welche die Erinnerung umbildet und transponiert.

*Madame de Berny*

In der *Histoire des Treize (Geschichte der Dreizehn)* bietet die zweite Erzählung mit dem Titel *La Duchesse de Langeais (Die Herzogin von Langeais)* das Beispiel einer Umformung in umgekehrter Richtung. Hier verliebt sich die Herzogin Antoinette in den Marquis de Montriveau, der sie schließlich von sich stößt und für das Spiel,

*Madame de Castries*

das sie mit ihm treibt, grausam straft, während die der Erzählung zugrundeliegende Affäre, die Balzac durchlebt, die entgegengesetzte Wendung nimmt: in der Realität ist es die Marquise de Castries, die ihren hartnäckigen Verehrer Balzac um die Liebeserfüllung prellt. Was das Leben nicht hat gewähren wollen, nimmt sich in diesem Fall die Phantasie; sie ermöglicht es dem geprellten Liebhaber Balzac, seine Schlappe innerlich wettzumachen und sich an der Schuldigen immerhin symbolisch zu rächen. Die Befürchtung hinwieder, die Gräfin Hanska könne in der Herzogin Antoinette das in der ganzen Pariser Gesellschaft bekannte Modell, nämlich eben die Marquise de Castries, erkennen, wirkt bei so durchsichtiger und offenkundiger Abwandlung des realen Sachverhalts nichts weniger als befremdend: Balzac verlangt denn auch anfänglich von Evelina Hanska, daß sie diese Erzählung nicht lesen soll ... Vor allem aber ist an diesem Beispiel abzulesen, wie Balzac bei der literarischen Darstellung der inneren Nötigung gefolgt ist, das Vergangene umzuformen: nachträglich paßt er die Begebnisse den Empfindungen an, die ihn während der Niederschrift beseelen.

Im übrigen sind Henriette de Mortsauf und Antoinette de Langeais selbständige, für sich bestehende Romanfiguren — das also, was weder Félix de Vandenesse noch Raphaël noch Louis Lambert sind. Erklärlicherweise sehen wir die Balzac'schen Gestalten um so schärfer und plastischer vor uns, je mehr sie sich von ihrem Schöpfer unterscheiden. Félix und Raphaël sind, wenn sie ihre Geständnisse machen, Stimme, Gegenwart, Beseelung — sie sind, was Balzac für sich selbst war und was er für uns als Mensch ist. Auch die übrigen sind Stimme, aber überdies haben sie eigene Profile, Physiognomien, sind ihre individuellen Züge jenem Plasma entwunden, in dem Félix und Raphaël noch verschwimmen. Allerdings sollte man bei solchen Beobachtungen nicht den genialen schöpferischen Instinkt verkennen, der jene Umsetzungen des Realen ins Imaginäre überhaupt erst zustandebringt und den das innere Potential der jeweiligen Balzac-Figur befeuert; man sollte nicht den schöpferischen Impuls des Bildhauers übersehen, dessen Meißel danach lechzt, aus dem Stoff, den die Wirklichkeit bietet, etwas anderes herauszumodellieren als das ursprünglich Vorhandene ...

Aus alledem folgt, daß die Erinnerung um so fester an die Wirklichkeit gebunden bleibt, je weniger sie sich auf den späteren Verlauf, auf das Fortschreiten des Balzac'schen Lebens erstreckt. Als Balzac *La Comédie Humaine* in Angriff nimmt, hat er erst Kindheit und Jugend hinter sich gebracht. Alles Nachfolgende ist offen, liegt noch vor ihm: die Liebeserlebnisse jedoch, die er bereits gehabt hat, erfahren dieselbe Umwandlung, die er an den künftigen vornimmt. Halten wir fest, daß die am offenkundigsten autobiographischen Romane, diejenigen, die am getreulichsten der unabgewandelten Erinnerung folgen, sich unter den relativ frühesten befinden, die er verfaßt hat: *La Peau de Chagrin* und *L'Enfant maudit* stammen aus dem Jahr 1831, *Louis Lambert* und *La Femme abandonnée (Die Verlassene)* aus dem Jahr 1832, *La Grenadière* und *La Duchesse de Langeais* aus dem Jahr 1833; *Le Lys dans la Vallée* stammt aus dem Jahr 1835, *Facino Cane* aus dem Jahr 1836, *La Femme de Trente Ans* ist 1828 begonnen worden. Nach 1836 hat das erzählerische Schaffen kaum noch persönliche retrospektive Bezüge. Man hat den Eindruck, Balzac habe gleich bei Beginn seines literarischen Lebenswerkes alles aussprechen wollen, was er über die Lebensjahre, die damals schon hinter ihm lagen, zu sagen hatte; daß er sich ein für allemal habe befreien wollen vom Ich und den privaten Fährnissen und Widerfahrungen — wie denn sein literarisches Werk von da an grundsätzlich von anderem sich habe nähren sollen: von einer erzählerischen Phantasie und von einer Menschenbeobachtung, die von den Wechselfällen seines subjektiven Daseins und der Parteilichkeit des Selbsterlebten verschont bleiben. In drängender Unrast und sozusagen im Wege des Vorgriffs stattet sich Balzac, ehe er zu schreiben anfängt, mit Lebenserfahrung und mit einer die ganze Welt umgreifenden Philosophie aus: er versucht gleichsam, als er sein Werk beginnt, die Zeit, den Ablauf seiner eigenen Existenz zum Stillstand zu bringen. Und fraglos fühlt er sich aus demselben Impuls heraus dazu getrieben, als angehender Romancier sein Werk in eine der seinen voraufgehende Epoche zu verlegen; also zunächst jene Romane zu schaffen, die während der Großen Revolution, während der Endphase des Kaiserreiches und der ersten Jahre der bourbonischen Restauration spielen. Balzac gebärdet sich, als hätte er am liebsten auch noch den Fortgang der Zeitgeschichte unterbrochen, ehe er die Feder ansetzt: weil man nur das wahrhaft zu eigen nehmen kann, was schon an sein ihm bestimmtes Ziel gelangt, was in der Einheit eines endgültigen Systems verankert ist. Zehn Jahre, um in der Dachkammer in der Rue Lesdiguières dem Dasein und der Welt ihre Geheimnisse zu entreißen – und daran anschließend ein volles Menschenalter, um diese Geheimnisse in Balzac'scher Sprache zu offenbaren!... Aber die Zeitgeschichte steht nicht still und holt den Romancier ein: bis schließlich die Epoche, in der er schreibt, mit der, aus der er erzählt, zusammentrifft – wie in den Romanen *Le Cousin Pons (Vetter Pons)* und *La Cousine Bette (Tante Lisbeth)*, die beide um 1846 herum ihre endgültige Gestalt erhalten.

Schon 1839 kommt Balzac, als er das Vorwort zu der Novelle *Une Fille d'Ève (Eine Evastochter)* verfaßt, auf die fragliche Mißhelligkeit zu sprechen: er könne, versichert er, die Handlung der Novelle nicht gut stillstehen lassen, angesichts *einer Gegenwart, die unausgesetzt weiter vorrückt.*

Der Autor sieht sich, als seiner Modelliermasse, dem neunzehnten Jahrhundert gegenüber, mithin einem ungemein beweglichen und schwer festzuhaltenden Stoff. Daher wartet der Autor den Eintritt des Jahres 1840 ab, um abenteuerliche Verwicklungen zu Ende zu bringen, deren Entknotung drei Lebensjahre eines alten Mannes kostet.

Balzac fühlt: auch sein eigenes Leben bewegt sich ununterbrochen voran, stellt die bisherigen und die vorweggenommenen Erfahrungen in Frage, wandelt sie ab und festigt durch sein Fortwähren das Band zwischen Existenz und Werk – jene Nabelschnur, von der Balzac geglaubt hat, er könne sie sehr wohl zerschneiden, indem er verschiedene seiner ersten erzählerischen Arbeiten der Beschwörung des Vergangenen und Entschwundenen widmet.

Das Balzac'sche Werk hat, so objektiv und so fremd es sich dem Balzac'schen Leben gegenüber auch ausnehmen mag, während seiner ganzen erstaunlichen Entwicklung getreulich teil an der Existenz seines Schöpfers, indem es deren gedämpftes oder lautes Echo auffängt. Mitunter weichen die beiden Kurven – die des Werkes und die der Existenz – voneinander nur ab, um sich alsbald wieder zu vereinigen.

Das Vorwort zu den *Études de Mœurs (Sittenstudien)* von 1835 hat, als Mitarbeiter von Balzac, sein publizistischer Gehilfe Félix Davin unterzeichnet. Es sucht dem Leser eine kuriose Entsprechung zu suggerieren: eine Parallele nämlich zwischen der Einteilung der *Comédie Humaine* in *Scènes de la Vie Privée*, *Scènes de la Vie de Province* und *Scènes de la Vie Parisienne* auf der einen Seite und den verschiedenen Lebensaltern auf der anderen. Als ob die *Sze-*

*Balzac in der Pariser Gesellschaft. Karikatur*

*nen aus dem Privatleben* schlechthin mit der Jugend, die *Szenen aus dem Leben in der Provinz* mit dem reifen Mannesalter und die *Szenen aus dem Pariser Leben* mit dem Greisenalter in Konnex zu setzen wären – weil eben, Balzac zufolge, *das Dasein etappenweise bei jenem Lebensalter anlangt, in dem Hinschwinden und Verfall beginnen.* Eine Gleichstellung, die selbstverständlich weder in sich selbst noch im Werk von Balzac eine Rechtfertigung besitzt und überdies dem im Vorwort zur *Menschlichen Komödie* bekräftigten Vorsatz widerspricht, eine überzeitliche Ordnung aufzurichten, überglänzt von *ewigen Wahrheiten.* Was indessen unabsichtlich durch den besagten Parallelismus bekräftigt wird, ist dies: daß die Entfaltung des literarischen Werkes dem Verlauf von Balzac's Leben entspricht; unbedenklich darf man diesen Parallelismus als symptomatisch dafür ansehen, daß Balzac, während er seine Bücher aneinanderreiht, von

*Die Druckerei Balzacs in der Rue Visconti. Sie mußte liquidiert werden, und Balzac geriet in Schulden, die er nie wieder los wurde.*

einem Lebensalter ins andere tritt und sich keineswegs darauf verstanden hat, während er zugleich schafft und altert, die Zeit anzuhalten. Wenn auch die Romanhelden der *Szenen aus dem Pariser Leben* oft jünger sind als diejenigen der *Szenen aus dem Privatleben*, so ist es doch der älter werdende Balzac, der aus der Perspektive des alternden, in Paris lebenden Mannes die *Scénes de la Vie Parisienne* zu Papier bringt.

Das Geld und die Liebe: sie sind — im Leben wie im Werk von Balzac — die beiden fundamentalen Mächte und Gewalten, und ihre parallele Einwirkung läßt sich leicht genug verfolgen. Überdies behauptet, was sie betrifft, der Balzac'sche Pessimismus das Feld; beharrlich kommt er schon in verhältnismäßig frühen Erzählwerken wie *La Peau de Chagrin* und *Le Colonel Chabert* zum Durchbruch, und in der Folge nehmen die Interessenkämpfe, Rivalitäten und Ausbeutereien ständig zu. Umgekehrt ist es mit der aus dem Überschwang wie aus der Sänftigung des Gefühls erwachsenden poetischen Stimmung, die in den frühen Büchern von Balzac so lebhaft hervortritt: sie neigt alsbald dazu, sich zu verflüchtigen. Aus der Empfindsamkeit von *Le Lys dans la Vallée* ist zehn Jahre hernach die harte Mitleidlosigkeit von *La Rabouilleuse* und von *Les Parents pauvres (Die armen Verwandten)* geworden. Nur ist freilich die Balzac'sche Lieblingsvorstellung eines sozialen Dschungels, in dem der Starke beständig dem Schwachen das Fell über die Ohren zieht, in dem die Geldgier jedes Verbrechen rechtfertigt, keinesfalls das Resultat einer objektiven sozialen Analyse. Je älter Balzac in jenen Jahren wird, in denen er hartnäckig zu materieller Sicherheit — und zu Reichtum — zu gelangen hofft, desto weniger kommt er mit dem Geld zu Rande, das ihm unter den Händen zerrinnt. Wie René Bouvier und Édouard Maynial in ihrer Studie über seine Geldaffären ermittelt haben, waren die Schulden von Balzac bis zum Jahre 1834 durchaus noch nicht so hoch, daß sie nicht hätten abgedeckt werden können. Erst später stiegen sie zu schwindelnder Höhe, bezifferten sich 1839 auf einen Gesamtbetrag von 233 620 frs., sanken dann wieder und beliefen sich schließlich 1847 auf 217 248 frs. — die drei Jahre 1837, 1839 und 1847 bezeichnen die Höhepunkte seiner Verschuldung. Kein Wunder, daß der Bankrotteur-Roman *Grandeur et Décadence de César Birotteau (Cäsar Birotteaus Größe und Niedergang)*, der zugleich der erste große Ausbeuter-Roman von Balzac ist, aus dem Jahre 1837 herrührt. In die gleiche Zeitspanne ist die Novelle *La Maison Nucingen (Das Bankhaus Nucingen)* zu datieren, in der dem *Märtyrer der kaufmännischen Redlichkeit* in dem Bankier Nucingen der Geldraffer gegenübergestellt wird, der *sich über die Gesetze der Rechtschaffenheit hinwegsetzt, in denen er sich eingeengt fühlt*: in der Gestalt des Erfolgsmenschen Nucingen schafft sich Balzac eine innere Kompensation, während er seinerseits wie der zum Konkurs gezwungene Birotteau seinen Gläubigern zu unterliegen fürchtet. Von da an hat das soziale Drama des Geldes in der *Comédie Humaine* den Vorrang: die Jahre, in denen sich Balzac am erbittertsten mit seinen Gläubigern und seinen Schulden herumschlägt, in denen er (so schreibt er an Zulma Carraud) *wie ein Ertrinkender, der jeden Augenblick seinen letzten Schnapper zu tun fürchtet*, mit dem Schicksal ringt — diese Jahre sind es, in denen in der *Menschlichen Komödie* über Leute wie David Séchard, die beiden Bridau, die Familie Hulot der Ruin hereinbricht und Vetter Pons so verlassen und elend stirbt, wie sein Schöpfer damals zu sterben gefürchtet hat.

In nicht geringerem Grade als seine finanzielle Lage spiegelt sich in anscheinend gänzlich objektiven Büchern von Balzac seine private Vie amoureuse. Wenn seine frühen Romandichtungen im Gedenken an Laure de Berny entstehen, wenn ihn die Enttäuschung, die ihm die Marquise de Castries bereitet, zur *Duchesse de Langeais* und zur großen Beichte seines *Médecin de Campagne* inspiriert, wenn man an vielen anderen Stellen amouröse Intermezzi erkennt (und gewisse Züge seiner langjährigen Geliebten, der Contessa Guidoboni-Visconti, in der Lady Dudley des Romans *Le Lys dans la Vallée* wiederfindet), so beherrscht von 1832 an bis an sein Lebensende Evelina Hanska die Szene. Es ist die Rücksicht auf sie, die Balzac veranlaßt, Abwandlungen des epischen Rohstoffes vorzunehmen, wie sie in *Le Lys dans la Vallée* und *La Duchesse de Langeais* durchgeführt sind. Ihr, Evelina Hanska, verdankt Balzac die Vertrautheit mit alledem, was fortan in so reichem Maße in seine Bücher eingeht: der erbitterte Wunschtraum der hohen, der absoluten Liebe, das Lodern der Sinnlichkeit, das leidige Gefühl der Abnutzung seiner schöpferischen Kräfte, die das ungestillte Begehren verschleißt und zerfrißt.

*Hoffnung ist ein Gedenken, das begehrt.* Vornehmlich diese Art Hoffnung ist es, die aus der verschütteten Tiefe seiner Vergangenheit wieder heraufsteigt, als Balzac der «Fremden» begegnet. (Mit *L'Étrangère* — «Die Fremde» — war jener erste anonyme Brief unter-

*Gräfin Hanska*

zeichnet, den die Gräfin Hanska im November 1832 von der Ukraine aus an Balzac gelangen ließ.) Von je hat Balzac nach der überschwenglichen, bedingungslosen Liebe getrachtet, nach der Frau, die Engel und Kurtisane, mütterlich und zur Hingabe bereit, Herrscherin und Willig-Beherrschte in einem ist; die, in der Sprache seines Werkes gesagt, die Gräfin Henriette de Mortsauf und die Lady Arabella Dudley (in *Le Lys dans la Vallée*), die Primadonna Clara Tinti und Massimilla Doni (in der nach letzterer betitelten Novelle), Coralie und Félicité des Touches (in *Illusions perdues* bzw. in *Béatrix*) in sich vereinigt – die Frau, die im gleichen Atem Aristokratin und Mitverschworene ist: zugleich eine Herzogin von Langeais und eine Pauline de Villenoix. Schon Laure de Berny hat Balzac zur Verkörperung dieses Wunschbildes erhoben: erfüllt hat sie es für ihn nicht. Das gebieterische Ideal entwirft Balzac gleich in seinem ersten Brief an Evelina Hanska, geborene Gräfin Rzewuska:

*Wüßten Sie doch, mit welchem Ungestüm eine einsame Seele, von der niemand etwas wissen will, sich in eine echte Leidenschaft stürzt! Ich liebe Sie, obwohl ich Sie noch nicht kenne, und diese wunderliche Tatsache ist das natürliche Ergebnis eines leeren und unglücklichen Daseins ... Mir ist zumute wie einem Eingekerkerten, der in seinem tiefen Verlies die Stimme einer Frau vernimmt ... Ich liebe Sie schon jetzt, ohne Ihrer ansichtig geworden zu sein. Gewisse Stellen in Ihrem Brief haben mir Herzklopfen verursacht; wenn Sie doch begreifen möchten, mit welchem Feuer ich mich auf das stürze, was ich so lange ersehnt habe, zu welcher Hingebung ich mich fähig fühle! Wie glücklich würde es mich machen, mein Leben einer einzigen Möglichkeit unterzuordnen! Die zartsinnigsten und romantischsten Träume einer Frau wecken in meinem Herzen nicht nur ein Echo, sondern eine unsägliche geistige Gleichgestimmtheit. Vergeben Sie mir den Stolz auf die Not meines Herzens und meine Naivität im Erdulden!*

Um die «Unbekannte» zu verführen, um unmittelbar an sie zu appellieren und die Vereinigung mit ihr vom Schicksal zu erzwingen, beruft sich Balzac in seinen Büchern von Stund an auf den Mythos der einen absoluten Liebe im Leben jedes Menschen. Nach der Begegnung mit der *Étrangère* in Neuchâtel (Ende September 1833) bekennt er in *Ferragus*, der ersten der drei in der *Geschichte der Dreizehn* zusammengefaßten Erzählungen:

*Jene Frauenseelen, die unendlicher Liebe fähig sind, nehmen eine Ausnahmestellung ein wie die Engel und sind unter den Frauen das, was unter den Männern die großen Genies darstellen. Wahrhaft große Leidenschaften sind so selten wie Meisterwerke der Kunst ...*

Die Bezauberung durch die Kurtisane, die Versuchung zur ausschließlich sinnlich-fleischlichen Liebe – Balzac hat sie immer gekannt. Er hat sich denn auch der grenzenlosen Hemmungslosigkeit jener Ausschweifungen überlassen, an die sein Romanheld Godefroid in *L'Envers de l'Histoire contemporaine* zurückdenkt und vor ihm Raphaël, der Erwerber des Chagrin-Leders, in *La Peau de Chagrin*:

*Der Krieg, die Macht und die Künste sind voller Zerstörerkraft, die außer der Reichweite des Menschlichen liegt; aber tief wie sie ist auch die Ausschweifung: zu ihnen allen ist der Weg schwer. Wenn aber der Mensch erst stürmend in diese Geheimnisse eingedrungen ist, wandert er in einer neuen Welt. Heerführer, Staatsmänner und Künstler werden alle durch das Bedürfnis, ihr Leben, das so hoch über die gemeine Existenz emporragt, heftigen Zerstreuungen auszusetzen, der Zerstörung entgegengetrieben. Schließlich ist der Krieg nur die Ausschweifung im Blut und die Politik die*

*Ausschweifung der Interessen. Alle Maßlosigkeiten sind Geschwister. Die Ungeheuerlichkeiten der Gesellschaft besitzen eine Kraft wie die Abgründe, sie ziehen uns an, wie Sankt Helena Napoléon an sich zog. Sie machen uns schwindeln, sie locken wunderbar, wir wollen bis auf ihren Grund hinabsehen – und wissen nicht warum. Vielleicht wohnt der Gedanke des Unendlichen in diesen Tiefen...*

*... Die Ausschweifung ist sicherlich für den Körper dasselbe, was für die Seele die mystischen Freuden sind. Die Traumbilder des Rausches sind von derselben Seltsamkeit wie die der Ekstase...*

*...In den Stunden des Weins stellen sich die Menschen und die Dinge so bei uns ein, wie wir sie sehen wollen. Wir Könige der Schöpfung gestalten sie nach unseren Wünschen um...*

Was Balzac hier meint, das erlebt Lucien de Rubempré – in *Illusions perdues* – Auge in Auge mit der jungen Schauspielerin und Kurtisane Coralie, wobei er sich fragt: *Ist das am Ende die Poesie der Sinne?* Ebendies erlebt – in *Splendeurs et Misères des Courtisanes (Glanz und Elend der Kurtisanen)* – der Baron Nucingen beim Anblick von Esther Gobseck. Ebendies erlebt – in *La Fille aux Yeux d'Or (Das Mädchen mit den Goldaugen)*, der dritten Erzählung der *Geschichte der Dreizehn* – der verführerisch schöne, zynische, abgebrühte Henri de Marsay mit Paquita Valdès:

*De Marsay fand, trotz seiner Gleichgültigkeit gegenüber den Wonnen der Liebe und trotz seiner Übersättigung am Vorabend, in dem Mädchen mit den Goldaugen jenes Serail, das ein liebendes Weib zu schaffen weiß. Welcher Mann könnte solchem Weibe jemals entsagen? Paquita entsprach der Leidenschaft, die alle wahrhaft großen Männer hegen – jenem im ‹Faust› so dramatisch, im ‹Manfred› so poetisch ausgedrückten inneren Drang nach Unendlichkeit, der Don Juan trieb, in den Herzen der Frauen zu wühlen. Sie alle sehnen sich nach dem unermeßlichen, grenzenlosen Reich der Gedanken, das die vielen Gespensterjäger entdecken möchten, das die Gelehrten in der Wissenschaft erblicken und das die Mystiker in Gott allein finden.*

*Die Hoffnung, endlich das ideale Wesen zu besitzen, das ewigen Kampf ohne Ermattung verhieß, begeisterte de Marsay. Zum ersten Mal seit langer Zeit erschloß sich sein Herz.*

Zweifellos ist da ein Wunschbild wirksam, in dem recht gegensätzliche Ansprüche einander durchdringen... Das Verlangen nach einer Frau, die sich rückhaltlos unterwirft, die man nicht erst zu erobern braucht – was auf ein Eingeständnis des eigenen Feminismus hinausläuft; ebenso das Verlangen nach dem alleinigen und immerwährenden Besitz dieser Frau – was wiederum Ausdruck extremer männlicher Herrschsucht ist. Ferner ist da die Region, in der die anschmiegsame Esther Gobseck sich mit der hochmütigen Lady Arabella Dudley trifft, in der Coralie und Antoinette de Langeais, Paquita Valdès und die von Raphaël umworbene, gefühlskalte Foedora ineinander verschwimmen. Die Kurtisane ist hier, wie bei Baudelaire, ein ins Phantastische überhöhtes Geschöpf, eine Ausnahme-Erschei-

*«Ich liebe es, in meiner Begierde prunkvolle Kleider zu zerknittern . . .» (La Peau de Chagrin). Holzschnitt nach Tony Johannot*

nung dank des Aufwands, den sie treibt, und dank ihres Müßigganges – dank dessen also, was sie mit der hochgestellten Dame der Gesellschaft gemein hat. Aufschlußreich ist in diesem Zusammenhang das folgende Bekenntnis Raphaëls aus *La Peau de Chagrin:*

*...Ich gestehe es zu meiner Schande: ich verstehe Liebe im Elend nicht. Vielleicht rührt diese Verderbtheit in mir von der menschlichen Krankheit her, die wir Zivilisation nennen. Eine Frau, und sei sie anziehend wie die schöne Helena oder Galathea, hat nicht die geringste Macht mehr über meine Sinne, wenn sie arm und schlecht gekleidet ist. Es lebe die Liebe, in Seide gekleidet, auf Kaschmirdecken ruhend, umgeben von den Wundern des Luxus, die sie so schön schmücken, weil sie selber vielleicht ein Luxus ist! Ich liebe es, in meiner Begierde prunkvolle Kleider zu zerknittern, Blumen zu zerdrücken und mit zerstörerischer Hand in die kunstvollen Bauwerke einer duftigen Frisur einzudringen. Brennende Augen, hinter einem Spitzenschleier verborgen, durch den die Blicke*

*dringen wie die Flammen durch den Kanonenrauch, haben für mich eine phantastische Anziehungskraft ... Ich habe mich hundertmal lächerlich gefunden, wenn ich ein paar Ellen Spitzen, Samt oder feinen Batist, die Kunststücke des Friseurs, Wachskerzen, einen schönen Wagen, einen Titel, Wappen und Kronen, vom Glasmaler gemalt oder vom Goldschmied verfertigt, kurz, alles das liebte, was künstlich und nicht ganz Frau an der Frau ist. Ich habe mich über mich lustig gemacht; ich habe nachgedacht, es war alles vergeblich. Nur eine aristokratische Frau entzückt mich, mit ihrem feinen Lächeln, der Vornehmheit ihrer Manieren und ihrer Hochachtung vor sich selber. Indem sie zwischen sich und der Welt eine Schranke errichtet, schmeichelt sie allen meinen Eitelkeiten, die die Hälfte der Liebe sind. Dadurch, daß alle mich beneiden, hat das Glück für mich erst seinen Reiz. Wenn meine Geliebte nichts von dem, was andere Frauen tun, tut, wenn sie nicht geht und lebt wie die anderen, wenn sie sich in einen Mantel hüllt, den andere nicht haben können, und einzig ihre eigenen Parfüms um sie sind, scheint sie mir viel mehr mein eigen zu sein: je mehr sie sich selbst mit dem, was an der Liebe irdisch ist, von der Erde entfernt, um so schöner wird sie in meinen Augen. Zum Glück für mich haben wir in Frankreich seit zwanzig Jahren keine Königin mehr, sonst hätte ich die Königin geliebt. Um die Lebensformen einer Fürstin haben zu können, muß eine Frau sehr reich sein. Was konnte mir also Pauline neben all meinen romanhaften Phantasien bedeuten? Konnte sie mir Nächte verkaufen, die das Leben kosten, eine Liebe, die tötet und alles Menschliche aufs Spiel setzt? Man stirbt schwerlich für arme Mädchen, die sich einem schenken. Ich habe mich niemals von diesen phantastischen Empfindungen und Träumereien befreien können. Ich bin für die unmögliche Liebe geboren ...*

Doch auch das Ideal der unsinnlichen, unkörperlichen Liebe, das der Engels-Liebe, zieht Balzac in seinen Bann. Es ist die Liebe, wie, im gleichnamigen Roman, Séraphita sie empfindet; die von Louis Lambert für Pauline de Villenoix; die des venezianischen Prinzen Emilio Memmi zu der aus Florenz gebürtigen, mit dem sizilianischen Grafen Cataneo verheirateten und von diesem vernachlässigten Massimilla Doni (in der nach ihr betitelten Novelle):

*Jeder für sich, prüften sie beide die eigene Zärtlichkeit und fanden sie unendlich; eine Gewißheit, die ihnen die zärtlichsten Worte eingab. Die Schamhaftigkeit, diese Gottheit, die in einem Augenblick des Sich-Vergessens mit der Liebe die Koketterie gezeugt hatte, hatte es nicht nötig, die Augen mit der Hand zu bedecken, wenn sie die beiden Liebenden betrachtete. Als Krönung der Wollust, als höchste Wonne, hielt Massimilla das Haupt Emilios an ihren Busen und wagte es, von Zeit zu Zeit ihre Lippen auf die seinen zu pressen – aber nur gleich einem Vogel, der seinen Schnabel in das reine Wasser einer Quelle taucht und furchtsam um sich blickt, ob er nicht gesehen wird. Ihr Geist entwickelte diesen Kuß, wie ein Komponist sein Thema durch die unendlichen Variationen der Musik*

*Séraphita*

*«Dom Séraphitus und Santa Séraphita».*
*Satirische Zeichnung aus dem Jahr 1839*

*hindurch entwickelt, und dieser Kuß erzeugte in beiden einen stürmisch bebenden Wogenschwall, der sie berauschte. Gewiß wird die Vorstellung immer heftiger sein als die Erfüllung: sonst wäre das Verlangen weniger schön als der Genuß. So waren sie denn auch vollkommen glücklich, denn der Genuß des Glückes vermindert stets das Glück selbst ...*

Balzac seinerseits durchlebt die ganze Skala in der Begegnung mit der *Étrangère.* Ihr, der Gräfin Hanska, schreibt er Briefe, in denen er — vom ersten bis zum letzten — das Vokabular seraphischer Mystik mit dem Wortschatz sinnlichen Begehrens vermischt: im Ton höchster Leidenschaft, im Ton der absoluten Liebe, der närrischen, tollen, unmöglichen:

*Halte Dir vor Augen, daß Du von mir geliebt wirst, wie keine andere Frau auf dieser Welt geliebt wird. Entnimm all den Verheerungen, die Du angerichtet hast in meinem armseligen Haus, meinem Kopf, meinem Herzen, in welchem Maße Du darin das Ein und Alles bist: die Blüte und die Frucht, die Kraft und die Er-*

*mattung, die Freude und der Schmerz — der Schmerz ohne es zu wollen, die Freude stets und immer, selbst im Schmerz —, die Fülle, das Glück, die Hoffnung, kurz, sämtliche schönen und guten menschlichen Dinge, selbst die Religion. Ich wage nicht, Dir zu sagen, daß Du ebensoviel bist wie Gott, denn ich glaube, Du bist mehr!*

*Ich gedenke der erlauchten Vollkommenheit derjenigen, die bei ihrer Geburt wohlweislich den Namen Eva empfing, denn auf Erden ist sie einzig; es gibt nimmermehr zwei Engel, die einander gleichen; es gibt kein anderes weibliches Wesen, das mehr Anmut, mehr Geist, mehr Liebesglut, mehr Erfindungskunst für Zärtlichkeiten in sich vereinigt. Oh, wie weit sind alle Erinnerungen an Madame de Berny entschwunden! Die wahre Liebe, die einer Frau und dazu einer bezaubernden, welche so vieler sinnlicher Entzückungen fähig ist, diese Liebe kann unmöglich furchtsam vor irgend etwas zurückschrecken ...*

*Du allein bist meine ganze Familie, seit dreizehn Jahren nimmst Du die Stelle meiner Mutter ein, die der Freundin (der einzigen!), die der Schwester, des Bruders, des Kameraden, der Gefährtin ...*

*Wahrlich, Du bist das Ideal, von dem ich träume, Du bist mein kühnster wahr gewordener Traum! Du weißt gar nicht, Du in einer Wüstenei verlorener Diamant, was Du wert bist, sonst würdest Du über meine schrankenlose Anbetung nicht so erstaunt sein. Ach, welche Freude ist es für mich, zu wiederholen, daß Ehrgeiz, Stolz, Geist, Klugheit, Umgang mit Leuten von Welt (und sogar Eitelkeit!), Wollust, Charme — daß jedes Verlangen nach ihnen von Dir befriedigt wird. In ‹La Cousine Bette› gibt es viele Zeilen, die mir von Dir eingegeben sind. Wirst Du sie herauskennen? Aber ja, wenn Du sie liest, wirst Du Herzklopfen bekommen; wirst Du Dir sagen: ‹Das hier ist für mich geschrieben. Ich selber bin das, was er als weibliche Ausnahme darstellt: die Aufopferung, das Mitleid, die Tugend und die Sinnenfreude, die göttliche Sinnenfreude!›. Sei recht stolz darauf, denn all das schreibe ich Dir in der Tat zu, und ohne Dich wäre ich niemals darauf verfallen.*

Es ist das Leitmotiv des 1845 geschriebenen Briefes an Evelina Hanska, dieses: *Ohne Dich wäre ich niemals darauf verfallen.* Nur für die Gräfin aus der Ukraine schreibt Balzac seine Bücher — dies Geständnis macht er der Schriftstellerin Delphine de Girardin, der ihm, ähnlich wie Zulma Carraud, in platonischer Freundschaft verbundenen Verfasserin des Buches «La Canne de Monsieur de Balzac» («Der Spazierstock des Herrn von Balzac»). In dem betreffenden Brief an Madame de Girardin heißt es:

*Ich scheine sehr ausgelassen, übersinnlich, unbesonnen, wenn Sie so wollen; aber das ist nur eine spanische Wand, hinter der sich eine der Mitwelt ganz unbekannte Seele versteckt, ausgenommen vor ‹ihr›. Ich schreibe nur ‹für sie›, will Ruhm nur ‹für sie›, die mir alles ist: Publikum und Nachwelt!*

*— Sie erklären mir, hat sie zu mir gesagt, das Zustandekommen*

*der ‹Menschlichen Komödie›. Ein solches Monument entsteht nur in dieser Art.*

Eine Äußerung, die Evelina — sie, *die bei ihrer Geburt wohlweislich den Namen Eva empfing* — in der Tat getan hat. Und hat sie nicht wirklich auch das *geheimnisvolle Doppelwesen* verkörpert, von dem jeder Mann träumt und von dem uns Balzac just in jenem Roman *La Cousine Bette (Tante Lisbeth)* spricht, von dem er — in dem vorstehend zitierten Brief an die Gräfin Hanska — beteuert, daß Evelina-Eva ihn darin zu mehr als einer Zeile inspiriert habe? Die fragliche Stelle aus *La Cousine Bette* lautet:

*Die Liebe, diese ungeheuerliche Abirrung von aller wachen Vernunft, diese männliche und strenge Freude großer Seelen, und die Lust, diese auf öffentlichem Markt feilgehaltene Brunst, sie sind beide nur zwei verschiedene Gesichter derselben Grundtatsache. Die Frau aber, die jene beiden unermeßlichen Begierden, jene beiden Seiten der Liebe befriedigt, findet sich beim schönen Geschlecht ebenso selten, wie es bei einer ganzen Nation der große General, der große Schriftsteller, der große Künstler, der große Erfinder sind. Der geistig Hochstehende wie die Krämerseele, ein Hulot wie ein Crevel, empfinden gleichermaßen den wilden Drang nach dem Ideal wie nach dem körperlichen Genuß; wie alle anderen sind sie auf der Jagd nach dem geheimnisvollen weiblichen Doppelwesen, dieser Seltenheit, die sich zumeist nur als Roman in zwei säuberlich getrennten Bänden auftreiben läßt.*

Unter allen Bänden der *Comédie Humaine,* die von der Amourpassion für die «Étrangère» beherrscht sind, ist es sicherlich der Roman *Albert Savarus,* in dem die Liebe zu Evelina-Eva so vor uns ersteht, wie es der Wahrheit am nächsten kommt. Der Liebe von Honoré zu seiner späteren Frau Eva gleicht hier die Liebe des Titelhelden zur Duchesse d'Argaiolo, der späteren Duchesse de Rhétoré: eine Liebe, welche (in einer in den Roman eingeschalteten Novelle) widergespiegelt wird in der Liebe des jungen, gerade verwaisten, empfindsamen Rodolphe zur neunzehnjährigen Francesca Colonna, der nunmehrigen Fürstin Gandolphini:

*An eine Frau glauben, sie zu seiner menschlichen Religion machen, zum Lebensprinzip, zum geheimsten Licht selbst der geringfügigsten Gedanken — heißt so etwas nicht für einen Menschen: abermals geboren werden? Ein Jüngling mischt dann in seine Liebe noch etwas von der, die er für seine Mutter hegte.*

In dieser Hinsicht zumal erinnert Rodolphe an Félix de Vandenesse. Und Balzac seinerseits betont ja in dem vorstehenden Brief an Evelina Hanska: *Seit dreizehn Jahren nimmst Du die Stelle meiner Mutter ein.*

Ein weiterer bezeichnender Passus aus *Albert Savarus*:

*‹Teure›, sagte Rodolphe, ‹noch ein oder zwei solche Aufregungen, und ich stürbe ... Erst nach zwanzig Jahren Bekanntschaft werden Sie ermessen können, wie stark und mächtig mein Herz ist, und wie leidenschaftlich meine Natur sich nach dem Glück sehnt. Diese*

*Um 1846. Photographie von Nadar*

*Pflanze›, fuhr er fort und deutete auf den Jasmin, der die ganze Balustrade umwucherte, ‹reckt sich nicht so leidenschaftlich auf, um ihre Blüten der Sonne entgegenzubreiten, wie ich mich seit einem Monat Ihnen entgegenneige. Ich liebe Sie mit einer einzigartigen Liebe. Und diese Liebe wird die geheime Triebkraft meines Lebens sein, vielleicht muß ich sogar daran sterben.›*

Savarus ist *ehrgeizig aus Liebe*: er strebt nach Macht, um sie der geliebten Herzogin zu Füßen zu legen, ebenso wie Balzac seine *Comédie Humaine* allein für Eva schreibt.

Doch hat Madame Hanska nicht nur das Ideal der absoluten Liebe und den Wunsch, der Geliebten Ruhm darzubringen, in Balzac entfacht. Vielmehr gewinnt man auch durchaus den Eindruck, daß Balzac sie mit allen Sinnen geliebt hat, so leidenschaftlich wie weder Laure de Berny noch sonst eine andere Frau. Im Bann einer sinnlichen Begierde, die sich in den langen Zeiten des Wartens verschärft und infolge der mangelnden Befriedigung zu einer Art wilder Erotomanie auswächst. Wie denn Balzac (nachdem er im Sommer 1845 und im Frühjahr 1847 mit Madame Hanska in Frankfurt am Main zusammengetroffen ist) an sie schreibt:

*Schon lange bin ich närrisch und toll vor Liebe nach Dir, nach Deinem Leib, wenn Du das hören magst; und in Frankfurt hat diese fleischliche Anbetung sich verzehnfacht. Nie zuvor hatte ich Dich so in Deiner Schönheit erblickt, hatte ich soviel Freude an Dir. Sei unbesorgt, meine angebetete Wölfin, Du besitzt jene unübertreffliche, ausnehmend seltene Schönheit, die bewirkt, daß der Gatte treu bleibt.*

Der Sinnlichkeit haben die Bücher von Balzac nie ermangelt: erinnern wir uns doch nur an die betreffende Romanszene in *Le Lys dans la Vallée*. Aber wie weit ist diese jugendliche, triebhafte, unbefangene Sinnlichkeit noch entfernt von der verhaltenen Schwüle, die sich in den während der Trennungen von Evelina entstandenen Büchern ausbreitet! Mag sein, daß die Kurtisanen der *Comédie Humaine* dem dunklen Schoß dieses Halbschlafes erotischer Nicht-Erfüllung entstiegen sind, der sich das Weib erträumt, das dem Verlangen jederzeit zu Willen ist. Übersehen wir zudem nicht, daß die einzige, schrankenlos der Lust huldigende Romanfigur bei Balzac – die Gestalt der Valérie Marneffe in *La Cousine Bette* – ausgerechnet in dieser Zeitspanne auftaucht. Nicht, daß Madame Hanska für Valérie Marneffe das Modell abgegeben hätte! Indessen wirkt Valérie gleichwohl wie ein Phantasma jener einsamen Nächte, nach denen Balzac, wie er an Eva schreibt, sich durchpulst fühlt *von einer enormen magnetischen Kraft*. Und denken wir auch an eine der schönsten Novellen der *Comédie Humaine*: an *Honorine*, die Balzac 1843 schreibt, gleichsam mit verhängtem Zügel, ehe er nach Sankt Petersburg reist, um sich dort mit Evelina zu treffen, die endlich – seit Jahr und Tag hat Balzac darauf gewartet – Witwe geworden ist. Es ist das Drama der Trennung, das Balzac in seiner Novelle ausmalt, der Trennung bei fortdauernder Liebe, und in die Schilderung der leidenschaftlichen Sehnsucht des Grafen Octave nach seiner entflohenen und feindselig sich der Rückkehr widersetzenden Gattin Honorine schleicht sich bei Balzac der Gedanke an die körperliche Abwesenheit seiner Eva ein: es ist die Empfindung dieser Abwesenheit, welche die ersten von Balzac gehegten Zweifel an der Entscheidung so sehr verschlimmert, die Madame Hanska nunmehr hinsichtlich der von Balzac gewünschten Heirat zu treffen hat.

Seinen Grafen Octave läßt Balzac bekennen:

*‹Heute liebe ich Honorine, die ferne Honorine, wie man mit sechzig ein Weib liebt, das man um jeden Preis besitzen will, und ich fühle in mir die Kraft des jungen Mannes.› — ‹Jede Liebesleidenschaft will ein Wirkungsfeld.›*

Es ist der Liebesanspruch, den Balzac an die Gräfin Hanska richtet. Und welche Gefühle die Nachtstunden beseelen, in denen Balzac von der Abwesenden träumt, lassen die folgenden, dem Grafen Octave in den Mund gelegten Sätze erkennen:

*. . . ‹Ich küsse das Bild, aus dem ich den Duft ihrer Haut einatme, ja, ich glaube dann mit den schwarzen Flechten ihres lockigen Haares zu spielen. Haben Sie mich nicht dann und wann dabei überrascht, wie ich hoffnungsgeschwellt aufspringe, wie ich mich dann aber wie-*

*«Die Frauen von dreißig Jahren» tragen Balzac dem Ruhm entgegen. Zeitgenössische Karikatur*

*Evelina von Hanska*

*der unter den tausend Pfeilen der Verzweiflung winde und durch den Kot von Paris wandere, um meine Ungeduld durch Ermüdung zu bezähmen? Ich erlebe Augenblicke der Kraftlosigkeit wie jene Menschen, die an der Auszehrung leiden. Dann wieder habe ich Heiterkeitsausbrüche wie ein Irrsinniger, empfinde ich die Furcht eines Mörders, der einem Polizeiwachtmeister begegnet. Mit einem Wort, mein Leben ist ein unaufhörlicher Paroxysmus von Schrecken, Wonne und Verzweiflung.›*

*...‹In manchen Nächten glaube ich, die Narrenschellen des*

*Wahnsinns zu hören. Ich habe Furcht vor den Augenblicken, da meine schwache Hoffnung, die manchmal aufzuckt, in völlige Niedergeschlagenheit übergeht ... Wenn Honorine ein Kind von mir hätte, dachte ich oft — müßte sie dann nicht in ihr eheliches Heim zurückkehren? Immer glaube ich an eine glückliche Zukunft. Vor zehn Monaten habe ich einen der schönsten Paläste des Faubourg Saint-Honoré erworben und bezahlt. Gewinne ich Honorine wieder, so will ich nicht, daß sie diesen Palast hier und das Zimmer, aus dem sie entflohen ist, wiedersieht. Ich will mein Idol in einen neuen Tempel stellen, wo es an ein ganz neues Leben glauben kann. Man arbeitet jetzt daran, aus jenem neuerworbenen Palast ein Wunder von Geschmack und Eleganz zu machen. Man hat mir von einem Dichter erzählt, der in seiner tollen Liebe zu einer Sängerin im Anfang seiner Leidenschaft das schönste Bett von Paris gekauft hatte, ohne zu wissen, ob jene Actrice seine Leidenschaft erwidern würde. Und mich, den ernsten Staatsmann, mich, den Ratgeber der Krone, hat diese kleine Geschichte bis in die letzten Fasern des Herzens getroffen. Ich, der Politiker, verstehe diesen Dichter, der seinen Traum damit speist, daß er sich die Verwirklichung seines Wunsches vorgaukelt. Drei Tage vor der Ankunft von Marie-Louise hat sich Napoléon in das Hochzeitsbett von Compiègne gelegt ... Alle gigantischen Leidenschaften gleichen sich. Ich liebe wie ein Dichter und wie ein Kaiser.›*

Freilich gesellt sich zu derlei romantischen und sinnlichen Phantasien alsbald eine ganz andersartige Regung: das Gefühl der Abnutzung der schöpferischen Kräfte, der Abmüdung und der Herabwürdigung des Lustverlangens. Wenn Balzac sich mitunter auch glücklich schätzt, über eine Keuschheit zu verfügen, die ihn mit *einer enormen magnetischen Kraft* durchpulst, so spürt man doch, wie sehr die ungestillte Erregung seiner Sinne ihn erschöpft. Er selbst macht daraus kein Hehl:

*Dieses lange Harren auf Liebe, auf Glück, auf ein Leben, wie ich es mir erträume, hat mich viel ärger aufgerieben, als ich es für möglich hielt ... Mein ganzes Dasein ist in Aufruhr geraten, bis in den Bodensatz hinein, und ich könnte daran sterben ... Nur dies eine Wort ist imstande, meinen Zustand zu kennzeichnen: ich verzehre mich ...*

*Ich leide sehr unter diesem jäh unterbrochenen Aufleben der Regungen meiner Jugend, eines unverhofften Lebensbundes, dessen Herrlichkeit meine Wünsche weit übersteigt. Ich weiß nicht, ob ich Dir etwas so Schonungsloses sagen soll, aber steckte ich nicht im Netz meiner Verpflichtungen, meiner Finanzhändel, und müßte ich nicht Manuskripte ausarbeiten, und das unmittelbar jetzt, ich glaube, ich würde zusammensinken wie ein durchlöcherter Ballon.*

Für den Grafen Octave in *Honorine* wie für Balzac selbst verdeckt die Pein des Hoffens das Gefühl einer Erniedrigung:

*‹Danach wurde die Liebe für mich Gier, die häßliche und unentrinnbare Gier, wie sie manche Greise befällt ...›*

Das Drama des Getrenntseins von Eva und der allzu ungewissen

Aussicht, sie endgültig zu besitzen, geht bei Balzac tragischerweise Hand in Hand mit der wachsenden Überzeugung, daß diese Amourpassion ihn seiner Schöpferkraft beraubt. Von 1844 an, das ist nicht zu verkennen, verlangsamt sich der so erstaunlich vitale Rhythmus der Produktion. Ein Absinken also des dichterischen Genies? Keineswegs: in den letzten Schaffensjahren kommen etliche der markantesten Meisterwerke zustande, und die Fragmente, die nicht mehr zum Abschluß gelangen, weisen Partien von großartiger Prägnanz auf. Indessen findet Balzac sich in die Zwangslage versetzt, eine Art Metamorphose durchzumachen. Die Erzähltechnik der letzten Romane (wie beispielsweise *La Cousine Bette*) und mehr noch die einiger Bruchstück bleibender Romane und Novellen *(Les Petits Bourgeois, Le Député d'Arcis, La Femme Auteur, Un Caractère de Femme)* läßt völlig neue Züge hervortreten. Nehmen wir etwa jenen Abschnitt aus *Le Député d'Arcis (Der Deputierte von Arcis),* wo im Salon der Marquise d'Espard einige der Zentralfiguren der *Comédie Humaine* zusammentreffen: der einst mittellose Eugène de Rastignac, der eben zum zweiten Mal Minister geworden ist, der Bankier Du Tillet und der gräfliche Abenteurer Maxime de Trailles. Der letztere, «den alle fortgegangen glauben», erhebt sich plötzlich *wie eine Erscheinung aus einem tiefen Sessel, der hinter dem des Chevalier d'Espard steht.* Genau so tauchen nunmehr, wie Gespenster, vor dem Romancier Gestalten auf, deren Schicksale er längst zu Ende geführt hat und die ihn nun teils heimsuchen, teils ihm allzu rasch wieder entschlüpfen. Viele zählen schon zu den Toten, und man vernimmt die Unheil kündende Stimme des phantasie-gewaltigen Inszenators der *Menschlichen Komödie* aus dem Mund des Beerdigungsunternehmers, der (in *Le Cousin Pons*) anläßlich der Bestattung des Sonderlings Pons seine Dienste anbietet:

*‹Wir lassen Familiengräber ausheben ... wir befassen uns mit allem zum billigsten Preis. Unser Haus hat das prächtige Grabmal für die schöne Esther Gobseck und Lucien de Rubempré geliefert, es ist eine der größten Sehenswürdigkeiten des Père Lachaise.›*

Auch die anderen — wie Esther und Lucien — sind also weiter mit im Bunde, aber sie sind unterdessen auf der Strecke geblieben. Die Überlebenden jedoch, danach sieht es nun aus, beordert Balzac zu einem letzten Stelldichein. Soweit sie diesem Ruf folgen, drängen sie sich auf den ersten Seiten seiner letzten Erzählwerke zusammen. Schon fällt der Vorhang. Schon ist das letzte Wort der jeweiligen Geschichte zu Papier gebracht; der Augenblick ist da, den Schlußband — im Sinne eines Marcel Proust und seines Schlußbandes «Le Temps retrouvé» — niederzuschreiben. Fraglos ermißt Balzac das Neuartige und die Dringlichkeit seiner gewandelten Aufgabe. Denn im Juli 1846 äußert er:

*Ich schicke mich an, reiflich zu überlegen, was ich noch zu schreiben habe, um den eigentlichen Sinn der ‹Menschlichen Komödie› verständlich zu machen und dieses Literaturdenkmal nicht im Zustand dunkler Unerklärbarkeit zu belassen.*

Sein Genie ist gewiß nicht erlahmt. Aber was jene letzte Metamorphose betrifft, die er noch durchmachen soll, so fühlt Balzac, daß ihm nicht mehr gestattet sein wird, sie zum rechten Ende zu führen: seine Lebenskraft ist aufgezehrt: vom Warten, von den qualvollen Nächten des allzu lange alleingelassenen Liebenden, des von seinen Gläubigern gehetzten Schuldners. Das Leben, das er führen muß, macht es ihm unmöglich, zu produzieren, seinen Roman *Les Paysans (Die Bauern)* abzuschließen, Entscheidendes zu vollbringen. Daher die monotone und ergreifende Klage im Jahre 1845:

*Wie soll ich mich in eine mich ganz absorbierende Arbeit stürzen, während ich andauernd erwäge, binnen kurzem abzureisen ... In letzter Zeit bin ich so oft mit glühenden Zangen gezwickt worden, bin ich so zerschunden gewesen wie nie zuvor. Ein trauriges Martyrium, dieses Martyrium des Herzens, des Kopfes, der Finanzaffären.*

*... Den Monat Januar hindurch, und die zwei ersten Februarwochen dazu, haben Sie mich um Sinn und Verstand gebracht, indem Sie mir ankündigten: ‹Morgen reise ich, in spätestens acht Tagen fahre ich zu Ihnen!› — indem Sie mich auf Ihre Briefe warten ließen und Sie dafür gesorgt haben, daß ich mich wand in Schmerzen, wie nur ich sie kenne.*

*Keine einzige Zeile kann ich meinem Hirn entlocken. Weil ich nicht mehr den Mut, die Kraft, den Willen dazu habe.*

*Bis jetzt habe ich nicht eine Zeile von ‹Les Paysans› auf das Papier gebracht. Meine Energie habe ich beim trostlosen Geschäft des Wartens vergeudet ... Ich bin in einen finsteren Abgrund geraten und weiß nicht, wie ich herauskommen soll.*

*Du aber kannst frei über Deine Zeit verfügen. Du hast nicht den zweiten Teil von ‹Les Paysans› zu schreiben.*

*Was willst Du? Ich vermag nichts mehr, als Dich zu lieben; ich denke ausschließlich an Dich.*

Und im Dezember 1846:

*Mein Hirn ist in die Knie gesunken wie ein hufkrankes Pferd. Ich muß mir also mit etwas zu helfen versuchen, das ich geistige Notzucht nenne. Schauderhaft ...*

*Nun kenne ich die völlige Ohnmacht des Denkens.*

*Ich, ja ich, hasse alle Romane, zumal die, welche zu Ende geschrieben sein wollen!*

*Gestern war es mir nicht vergönnt, eine einzige Zeile zu schreiben ...*

*Wie ich hier sitze, bin ich erst um drei Uhr morgens aufgestanden; aber ich fühle mich nicht besser als gestern. Was das Gehirn anlangt, so will dieses Organ nur seinen eigenen Gesetzen gehorchen, und diese Gesetze sind mir fremd! Kein Reizmittel wirkt mehr auf diesen stumpfen Brei.*

Im Jahre 1847:

*Ich bin ohne Seele, ohne Herz; alles in mir ist tot ... Ich werde vor Erschöpfung sterben, werde vor Arbeit und Angst sterben, ich spüre es ... Hör gut her: nicht nur das Herz und die Seele sind an-*

*gegriffen; ich verliere auch, das raune ich Dir nur ganz leise zu, das Gedächtnis für gewisse Substantive, und ich bin hierüber äußerst beunruhigt.*

*Ich empfinde Leere und Überdruß; habe einen Widerwillen gegen alles, was mein Gehirn in Mitleidenschaft zieht.*

*Mein Überdruß ist unheilbar.*

*Mein Kopf ist ganz verworren.*

Bei vollem Bewußtsein hat Balzac den tragischen Verfall seiner Schöpferkraft erlebt; er hat die Liebe erfahren als *den Dieb der Energie.*

*Man spricht so gern von der ersten Liebe eines Menschen! Ich kenne nichts Schrecklicheres als seine letzte: sie ist strangulierend!*

In seinen Briefen an Evelina-Eva ist es zwar das Werk, das er verwünscht *(Ich, ja ich, hasse alle Romane ...)*, und er preist stattdessen die Liebe. Aber bestimmt hat es in seinem Inneren einen düsteren

*Wierzchownia: der Salon Frau von Hanskas*

*Das Schloß von Wierzchownia*

Winkel gegeben, in dem er statt seiner Romane Eva verwünschte, weil sie ihn mit seinem Genie entzweit hat. In der Novelle *Honorine* durchkostet der Graf Octave immer wieder das Demütigende seiner Liebe. Der Roman *La Rabouilleuse* von 1843 entrollt das Drama der sexuellen Hörigkeit, und man erkennt unschwer, daß aus deren symbolischer Darstellung in *La Peau de Chagrin* (1831) inzwischen persönliche Erfahrung geworden ist. Am nachdrücklichsten hat jedoch Balzac in *La Cousine Bette*, dem Roman, von dem er an Madame Hanska schreibt, daß viele Zeilen darin von ihr eingegeben seien, diesen Komplex von Selbstvorwürfen und Ressentiments zum Ausdruck gebracht. Man sollte denn auch (wie das Bernard Guyon in seiner Balzac-Studie tut) in der Romanfigur des Barons Hulot d'Ervy ein Spiegelbild jenes Balzac sehen, den in seinen letzten Lebensjahren der Liebesgott Eros seinem literarischen Werk abspenstig macht, wie Eros den Baron von der Erfüllung seiner Familienpflichten abhält. Überdies wird die Entsprechung zwischen dem Baron und dem Romancier dadurch noch unterstrichen, daß sich bei Balzac sehr früh Alterserscheinungen einstellen. Bereits 1834 schrieb er an den Maler Auguste Borget, mit dem er eine Zeitlang in der Rue Cassini zusammen gehaust hat:

*Da Sie sich beharrlich für mein elendes Ich interessieren, mein lieber Freund, da Sie in Ihrem Herzen einen Schatz rücksichtsvoller Liebe für Ihren verwöhnten Kameraden hegen, sollen Sie im voraus eine traurige Neuigkeit wissen: bei Ihrer Rückkehr werden Sie das schöne schwarze Haar nicht mehr erblicken, das Sie so gern hatten, das meine Mutter so gern hat und das auch andere an mir mögen!*

*Meine Haare fallen mir aus, jeden Morgen ganze Büschel, und jede Nacht wird mein Haar grauer. Das übermäßige Arbeiten, Tag für Tag fünfzehn bis achtzehn Stunden, rafft alles dahin. Die Natur ist unerbittlich, und wenn man sie zu betrügen versucht, ahndet sie das noch härter als ein Schwurgericht, weil sie mit mehr Logik verfährt. Mein Leben zehrt von meinem Hirn; mein Körper wird immer dikker, weil es ihm an Bewegung gebricht. Der Hauptsitz der Verbrennung ist bei mir oben im Kopf. Die Nüchternheit und Enthaltsamkeit eines Mannes, der wie ein Mönch lebt, hält mich im Gleichgewicht; die geringste Ausschweifung würde es zerstören.*

*Zuweilen ermüde ich. Erholung finde ich nur dort, wo ich völlig des Nachdenkens enthoben bin, bei Beethoven, in der Oper. Ich fürchte, ich habe zu sehr von meinem Kapital gelebt. Es wird ein recht eigener Anblick sein, den jungen Autor von ‹La Peau de Chagrin› sterben zu sehen.*

Jenem Altwerden, das seine eigenen letzten Lebensjahre so dramatisch beschleunigt, überantwortet Balzac (in *La Cousine Bette*) den Baron Hulot d'Ervy:

*Betrachten wir uns Tag um Tag im Spiegel, glauben wir schließlich wie der Baron, wir veränderten uns nur wenig, glauben wir uns noch rüstig, während die anderen längst unser graumeliertes Haar gewahren, die Runzeln auf unserer Stirn und die feisten Wülste unseres Unterleibs.*

*...Der Bauch hing nun schlaff herunter, die Fettleibigkeit trat unbeschönigt hervor. Aus der Eiche wurde ein Turm, und die Schwerfälligkeit der Bewegungen wirkte um so scheußlicher, als der Baron nun unverhohlen sein wahres hohes Alter zeigte, indem er die Rolle eines Ludwig des Zwölften spielte. Die Augenbrauen behielten ihr Schwarz und erinnerten von fern an den schönen Mann, der Hulot einst gewesen war, wie in manchen Mauerwinkeln eines feudalen Bauwerks wohl einzelne Brocken von Bildwerken die Zeitläufte überdauern, um gleichsam ahnen zu lassen, was jener Adelssitz in besseren Tagen vorstellte. Bei Hulot ließ freilich die Unstimmigkeit der Brauen den noch jugendlich lebhaften Blick in dem braun gegerbten Gesicht um so seltsamer erscheinen, als nun dort, wo so lange die satten Fleischtöne à la Rubens geleuchtet hatten, unter etlichen Wundnarben und dem Gefältel zahlloser Runzeln die heftigen Spannungen einer Leidenschaft zu erkennen waren, die sich wider die Natur aufbäumt. Hulot war also eine jener ansehnlichen menschlichen Ruinen, aus denen die Männlichkeit sozusagen in Form des in den Ohren, der Nase und auf den Händen wuchernden Buschwerks hervorsprießt; nicht ohne die Wirkung des Mooses zu zeitigen, das die Baudenkmäler des Römerreiches überzieht.*

Von einer *Leidenschaft, die sich wider die Natur aufbäumt,* redet Balzac. Auch Marneffe, der heruntergekommene zuhälterische Ehemann der ausgepichten Salondirne Valérie, hat sich, wie der Baron Hulot, durch Ausschweifungen ruiniert. Die Romanwelt von *La Cousine Bette* ist von Opfern des Eros bevölkert. Insbesondere aber geht

*Balzac 1845. Zeichnung von Boulanger*

in diesem Buch, in das Balzac soviel Persönliches hat einfließen lassen – wie er denn darin dem vormaligen Parfümhändler Crevel (dem Rivalen des Barons Hulot) die eigene innere Bewegtheit andichtet, als Evelina-Eva ihn wissen läßt, daß sie von ihm ein Kind erwartet –, die brünstige Altersschwäche liebeshungriger Greise Hand in Hand mit dem Drama des jungen Genies, dem die Liebe die Schöpferkraft nimmt:

*Während der ersten Monate liebte der Künstler seine Frau. Hortense und Wenceslas gaben sich den liebenswürdigen Kindereien ihrer legitimen Leidenschaften glückselig und sorglos hin. Hortense war die erste, die Wenceslas von seiner Arbeit abhielt, stolz darauf, so über ihre Rivalin, die Bildhauerkunst, zu triumphieren. Die Zärtlichkeiten des Weibes verjagen die Muse, beugen die Kraft und die Standhaftigkeit des Schaffenden.*

Sicher ist jedenfalls, daß Balzac bei der Niederschrift des folgenden schönen Passus über den bei der Hervorbringung eines Kunstwerks unentbehrlichen Furor sich vor Augen gehalten hat, inwieweit sein Werk früher über sein Leben hat siegen müssen, und daß ihm gleichzeitig klar geworden sein muß, in welchem Maße nunmehr das Leben gegen sein Werk aufgestanden ist, es lähmt und zugrunde richtet:

*Die künstlerische Arbeit, die Jagd in den hohen Regionen des Geistes, ist eine der größten Anstrengungen, die der Mensch sich abgewinnt. Was auf dem Gebiet der Kunst (man hat unter diesem Wort sämtliche Spielarten geistiger Schöpfung zu verstehen) gerühmt zu werden verdient, ist vor allem der Mut — ein Mut, von dem die Menge nichts ahnt und der womöglich hier an dieser Stelle zum ersten Mal erläutert wird. Unter dem furchtbaren Druck des Elends, von der Cousine Bette wie einer jener Gäule eingeschirrt, denen man Scheuklappen anlegt, damit sie nicht von der Straße weg nach rechts oder links äugen, vorwärtsgepeitscht von dieser hartherzigen alten Jungfer, der Verkörperung der eisernen Notwendigkeit — dieser niederen Schwester des Schicksals —, war der eher zum Dichter und Träumer geborene Wenceslas von der künstlerischen Eingebung zur Ausführung übergegangen, indem er die tiefen Abgründe, die jene beiden Hemisphären der Kunst scheiden, übersprang, ohne sie überhaupt zu ermessen. Denken, träumen, schöne Werke der Kunst ersinnen, ist eine köstliche Beschäftigung. Sie gleicht dem Rauchen wunderbarer Zigarren. Man führt gleichsam das Leben einer Kurtisane, die sich ihrer ausschweifenden Phantasie ergibt. Das zu schaffende Kunstwerk präsentiert sich der inneren Vorstellung in all seiner künftigen Anmut, umwittert vom wilden Rausch der Zeugung, im duftigen Schmelz der strahlenden Blüte und mit dem betäubenden Duft und Aroma der im voraus gekosteten Frucht. So also verhält es sich mit der künstlerischen Konzeption und ihren Freuden. Wer sein künstlerisches Vorhaben in Worte fassen kann, gilt schon als ein Ausnahmemensch. Und diese Gabe eignet allen Künstlern und Schriftstellern. Aber schaffen! Ein Werk gebären! Das Kind des eigenen Geistes mühsam aufziehen, es jeden Abend, vollgesogen mit Milch, schlafen legen, es jeden Morgen von neuem an das unerschöpfliche Mutterherz nehmen, es säubern, bis es wie abgeleckt aussieht, es hundertmal in die schönsten Gewänder hüllen, die es doch unaufhörlich zerreißt; nicht zurückbeben vor den Zuckungen und Krämpfen dieses närrischen Lebewesens und vielmehr das beseelte Meisterwerk daraus machen, das als Skulptur jedem Betrachter etwas zu sagen hat, als literarische Schöpfung für jedermann verständlich ist, als Gemälde jedermanns Erinnerung und Einbildungskraft, als Musikstück alle Herzen anspricht — das alles vollzieht sich während der Ausführung eines künstlerischen Konzepts und ihrer Mühsale. Jeden Augenblick muß die Hand willens sein, sich dem Kopf unterzuordnen. Der Kopf allerdings gebietet über seine schöpferische Befehlsgewalt nur so lange, wie Lust und Liebe zur Arbeit währen.*

## Einer jener ahnungsvollen Texte aus dem Unterbewusstsein

*Es wird ein recht eigener Anblick sein, den jungen Autor von ‹La Peau de Chagrin› sterben zu sehen …*

Schwerlich kann man die als Motto vorangestellten Briefzeilen aus dem Jahre 1834 ohne Betroffenheit lesen. Bei Balzac ist das Werk stets mit der Erinnerung an die eigene Existenz des Autors verknüpft und ein treuer Begleiter der letzteren; zuweilen scheint das Werk auch den Stadien der Existenz vorauszueilen. Eine merkwürdige Prophetengabe wohnt dem Romancier inne, sowie er den Mythen und Gestalten seiner Bücher sein Herz öffnet.

In dem Roman *La Femme de Trente Ans* heißt es von Charles de Vandenesse, dem künftigen Liebhaber der Marquise d'Aiglemont:

*Auf dem Totenbett. Zeichnung von Eugène Giraud*

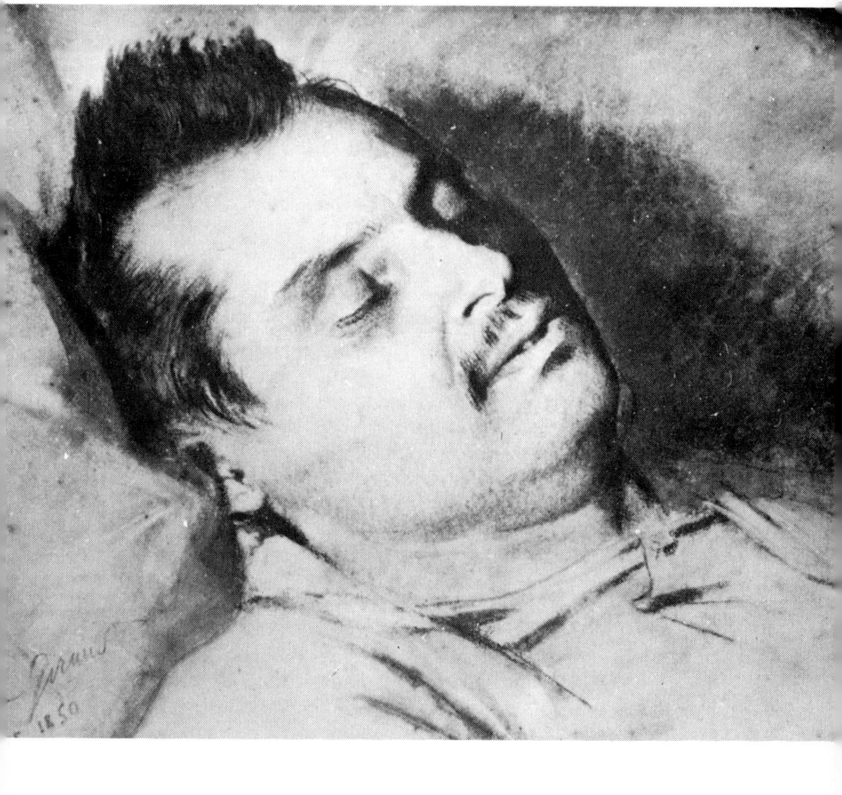

*Als Charles sich zur Marquise begab, gehorchte er einer jener ahnungsvollen Vorwegnahmen aus dem Unterbewußtsein, für die unsere sich hernach einstellenden Erfahrungen und Erkenntnisse nur die sinnfällige Bestätigung abgeben.*

Immer wieder geschieht es, daß das Werk dem Leben solche ahnungsvollen Texte aus dem Unterbewußtsein präsentiert, denen das Leben dann nur noch nachzukommen braucht. Balzac hat durchaus die Existenz geführt, die er sich erträumt und als seine Wunschvorstellung in seinen frühesten bedeutenden Büchern vorweggenommen hat. Er hat die Gräfin Hanska, seine *Étrangère,* aus der weit entlegenen Ukraine herbeizitiert, und er hat ihr denselben Glorienschein geweiht wie seiner Jugendgeliebten Laure de Berny, dieselben *Palmen des Ruhmes und Triumphe des Talents,* von denen Louis Lambert im zweiten seiner Briefe an Pauline de Villenoix spricht:

*... Ja, Sie haben mir ein unglaubliches Vertrauen, einen unglaublichen Mut gegeben. Jetzt kann ich alles wagen. Ich war mutlos nach Blois zurückgekehrt. Fünf Jahre Studium in Paris hatten mir die Welt als Gefängnis gezeigt. Ich trug Komplexe des Wissens in mir und wagte nicht, davon zu sprechen. Der Ruhm schien mir ein Blendwerk, dem sich eine wirklich große Seele nicht hingeben dürfe. Meine Ideen hätten sich nur unter dem Schutz eines Mannes ausbreiten können, der kühn genug dazu war, auf das Podium der Presse zu steigen und mit lauter Stimme zu den Dummköpfen zu sprechen, die er verachtet. Diese Unerschrockenheit fehlte mir. Ich ging also fort, durch das Widerstreben dieser Menge zerbrochen, und ich verzweifelte daran, je von ihr gehört zu werden. Ich stand zu hoch und zu tief! Ich schluckte meine Gedanken herunter wie andere ihre Demütigungen. Ich war dahin gekommen, die Wissenschaft zu verachten und ihr vorzuwerfen, daß sie nichts zum wirklichen Glück beitrage. Aber seit gestern ist alles in mir verwandelt. Um Ihretwillen erstrebe ich die Palmen des Ruhmes und alle Triumphe des Talents. Ich will mein Haupt auf Ihre Knie legen, damit die Augen der Welt auf Ihnen ruhen, wie ich alle Ideen und alle Kräfte in meine Liebe legen will. Der größte Ruhm ist ein Gut, das von keiner anderen Macht geschaffen werden kann als von der des Genies! So kann ich Ihnen also, wenn ich will, ein Lager von Lorbeer bereiten. Aber wenn die friedlichen Huldigungen der Wissenschaften nicht genug sind, so habe ich noch das Schwert und das Wort in mir, ich werde eine Laufbahn der Ehre und des Ehrgeizes durchrasen, auf der andere sich nur hinschleppen. Sagen Sie es mir nur, Pauline, ich werde alles sein, was Sie wollen. Mein eiserner Wille kann alles. Ich werde geliebt! ...*

Indessen: wenn Balzac auch von Anfang an diesen Zukunftstraum gehegt hat, so hat er doch von Anbeginn an auch das Vorgefühl eines unaufhaltsamen Zusammenbruches gehabt. Der Mythos der «unmöglichen» Liebe und der dem letzten Augenblick abgestohlenen Existenz-Erfüllung ist unzertrennlich von dem der Amour-passion und des Ruhmes. Stets nimmt bei Balzac die Liebe ein schlimmes Ende, und zwar keineswegs nur in seinen späteren Büchern. In seinem

*Das Haus in der Rue Fortunée (heute: Rue Balzac)*

Frühwerk *Les Chouans (Die Königstreuen)* ist der Romanheldin Marie de Verneuil von vornherein bewußt, daß ihr Glück nur *ein Tag, dem kein neuer Morgen folgt,* sein wird. Als ihr Traum endlich Wirklichkeit wird, ist es bereits zu spät, als daß diese Verwirklichung dauern könnte:

*Schon hatte mit ihrer Liebe der Tod seinen heimlichen Pakt geschlossen... Da standen sie nun endlich vor dieser unseligen Bettstatt, in der, wie in einer Gruft, alle Hoffnungen zuschanden werden sollen; in der zu einem schöneren Dasein zu erwachen, mehr als zweifelhaft ist; in der die Liebe stirbt, indem sie geboren wird... Marie warf einen Blick auf die Uhr über dem Kamin und sagte sich: ‹Noch sechs Stunden ... zu leben.›*

Im gleichen Bewußtsein reist Balzac aus der Ukraine heim nach Paris, mit der Frau, von deren Idealbild er rund zwei Jahrzehnte geträumt hat, und drei Monate später stirbt er in dem Haus in der Rue Fortunée, der Stätte des *erträumten Lebens,* die bald nur noch sein Totenlager birgt. Sollte er das nicht vorhergeahnt haben? *Koste es, was es wolle,* schreibt er aus Wierzchownia nach Paris, *ich werde im August zurück sein. Sterben muß man bei sich daheim.* Auch sein Romanheld Louis Lambert weiß von vornherein, daß der Tod ihn *in der ersten Umarmung* ereilen, daß die Freude, von der er lebt, ihm im letzten Augenblick genommen werden wird:

Zulma Carraud

*Du wirst ganz mein sein! Dieses Glück tötet mich, erdrückt mich. Mein Kopf ist zu schwach, er zerspringt bei der Heftigkeit meiner Gedanken. Ich weine und lache, ich fasele! ... Ich sehe uns beide vereint, wie wir in gleichem Schritt gehen, von dem gleichen Gedanken leben, immer einer im Herzen des anderen, einander verstehend, einander hörend, wie das Echo, das die Töne über den Raum hinweg empfängt und zurückgibt; kann man lange leben, wenn man auf diese Weise sein Leben stündlich aufzehrt? Werden wir nicht in der ersten Umarmung sterben?*

Niemand anderen als sich selbst hat der junge Balzac im Schreckgespenst seines Louis Lambert erblickt: im Schreckbild des vom Blitz getroffenen Genies, der *Beute, die das Leben dem Tod oder der Tod dem Leben entrungen hatte:*

*Nachdem ich Mademoiselle de Villenoix gefragt hatte, ob ein wenig mehr Licht Lambert kein Unbehagen verursachen würde, öffnete ich auf ihre Antwort hin ein wenig die Vorhänge und konnte so den Ausdruck auf dem Gesicht meines Freundes sehen. Ach, er hatte schon tiefe Runzeln und weiße Haare, in seinen Augen war kein Glanz mehr, sie waren glasig geworden wie die eines Blinden. Alle Züge schienen wie durch einen Krampf nach oben gezogen. Ich versuchte mehrmals, mit ihm zu sprechen, aber er hörte mich nicht. Er war eine irdische Hülle, die man dem Grab entrissen, eine Beute, die das Leben dem Tod oder der Tod dem Leben entrungen hatte. Wohl eine Stunde lang war ich in eine unerklärliche Träumerei versunken, in tausend traurige Gedanken. Ich hörte Mademoiselle de Villenoix zu, die mir in allen Einzelheiten von diesem wieder zum Kind gewordenen Mann erzählte. Plötzlich hörte Louis auf, seine Beine aneinanderzureiben, und sagte mit langsamer Stimme: ‹Die Engel sind weiß.›*

Daß Balzac zuletzt in seinem Louis Lambert in der Tat sein eigenes Konterfei erblickt und im Schicksal von Louis Lambert seinen eigenen Zusammenbruch vorausgeahnt hat, mit dem er nach soviel Kämpfen und dichterischen Ruhmestaten rechnet: die furchtbare

Stunde also, in der er *das Gedächtnis für gewisse Substantive verliert* und *sein Hirn in die Knie sinkt wie ein hufkrankes Pferd* – dies bestätigt jener Brief, den er im März 1850 an Zulma Carraud richtet:

*Ich erinnere Sie an das, was Sie einmal in Angoulême zu mir gesagt haben, als ich krank war, ganz erschöpft von der Niederschrift meines ‹Louis Lambert›, als ich wahnsinnig zu werden fürchtete und von der Vernachlässigung sprach, der man diese Unglücklichen überantwortet. Da sagten Sie zu mir: ‹Falls Sie dem Wahnsinn anheimfallen sollten, werde ich Sie pflegen!› Diese Worte, Ihren Blick und Ihren Tonfall habe ich nie wieder vergessen. Die ganze Szene steht mir noch genau so vor Augen, wie sie sich im Juli 1832 abspielte!*

Das bange Vorgefühl, daß er nur *mit dem letzten Odem ans Ziel kommen werde,* peinigt auch den Romanhelden Albert Savarus:

*Ach, mein lieber Léopold, kein Spieler, der das letzte bißchen Geld in der Tasche hatte und es im Cercle des Étrangers in einer allerletzten Nacht verspielte, um entweder reich oder ruiniert vom Spieltisch aufzustehen, hat dieses beständige Klirren im Ohr gehabt und an den Händen diesen leichten nervösen Schweiß und im Kopf diese fiebrige Unruhe und im ganzen Körper dieses innerliche Zittern, wie ich es all die Tage verspüre, da ich die letzte Partie meines ehrgeizigen Spieles wage. Ach, teurer, einziger Freund, bald werden es zehn Jahre sein, daß ich kämpfe. Dieser Kampf mit Mensch und Ding, dem ich unablässig Lebenskraft und Energie geopfert, an den ich meine ganze Sehnsucht gehängt habe, er hat mich innerlich geradezu unterminiert. So kräftig und gesund ich auch ausschaue, ich fühle mich doch sehr zerschlagen. Jeder Tag zerrt mir einen Fetzen meines geheimsten Ich weg. Bei jeder neuen Anstrengung merke ich, daß ich nicht noch einmal anfangen könnte.*

Das erstaunlichste Zeugnis derartiger Vorahnung bleibt allerdings *La Peau de Chagrin (Die tödlichen Wünsche).* Balzac selbst sagt von diesem Buch, alles darin sei *Mythos und Figur.* Der Besitzer des Chagrin-Leders begegnet erst nach der herzenskalten Foedora seiner Pauline, ganz wie Balzac in seinem Leben erst nach der Marquise de Castries seiner Evelina-Eva begegnet. Die Amour-passion zur «Étrangère» zehrt seine Lebenskraft so buchstäblich auf, wie in dem (lange vorher geschriebenen) Roman die Lebenskraft Raphaëls von der Begierde, vom tödlichen Wunsch nach Pauline aufgezehrt wird; Balzac stirbt in dem Moment, da die Frau, die sein Ideal verkörpert, endlich die Seine geworden ist, wie Raphaël in einer letzten Umarmung seiner Pauline das Leben aushaucht. Hätte Balzac lediglich *La Peau de Chagrin* geschrieben und wäre seine persönliche Existenz uns gänzlich unbekannt geblieben, so würde dieses eine Buch hinreichen, um uns eine legendäre Balzac-Biographie zu suggerieren, die seinem faktischen Schicksal ziemlich nahekäme.

In dieser imaginären Biographie würde Balzac uns gewiß auffordern, die Bestätigung der in seinem Roman fixierten Vorahnung ohne Verwunderung hinzunehmen. Die Ursachen für das Künftige, würde er uns bedeuten, liegen im Gewesenen, sind in allen Dingen schon keimhaft vorhanden: in der Folge reihen sich nur noch die einzelnen Augenblicke in einer unaufhörlichen Kette des Wesenhaften auf. Die Phänomene der Telepathie und des Hellsehens, denen Balzac so große Bedeutung beimißt, beweisen nach seiner Ansicht die Nicht-Existenz der Zeit... Indessen brauchen wir uns diesen Standpunkt keineswegs zu eigen zu machen: lassen wir es dabei bewenden, daß bei Balzac, zu gleichen Teilen, ein Wille und eine Klarsicht wirksam sind, die über das übliche Maß hinausgehen. Balzac hat die Stärke besessen, das Leben zu zwingen, ihm das, was er sich erträumte, in der Tat zu bieten; aber er hat auch genug Scharfblick besessen, um beizeiten zu erkennen, daß er seinen Wunschtraum nicht wird zu Ende leben dürfen. Balzac hat die Kraft gehabt, die Liebe der «Fremden», der «Unbekannten» zu erzwingen und die *Comédie Humaine* in Angriff zu nehmen; aber er hat auch die Einsicht gehabt, zu begreifen, daß ihn das Leben nicht dazu kommen lassen wird, die *Comédie Humaine* zu vollenden, und daß es kein Glück der Liebe gibt für den, der die absolute Liebe fordert.

*Louis, schreibe das nieder, dann wirst du das Fieber überwinden.*

Erinnerung, gegenwärtiger Vollzug oder künftiges Vorhaben: das Leben, in dessen Gewebe die Kettfäden von den Schußfäden des Werkes durchzogen werden, stellt sich jeweils in jener dreifachen Gestalt dar. Doch Balzac transponiert es, treibt auf mehr als nur eine Art mit ihm sein Spiel. Bei Balzac übernimmt die dichtende Phantasie, in ihrer Wechselwirkung zur Existenz, mehr als nur eine Funktion. Ein Stendhal spricht sich beim Romanschreiben ungehemmt aus und hängt seinen Reflexionen nach; Benjamin Constant, der Verfasser des Romans «Adolphe», und Marcel Proust hören sich mit Vorliebe selber zu; Flaubert und Tolstoj suchen die eigene Person zu vergessen; Dostojevskij ist nach sich selbst auf der Suche . . . Balzac aber pflegt mit sämtlichen Möglichkeiten der Imagination Umgang. Nur bei ihm birgt der Roman alle ihre Spielarten.

Zum Sich-Aussprechen — dem rückwärts gewandten, unmittelbar auf die Gegenwart bezogenen oder den Dingen vorauseilenden Sich-Aussprechen — kommt bei Balzac eine andere Funktion des Imaginären, eine andere künstlerische Intention hinzu. Wenn hinter jeder seiner Romanfiguren er selbst steht, erhebt sich die Frage: welches Spiel treibt er da eigentlich mit sich? Wenn die Begebnisse in seinem Romanwerk sich auf die Begebnisse in seinem persönlichen Dasein beziehen: welcher Art ist dann diese Beziehung?

Die verständlichste Regung des Romanciers ist fraglos die, daß er sich das, was ihm die Wirklichkeit verweigert, in der Phantasie nimmt — eine Regung, der wir bei Balzac immer wieder begegnen. Wenn am Ende des Romans *Illusions perdues* Lucien de Rubempré, als er gerade Selbstmord begehen will, den (vorgeblichen) Abbé Carlos Herrera trifft, seinen wunderbaren Erretter, und alsbald entdeckt, daß er — dank des unvermuteten Reichtums seines Beschützers auf völlig anderer Basis als bislang — ein neues Leben beginnen kann, dann wittert man in dieser Szene mit Recht ein Wunschbild des Romandichters. Lucien hat Schiffbruch erlitten; nun steht er plötzlich in Begriff, mit Carlos Herrera einen Roman märchenhafter Triumphe zu erleben. In dieser Art schreibt Balzac die Wirklichkeit um, idealisiert er wohl auch Madame de Berny, kompensiert er seine Abfuhr bei der Marquise de Castries. All den Erfolgreichen, den Siegernaturen seines Romanwerkes vertraut er die Wahrung jenes Teils seiner selbst an, der nach Kompensierung verlangt: ihrem Sieg fühlt sich Balzac um so stärker verbunden, je unerreichbarer dieser in den meisten Fällen für ihn ist. Denn die Besiegten haben eine noch größere Ähnlichkeit mit ihm als die Sieger — die Siege faszinieren ihn, weil sie ihm persönlich nicht beschieden sein können. Es tut ihm wohl, wenigstens seinen Bankier-Baron Nucingen jene Millionen besitzen zu sehen, denen er persönlich mit dem Ingrimm seines Venezianers

Facino Cane (in der gleichnamigen Novelle) vergebens nachgerannt ist; wenigstens seinen Henri de Marsay jene Machtstellung erringen zu sehen, nach der Balzac mit der ganzen Seelenkraft seines Z. Marcas für sich selber getrachtet hat; wenigstens seinen Eugène de Rastignac jene schmeichelhafte Heirat machen zu sehen, auf die er selbst so beharrlich gewartet hat wie sein Albert Savarus. Und Vetter Pons, der bejammernswerte Musiker Pons, er besitzt immerhin jenes «Bilderkabinett», über das Balzac zu seinem tiefen Bedauern nicht verfügt. Am deutlichsten bezeugt die ausgleichende, die kompensierende Funktion solcher Romanfiguren — in der zur *Histoire des Treize* gehörenden Erzählung *La Fille aux Yeux d'Or* — der Emporkömmling Henri de Marsay:

*Henri blieb eine Weile in freudige Betrachtungen versunken. Zum Lob der Frauen sei es gesagt: alle wurden sein, die er der Ehre, sie zu ersehnen, würdigte! Und was hätte man von einer Frau ohne Liebhaber auch halten sollen, die ihm widerstanden hätte? Strotzte er nicht von Schönheit, die der Geist des Leibes ist, und von Geist, der die Anmut der Seele ist? War er nicht gewappnet mit Charakterfestigkeit und einem Vermögen, den beiden einzigen realen Mächten?*

Derjenige indessen, der ihm selbst wirklich nahekommt, ist Daniel d'Arthez, unter seinen Romanfiguren der einzige Schriftsteller, in dem Balzac sein eigenes idealisiertes Selbstporträt gezeichnet hat. Dieser Homme de lettres ist ein ebenso genialer wie überlegen kluger Mann der Feder, mit grimmigem Eifer schöpferisch tätig, doch auch zu langer Lebensdauer gerüstet und den Begierden gegenüber widerstandsfähig. Balzac schildert ihn am eindringlichsten in der Novelle *Les Secrets de la Princesse de Cadignan (Die Geheimnisse der Fürstin von Cadignan):*

*Daniel d'Arthez, einer der seltenen Männer, die in unseren Tagen einen großen Charakter mit einer großen Begabung vereinigen, hatte noch nicht die ganze Berühmtheit erlangt, die ihm seine Werke auf die Länge der Zeit einbringen mußten, sich aber eine Achtung erworben, der erlauchte Seelen schwerlich etwas hinzufügen konnten. Sein Ansehen wird sicherlich noch größer werden, aber es hatte damals schon in den Augen der Kenner seine volle Entfaltung erreicht; er gehört zu den Autoren, die früher oder später den Platz erhalten, der ihnen zukommt, und ihn dann nicht mehr einbüßen ...*

*... Das Dasein von Daniel d'Arthez ist ganz der Arbeit geweiht, er bekommt die Gesellschaft von Paris nur dann und wann zu Gesicht, sie ist für ihn wie ein Traum. Sein Haus ist ein Kloster, in dem er das Leben eines Benediktiners führt ...*

*... Man kann ein großer Mann sein und ein Bösewicht, wie man zugleich ein Dummkopf und ein zartfühlender Liebhaber sein kann. D'Arthez ist einer jener bevorzugten Menschen, bei denen die Bildung des Verstandes, der Umfang der geistigen Fähigkeiten weder die Kraft noch die Größe der Gefühle ausschließen. Er ist, durch ein seltenes Vorrecht, Mann der Tat und Denker zugleich. Sein privates Leben ist edel und rein.*

*«Das Dasein von Daniel d'Arthez ist ganz der Arbeit geweiht.»*
*(Les Secrets de la Princesse de Cadignan)*

In diese Kompensation spielt auch eine Art von ausgleichender Magie hinein. Jedoch kennt Balzac's Magie mehr Riten der Teufelsbeschwörung als Riten der Schicksalsversöhnung. Die Unterliegenden sind zahlreicher als die Sieger; die Tragik ist in seinem Werk tiefer verwurzelt als das Glück.

Das Tragische beim Wort nehmen, es künstlerisch ausdrücken: das ist, man weiß es zur Genüge, die einzige Möglichkeit, sich innerlich davon zu befreien. Und bei Balzac ist mitunter in einem seiner Bücher jener Moment greifbar, wo das Tragische gebannt wird und weicht, weil es objektiviert wird. Mit welchem Kunstgriff dabei der Romancier verfährt, läßt beispielsweise die in der Bretagne spielende Novelle *Un Drame au Bord de la Mer (Ein Drama am Ufer des Meeres)* erkennen. Die ersten Seiten – sie schildern den jungen erfolgshungrigen Dichter Louis und seine Geliebte, seinen «Schutzengel» Pauline, in heiterer Seelenverfassung am Gestade – vergegenwärtigen das Wohlbefinden, die «Euphorie» latenter schöpferischer Empfänglichkeit. Alsdann tritt eine andere Existenz in ihre Rechte; das

*Balzac. Aquarell von Cassal*

Leben enthüllt seine Tragik in Gestalt eines Familiendramas, das dazu angetan ist, im mythischen Sinnbild die Qual des Schöpfers zu offenbaren: ein Vater hat seinen ungeratenen Sohn umgebracht und in Zusammenhang damit auch den Tod der Mutter auf dem Gewissen; Schöpfer und Geschöpf haben sich wechselseitig zerfleischt. Louis und Pauline vernehmen den Bericht über die in der Familie Cambremer geschehene Vater-Sohn-Tragödie aus dem Mund eines einfachen Fischers, nachdem sie den alten Cambremer, der als Einsiedler in einer Grotte haust, auf einem Felsen haben sitzen sehen. Von einer bildhaften Vision des Gehörten übermannt, fühlt Louis *das Herannahen eines Feuers, das in seinem Hirn brennt.* Aber Pauline weiß, wie der Fiebernde mit seiner Erschütterung durch die tragische Begebenheit fertig werden kann, und rät ihm: *Louis, schreibe das nieder, dann wirst du das Fieber überwinden.*

Solches Aussprechen des Tragischen tut indessen, als traditionelle Katharsis durch dichterische Objektivation, dem Romancier zumeist nicht Genüge. Der Exorzismus verhilft ihm dann dazu, noch weiter zu gehen . . . So sinnt Balzac, zu seiner inneren Erleichterung, über etwaige Niederlagen nach, die er zu erleiden fürchtet, und schiebt sie von sich weg, indem er ihnen Ursachen zuschreibt, die er zu bannen vermag. Man kommt dem Mechanismus dieser seelischen Reaktion auf die Spur, wenn man Balzac zum Beispiel den Bankrott seines César Birotteau beschreiben sieht, dessen Lebensgeschichte er zu einer Zeit verfaßt, als für ihn selber die Geldsorgen immer drückender werden. Wie Balzac ist sein Parfüm- und Haarölfabrikant Birotteau zu Erfolg gekommen; der *Mittag des Lebens* ist erreicht, *wo die lebendigen Kräfte ihre volle Macht zeigen.* Nicht lange, und mit Birotteau geht es reißend bergab — und muß Balzac nicht den gleichen Sturz befürchten? Doch anders als jener, der sich finanziell übernimmt, um ein *Mitglied der höheren Bourgeoisie von Paris zu werden* und sich die sinnlosen Kosten eines glanzvollen Balles aufbürdet, bleibt Balzac dem Glücksrausch gegenüber nüchtern: *Glück versetzt unbedeutende Menschen in eine Trunkenheit, der sie niemals Einhalt gebieten können,* vermerkt er. Entsprechend funktioniert jener Mechanismus in der 1838 — einem für Balzac schlimmen Jahr — verfaßten Novelle *Une Fille d'Ève (Eine Evastochter)*, wo Balzac eine Begebenheit darstellt, in der er, alles in allem, eigenes Erleben wiedererkennen müßte: die Geschichte der durch die Liebe unterhöhlten geistigen Produktivität. Indessen: was gibt es ernstlich Gemeinsames zwischen dem Literaten Raoul Nathan der Novelle und dem Erzähler Balzac? Von Nathan heißt es: *Die beharrliche Arbeit bei der Schöpfung eines Werkes*

*César Birotteau*

*Um 1850*

*kennt er nicht.* Nathan verfügt durchaus nicht über das Genie seines Schöpfers: noch weniger traut ihm Balzac das erforderliche Geschick für Geldgeschäfte zu.

*Woher dieser Mangel an Scharfblick in den eigenen Geschäften bei Leuten, die gewohnt sind, alles zu ergründen? Vielleicht hat der Geist seine Lücken? Vielleicht leben die Künstler zu sehr in der Gegenwart, um die Zukunft zu erkennen? Möglicherweise haftet ihr Blick zu sehr an den Lächerlichkeiten, um eine Falle, die ihnen gestellt wird, zu gewahren, und sie glauben, man würde es nicht wagen ...*

Plädiert Balzac hier für sich selbst? Aber nein, er plädiert für Nathan:

*Der Ehrgeizige hörte sein neu errichtetes Gebäude, das ohne Fundamente erbaut war, in allen Fugen krachen. Schon fühlte er sich ohnmächtig, ein so großes Unternehmen aufrechtzuerhalten, wieviel mehr also, es von neuem in Angriff zu nehmen. So sollte er denn unter den Trümmern seines Luftschlosses begraben werden.*

Von einer inneren Last befreit, verzeichnet Balzac das Scheitern dieses *schlecht gekämmten, schlecht gebauten Byron*, dieses Literaten, *der so reich an Tinte und so arm an Willen ist,* betrachtet Balzac das Schicksal Nathans, das schlechterdings das seine nicht sein kann: er, Balzac, hat andere Trumpfkarten auszuspielen. Nein, Evelina-Eva wird ihn nie und nimmer so abschätzig mustern wie Marie de Vandenesse am Ende der Novelle ihren einstigen Anbeter Raoul Nathan. *(Madame de Vandenesse schämte sich bei dem Gedanken, daß sie sich für Raoul einmal interessiert hatte.)* Nein, ihm selber wird niemals das Schicksal seines Lucien de Rubempré — in *Illusions perdues* — beschieden sein: eher schon nimmt er für sich die Rolle des unbesieglichen Carlos Herrera in Anspruch oder, noch lieber, die eines Daniel d'Arthez im Verein mit Lucien.

*Setzte abends der Dichter-Journalist seine Lage den befreundeten Lebemännern auseinander, so ertränkten sie seine Bedenken in Fluten von Champagner, der mit spöttischen Witzen gekühlt war. Die Schulden! Kein starkgeistiger Mann ohne Schulden! Die Schulden bedeuten doch befriedigte Bedürfnisse, gebieterische Laster. Ein Mann kommt nur voran, wenn ihm die Eisenfaust der Geldverlegenheit im Nacken sitzt.*

*‹Den großen Männern das dankbare Leihhaus!› rief Blondet dem Dichter-Journalisten Lucien anzüglich zu.*

Lucien aber ist seiner Schulden nicht würdig; denn ein starker Mann ist er ganz und gar nicht:

*Wirklich stark ist, wer dem ersten Aufruhr der Verhältnisse zu begegnen weiß, wer den Sturm über sich hinwegbrausen läßt, wer sich mit einer ungeheuren Anstrengung nach oben arbeitet. Jeder Mann, der nicht reich geboren ist, hat seine Woche des Verhängnisses. Für Napoléon hieß sie der Rückzug von Moskau. Dieser grausame Moment war für Lucien gekommen.*

Balzac kennt ihn gut, diesen *grausamen Moment,* aber er weiß ihm standzuhalten, ihm Trotz zu bieten. Mit kühler Verachtung betrachtet er den Ruin dessen, dem er sich überlegen fühlt. Was sollte ihn schon mit einem Paul de Manerville, dem Romanhelden von *Le Contrat de Mariage (Der Ehekontrakt),* verbinden, wiewohl dessen Erlebnisse in gewisser Weise ein Stück seines eigenen Daseins sind? Dieser Paul ist ein Schwächling; er gehört *zu jenen Naturen, die mehr dazu geschaffen sind, Glück zu empfangen als zu schenken,* und Balzac rechnet mit seiner Schwachheit in einem großen Brief ab, als dessen Schreiber der vitale Henri de Marsay figuriert. Schließlich der Todeskampf von Vetter Pons, dem ausgeplünderten und verlassenen Junggesellen: malt Balzac diese schaurige Agonie — und mit wieviel dumpfem Entsetzen obendrein! — nicht eigens aus, um sie von sich selbst abzuhalten? Die Opfer, auf die in der *Comédie Humaine* die Streiche des Schicksals niederfahren — Cousin Pons, Père Goriot, Eugénie Grandet, Colonel Chabert, Adèle Hulot (in *La Cousine Bette),* Abbé Birotteau (in *Le Curé de Tours*) und wieviele andere dazu — sind zugleich Sühnopfer, die Balzac seinem eigenen Fatum weiht.

Die Besiegten aber, die ihm gleichen? Die seinen Kampf führen?

Bei ihnen betrachtet er nicht, mitleidig-kühl und unangefochten, die Niederlagen als etwas ihm Fernliegendes; bei ihnen exorzisiert er seine latente Angst vor dem persönlichen Unterliegen, erkundet er mit Inbrunst, gleichsam als ihr Beauftragter, jenen Schicksalsschlag, dem er für seine Person am Ende entgeht, da er ihn ja letztlich selber herbeiführt, ihn kommen sieht und vor allem auch auf diese seine brüderlichen Stellvertreter überträgt: auf Louis Lambert, auf Raphaël, auf den Romanhelden von *La Recherche de l'Absolu (Der Alchimist)* Balthazar Claes …

Kein Zweifel, daß Balzac (in der Pariser Novelle Z. *Marcas*) sich zumal zu Zéphirin Marcas in engsten Bezug setzt. Balzac ist Marcas – bis in den Gleichklang und die gleiche Buchstabenzahl beider Namen hinein. Und die Identifizierung geht so weit und tief, daß Balzac die Novellenfigur dieses mit fünfunddreißig Jahren an einem Nervenfieber Dahinsterbenden erst imaginär ins Dasein ruft, nachdem er über das Lebensalter von Marcas hinausgelangt ist. Hat Balzac doch – sein brieflich dem Maler Auguste Borget anvertrautes Geständnis bezeugt es – gemeint, er selbst müsse mit fünfunddreißig Jahren sterben.

*Es lohnt sich, bei diesem Namen Z. Marcas zu verweilen. Das ganze Leben des Mannes springt aus der seltsamen Konstellation dieser sieben Buchstaben in die Augen. Sieben! Die bedeutsamste unter den kabbalistischen Zahlen. Marcas starb mit fünfunddreißig Jahren, sein Leben dauerte also sieben Lustren. Marcas – erzeugt der Klang dieses Namens nicht die Vorstellung von etwas Kostbarem, das beim Fallen zerbricht, mit oder ohne Geräusch?*

Balzac ist Marcas – bis in gewisse Eigenheiten der leiblichen Erscheinung hinein:

*Groß und schwer, schien dieser Kopf alle Eigenschaften zu enthalten, die für einen Ehrgeizigen ersten Ranges vonnöten sind; er war mit Gedanken förmlich beladen, er unterlag dem Gewicht eines seelischen Schmerzes, aber die Züge verrieten nicht die geringsten Gewissensbisse. Um den Charakter seines Gesichtes zu bezeichnen, genügt ein einziges Wort. Nach einer ziemlich volkstümlichen Anschauung hat jedes menschliche Gesicht Ähnlichkeit mit einem Tier. Das Tier, dem Marcas glich, war der Löwe. Seine Haare glichen einer Mähne, seine Nase war kurz, platt, breit und an der Spitze wie die einer Katze gespalten, und genau wie bei einem Löwen teilte eine mächtige Furche die Stirn in zwei kräftige Hälften. Die behaarten Backenknochen sprangen in diesem mageren Gesicht deutlich hervor, der auffällig große Mund und die hohlen Wangen wurden von stolz gezeichneten Falten umlagert und von gelblichen Tönen umspielt. Kurz, ein beinahe Schrecken erregendes Gesicht, aber seine schwarzen Augen drückten unendliche Sanftmut, Ruhe, Tiefe und Gedankenfülle aus.*

Balzac legt ihm seinen einzigen politischen Grundgedanken in den Mund – den Ruf nach Entfaltung aller nationalen Kräfte, in dem die Kritik gipfelt, die Marcas im Gespräch mit einem Minister übt:

*Z. Marcas*

*‹Sie haben die Überreste des Kaiserreiches zusammengesucht, wie die Restauration die Voltigeure Ludwigs des Vierzehnten eingestellt hatte. Man hat bis jetzt die Rückzüge aus Angst und Feigheit für Schachzüge der Geschicklichkeit gehalten; aber die Gefahren nahen, und die Jugend wird sich wie im Jahre 1790 erheben. Sie hat damals die großen Taten vollbracht. Heute wechseln Sie die Minister wie ein Kranker seinen Platz im Bett. Das Knistern ist verdächtig; es kündet an, was kommen wird. Sie haben ein System politischer Korruption, das sich gegen Sie selbst wenden wird; denn Frankreich ist dieser Verlogenheit müde. Frankreich wird Ihnen nicht sagen, daß es Ihrer müde ist; man erfährt nie, wieso man zugrunde geht, die Gründe gehen den Geschichtsschreiber an; aber Sie werden sicher zugrunde gehen, weil Sie die Jugend Frankreichs nicht um ihre Kräfte und Energie, um ihre Aufopferung und ihren Eifer gebeten haben. Sie werden zugrunde gehen, weil Sie einen Haß auf alle fähigen Köpfe*

*Balzac im Jahr 1839. Lithographie von Julien*

*warfen, statt sie voll Liebe aus dieser prachtvollen Generation auszulesen; Sie haben ja überall nur die Mittelmäßigkeit gewählt.›*

Mit Fug zählt dieser Bruder im Geiste für Balzac zu den Toten: Marcas ist für ihn gestorben, ein Sühnopfer, ein Erlöser vom Fatum.

Ebenfalls Erlöser in solchem Sinn, und zwar in noch höherem Grade, ist Albert Savarus. Der nach ihm benannte Roman ist, wie die Novelle *Z. Marcas*, im Jahre 1840 verfaßt worden und markiert insbesondere jenen «Mittag des Lebens», wo Balzac zwar die Katastrophe voraussieht, sich ihr aber noch gewachsen fühlt. Daß er dem Anwalt Savarus, der sich in Besançon niederläßt und für das dortige Domkapitel einen komplizierten Prozeß erfolgreich durchficht, sein leibliches Äußere geliehen hat, wird aus der Schilderung ersichtlich, die der Generalvikar, der Abbé de Grancey, von Savarus während eines Diners gibt:

*‹Bei meinem ersten Besuch›, sagte der Abbé de Grancey, ‹empfing er mich im ersten Raum hinter dem Vorzimmer (wo sich ehemals der Salon des biederen Galard befand), den er in der Farbe alten Eichenholzes hat streichen lassen; die Wände sind mit hohen Schränken voll juristischer Werke vollgestellt, und auch diese Schränke sind mit einem altertümlichen Anstrich versehen. Anstrich und Bücher – das ist sein einziger Luxus, denn an Mobiliar hat er nur noch einen alten geschnitzten Sekretär, sechs Sessel mit gemusterten Bezügen, an den Fenstern mattbraune Vorhänge mit grüner Einfassung und auf dem Boden einen grünen Teppich. Der Ofen des Vorzimmers heizt zugleich diesen Bibliotheksraum. Während ich dort wartete, konnte ich mir den Anwalt gar nicht als einen jungen Menschen vorstellen. Doch paßt die seltsame Umgebung vollkommen zu seiner Erscheinung, denn Monsieur Savarus trat in einem schwarz-wollenen Schlafrock mit roter Gürtelschnur ein, in roten Pantoffeln, roter Flanellweste und einem roten Käppchen.›*

*‹Die richtige Teufelslivree!› fiel Madame de Watteville ein.*

*‹Ganz recht›, nickte der Abbé, ‹aber er hat einen prachtvollen Kopf: schwarzes, schon leicht durchsilbertes Haar, wie es auf unseren Bildern Petrus und Paulus haben, in dichten schimmernden Locken; Haar, so hart wie eine Pferdemähne, der weiße rundliche Hals einer Frau und eine wunderbare stark durchfaltete Stirn, wie gewaltige Pläne, mächtige Gedanken und tiefes Nachsinnen sie an allen hervorragenden Männern meißeln; sein Teint ist oliv-farben mit rötlichen Flecken, seine Nase eckig, in den Augen flackert Feuer, seine hohlen Wangen tragen die Male zweier langer Leidensfalten, den Mund umspielt sardonisches Lächeln, sein Kinn ist spitz und etwas zu kurz; Krähenfüße strahlen in die Schläfen, die Augen liegen wie zwei glühende Kugeln unter den Brauenbogen tief in ihren Höhlen; aber trotz all dieser Stigmata eines leidenschaftlichen Temperaments macht er einen ruhigen, tief resignierten Eindruck; und seine Stimme ist von sanfter Entschiedenheit. Schon im Justizpalast überraschte es mich, wie geschmeidig sie ist; eine echte Rednerstimme, die klar und verschlagen, schmeichelnd und gewitternd und dann, auf Sarkasmus eingestellt, schneidend sein kann. Monsieur Albert Savarus ist von mittlerer Statur, weder fett noch mager. Obendrein hat er die Hände eines Geistlichen.›*

Wie Balzac ist Savarus ein Nachtarbeiter: *während alles schläft, wacht er … wie Gott!* Und wie der junge Rodolphe (in der von Savarus verfaßten Novelle) verströmt Savarus seine Vitalität:

*Von klein auf war er an alles mit glühender Hingabe herangegangen. Bei ihm wurde die Sehnsucht zur überlegenen Kraft, zum treibenden Faktor seines ganzen Daseins, zum Hebel seiner Phantasie und zum Wegweiser für seine Handlungen … Rodolphe ging ganz in jener Sehnsucht auf, die den Dichter gestalten, den Gelehrten spekulieren läßt … er stürzte sich mit leidenschaftlicher Hartnäkkigkeit und mit seinen äußersten Geisteskräften auf den ersehnten Gegenstand, er verschlang geradezu die Zeit.*

Nicht allein das Wunschbild der absoluten Liebe teilt Savarus mit seinem Schöpfer; wie Balzac ist Savarus der *Ehrgeizige aus Liebe,* weiht er seinen künftigen Ruhm derjenigen, von der ihn Herkunft und räumliche Entfernung trennen. Wie Balzac ringt und kämpft er, wird er in Schrecken versetzt durch den Verschleiß seiner Kräfte in diesem Kampf. Aber von solchem Kräfteverschleiß, der bei Savarus bereits die Energie unterminiert, verspürt der Romancier selbst vorderhand nur erste Anzeichen; noch glaubt er, siegreich triumphieren zu können. Sollte, fragt er sich, Savarus, von ihm dem Zusammenbruch überlassen, nicht eben dadurch dasselbe Geschick von seinem Schöpfer abwenden? Sollte ihn, Balzac, die Zerstörung, die sich in dem Roman in Rosalie de Watteville verkörpert, am Ende nicht ausnehmen? Wie eine Herausforderung schleudert Balzac den Roman aus sich heraus — zu einem Zeitpunkt, wo nach dem (seit Jahren erwarteten) Ableben des Grafen Hanski für Balzac die entscheidende Phase im Kampf um Evelina-Eva einsetzt. Der Roman *Albert Savarus* ist eine herrische und pathetische Beschwörung des Schicksals, wie nicht lange danach der Roman *Modeste Mignon* eine ironische Schicksalsbeschwörung sein wird — und überdies ist *Albert Savarus* als eine Warnung an Evelina-Eva gedacht gewesen. Ursprünglich hat Balzac nämlich eine andere Lösung des Knotens erwogen, bei der in dem Roman nicht die Herzogin, sondern Savarus den Bruch herbeiführen sollte. In welcher Absicht Balzac an Eva schreibt: *Zeigen will ich, wie man schließlich, indem man im gesellschaftlichen Leben ein zu weit gestecktes Ziel verfolgt und dabei Herz und Verstand ermüdet, dahin kommt, gar nicht mehr haben zu wollen, was anfänglich den ganzen Lebensinhalt gebildet hat.* Ein von Madame Hanska durchaus begriffener, drohender Fingerzeig, der nicht nach ihrem Geschmack ist und den sie mit der Feststellung quittiert: «Demnach durch und durch das Opus eines Mannes!»

## Aufspaltung und dichterischer Auftrag der Romanfiguren

*Nein, es sind nicht Gesichter,*
*es sind Masken ...*

In der Novelle *Melmoth réconcilié (Melmoth)* übereignet der Engländer John Melmoth, der mit dem Teufel paktiert hat, dem vormaligen Obersten Castanier, der im Bankhaus Nucingen Kassierer geworden und eine Unterschlagung zu begehen im Begriff ist, die von Satan verliehene Gabe unfehlbaren Handelns und unbegrenzten Wissens. Bald entsetzt sich Castanier indessen über dieses Teufelsgeschenk und sucht es an jemand anderen abzutreten. *Noch,* heißt es in der Einleitung zu der Novelle, *kann sein Seelenheil gerettet werden, falls sich ein* Ersatzmann *findet – in diesem speziellen Ausdruck verdeutlicht sich der Sinn der Geheimklausel in jenem Teufelspakt.* Entsprechend ist durchweg jede Balzac-Figur «Ersatzmann» und Double ihres Schöpfers: sie triumphiert oder scheitert, und wenn sie unterliegt, dann jedenfalls, um stellvertretend das Schicksal von der Person des Romanciers abzulenken.

Gilt das ausnahmslos von allen Balzac'schen Figuren? Nun, es gilt zumindest von seinen epischen Hauptgestalten. Im Vorwort zu *Le Cabinet des Antiques (Das Antiquitätenkabinett)* unterscheidet Balzac zwischen den zweitrangigen und den in engerem Sinn epischen Gestalten. Die ersteren lassen sich beliebig erfinden, die letzteren nicht. Balzac definiert: *Jede epische Figur ist ein verkleidetes Gefühl ... und kann nur der Seele entsteigen. Solche Figuren sind in mehr als einer Art die Hirngespinste unserer Wünsche, die Verleiblichung unserer Hoffnungen.* Allein sie können als Double des Autors angesprochen werden.

Wie aber soll man den letzteren herauskennen unter den äußerst gegensätzlichen Masken? Ihre Vielgestalt rührt daher, daß Balzac so viele Gegensätze in sich vereinigt: erinnern wir uns doch des Briefes an die Herzogin von Abrantès, in dem er seinen Charakter als den absonderlichsten, der ihm je vorgekommen sei, bezeichnet und vom «Kaleidoskop» seines Inneren spricht. Wenn Balzac immer wieder ein Double braucht, so rührt das in erster Linie davon her, daß er sich aufspalten muß, um seiner selbst ansichtig zu werden.

Seine innere Polarität prägt sich als deutlich wahrnehmbarer Widerspruch aus: bei der Balzac-Lektüre gewahrt man bald die Bedeutsamkeit und die häufige Wiederkehr gewisser Gestaltenpaare, deren einander wesensmäßig widersprechende und doch miteinander verbundene Partner jedesmal einen Aspekt seines eigenen Selbst enthüllen. In dem Roman *Séraphita* steckt Balzac zugleich in Minna und Wilfrid: die eine ist seine weibliche, der andere seine männliche Komponente. In dem androgynen Doppelwesen Séraphitus-Séraphita aber verkörpert sich das Balzac'sche Wunschbild der Ergänzung und schließlichen Vereinigung jener beiden Komponenten. Ein

zweites Mal läßt den androgynen Mythos, nun freilich nicht mehr im landschaftlichen Rahmen eines norwegischen Fjords am Polarkreis, sondern mitten in einem allerdings ins Phantastische übersteigerten Pariser Milieu, die berückende *Fille aux Yeux d'Or* erstehen. Henri de Marsay und jene Mörderin, die wir mit ihm auf den letzten Seiten der Erzählung als Tochter seines berüchtigten Vaters Lord Dudley und somit als seine Stiefschwester erkennen *(Selbst Zwillinge würden einander nicht stärker ähneln)* —, diese beiden Halbgeschwister sind Inkarnationen zweier Prinzipien in ein und demselben Wesen, und das Schicksal des Mädchens Paquita, das ihnen zum Opfer fällt, veranschaulicht die Unvereinbarkeit dieser zwei Prinzipien. Hier stellt Henri de Marsay, der so oft als Bannerträger von Balzac figuriert, dessen männlich-herrische, verführerische, zynische, hellsichtige Wesensseite dar, die ständig und systematisch auf Erfahrungen aus ist; Margarita-Euphémia Porrabéril hingegen, die Stiefschwester von Henri de Marsay, stellt, von ihrem Schöpfer Balzac her gesehen, dessen weibliche Wesensseite dar, zumal seine Bereitschaft, sich von der Leidenschaft entflammen zu lassen. Die junge hilflose Paquita Valdès vermag nichts weiter als zu sterben, verblutend unter den Dolchstößen ihrer rasenden Anbeterin, in einer Orgie der Vergötzung von Blut und Gold: ein Idol zu zerstören, ist ja damit identisch, ihm das Höchste, Absolute abzufordern — die Verschmelzung dessen, was in uns einander widerstreitet.

Lucien de Rubempré, der Romanheld in *Illusions perdues,* ist fraglos das präziseste Konterfei, das Balzac uns von seiner Anfälligkeit für das Feminine gemalt hat; und Balzac läßt es sich denn auch nicht verdrießen, ganz andersartige Charaktere gegen Lucien zu setzen und in diesen Gegen-Figuren seine vitale Männlichkeit zu verkörpern. Um wirklich Balzac vor sich zu haben, muß man zu Lucien beispielsweise dessen Jugendfreund David hinzunehmen, den Sohn und unglücklichen Erben des in Angoulême ansässigen Druckereibesitzers Séchard.

Ein männliches Korrektiv findet Lucien, gemäß einer Seinsordnung, wie sie für Balzac typisch ist, in dem Pariser Schriftsteller Daniel d'Arthez. Vor allem aber trifft er Vautrin. (Man erinnert sich: Vautrin ist in Wahrheit der einstige Bagnosträfling Jacques Collin mit dem Beinamen *Trompe-la-mort* — «Todtäuscher» —, er zählt unter dem Decknamen Vautrin, zusammen mit dem alten Goriot und dem Studenten Eugène de Rastignac, zu den Gästen der Pension Vauquer, wird verhaftet, entkommt nach Spanien, kehrt von dort als der Abbé Carlos Herrera nach Paris zurück und wird schließlich, für anderthalb Jahrzehnte, Leiter des Sicherheitsdienstes der Justizbehörden.) Erst in Vautrin schafft sich der Romancier, der Phantasie-Logik der Imagination folgend, das dämonisch übersteigerte Ebenbild für sein Trachten nach Macht. Wodurch Balzac sich

*Balzac (?) Gemälde von Daumier*

*Lucien*

in den Stand setzt, in dem ungleichen Paar Lucien und Carlos Herrera die packendste und bedeutsamste Aufspaltung seines Inneren zu vollziehen. Kein Zweifel, daß Balzac selbst das zumindest undeutlich empfunden hat; worauf etwa die folgenden Sätze aus *Splendeurs et Misères des Courtisanes* schließen lassen:

*Vermöge einer Art seelischer Vaterschaft hatte Trompe-la-mort den deutschen Aberglauben vom Doppelgänger verwirklicht. Frauen, die in ihrem Leben einmal wirklich geliebt haben, werden das nachfühlen können; denn sie haben ihre Seele in die des geliebten Mannes übergehen gefühlt; sie haben sein Leben gelebt, sei es nun edel oder gemein, glücklich oder elend, verborgen oder ruhmreich gewesen; über alle Entfernungen hinweg haben sie Schmerzen im*

*Bein gefühlt, wenn er sich verletzt hatte; sie haben es ganz von sich aus empfunden, daß er sich im Zweikampf schlug, und sie haben endlich, um all das in einem Wort zu sagen, eine Untreue nicht erst zu erfahren brauchen, um über sie Bescheid zu wissen.*

Wenn Lucien für Carlos Herrera *seine sichtbare Seele* ist, so in erster Linie deswegen, weil beide nur eine, diese eine Seele haben; in ihrer beider Schöpfer vermengen sie sich miteinander. Carlos Herrera ist *ehrgeizig für zwei*. Lucien ist *der Ehrgeizige und der Lasterhafte, der Stolze und Eitle, der nachlässig ist und nach Ordnung verlangt: eines jener unvollkommenen Genies, die eine gewisse Stärke*

*Vautrin*

*im Wünschen und im Plänemachen — was vielleicht dasselbe ist — besitzen, denen aber alle Kraft zur Ausführung fehlt. Die beiden, Lucien und Herrera, waren zusammen ein machtpolitisches Kraftfeld: darin lag zweifellos das Geheimnis ihrer Vereinigung.*

Der berühmte Abschiedsbrief, den Lucien an Carlos Herrera schreibt, bevor er sich die Hanfschlinge um den femininen Hals legt, erhebt den Kontrast ihrer beider Naturen zur Kontrapunktik der beiden großen Nachkommenschaften, die gemeinsam die Menschheit bilden. Als Repräsentanten dieser Nachkommenschaften stehen Lucien und Herrera für die ganze Menschheit — für jene Totalität des Daseins, mit der Balzac sich verbunden fühlt:

*Zuweilen haben Sie gesagt, es gäbe die Nachkommenschaft von Kain und die von Abel; Kain ist im großen Drama der Menschheit stets der Widerspruch gewesen. Von Adam stammen Sie in jener Linie ab, in welcher der Teufel stets weiter das Feuer angefacht hat, dessen erster Funke auf Eva gefallen war. Unter den Dämonen dieser Abkunft gibt es von Zeit zu Zeit ganz furchtbare mit gewaltigen Anlagen, die alle menschlichen Kräfte in sich vereinen und jenen fieberbesessenen Wüstentieren gleichen, welche um sich herum die weiten Räume der Wüste zum Leben brauchen. Menschen dieser Art sind innerhalb der Gesellschaft ebenso gefährlich, wie es Löwen inmitten der Normandie wären! Sie brauchen ihren Fraß, sie verschlingen die Herdenmenschen, und sie grasen die fetten Pfründen der Dummköpfe ab. Selbst beim Spiel sind sie so zerstörerisch, daß sie schließlich auch den demütigen Hund, den sie sich zum Kameraden, zum Idol gemacht haben, töten. Wenn Gott will, wird aus solchen geheimnisvollen Wesen ein Moses, Attila, Karl der Große, Mohammed oder Napoléon. Wenn er aber diese ungeheueren Werkzeuge auf dem Grund des Ozeans einer Generation rosten läßt, dann wird aus ihnen nur noch ein Pugatschew, Robespierre, Louvel oder der Abbé Carlos Herrera. Sie sind mit einer unermeßlichen Macht über zarte Seelen begabt, ziehen sie an sich und zermalmen sie; aber das ist groß, das ist schön in seiner Art. Sie sind wie die giftige Pflanze, welche die Kinder im Wald berückt. Sie sind die Poesie des Bösen.*

Wahrhaftig, es gibt bei Balzac Stärke und Schwäche. Seine Schwäche, derentwegen er sich der Nachkommenschaft von Abel anschließt, besteht vor allem in jenem Verlangen nach mütterlichem Schutz und unnachgiebiger Leitung, das den liebenden Jüngling der reifen Frau in die Arme treibt, wie es anderseits einen Vautrin für Lucien so anziehend macht: es ist das Bedürfnis, sich unterzuordnen, und es paart sich mit dem Gefallen an einem sinnenfrohen Dasein, das ihn vor dem Ringen mit seiner schöpferischen Begabung bewahren soll. *Es gibt*, schreibt Balzac 1837 an Zulma Carraud, *mehrere Menschen in mir: den, der sich um seine Geldgeschäfte kümmert; den Künstler, der sich mit den Zeitungen und dem Publikum herumschlägt; dann den Künstler, der um seine Werke und seine Stoffe ringt; endlich den leidenschaftlichen Mann, der sich auf einem Teppich vor eine Blume hinkauert, deren Farben er bewundert und deren Duft er einatmet.* Seine Schwäche flüchtet sich in seine Sehnsucht nach Ruhm, in seinen Wunsch, angeschaut, geliebt, vorgezogen zu werden. Es tritt da eine Sensibilität zutage, die ganz in Einklang mit dem Weiblichen steht und ihn für dieses mit divinatorischer Einfühlung begabt: er entwickelt ein Organ für das Dekor, für Luxus, Bibelots, für Stoffe und Blumen, für Lieblichkeit und Harmonie einer Landschaft — und das geht so weit, daß er Geschmack findet an konventionellen Liebesszenen unter Laubengängen und bei Mondschein, in denen ein Anti-Feminist wie Henry de Montherlant, der Romancier von «Les jeunes Filles» und «Pitié pour les Femmes», mit gutem Grund die Seelenhaltung einer «Midinette» aufspüren könnte. Indessen handelt es sich da um ein passives Behagen, hinter dem Balzac sich vor jenem Kampf mit dem Engel verschanzt, bei dem er gewöhnlich seufzt und ächzt; in solcher Verfassung will er einfach leben und überdauern. Hier wurzelt auch sein Anpassungsdrang; jene Unterwürfigkeit, die ihn dazu veranlaßt, von einer Marquise de Castries sich seine politischen Ansichten zu leihen oder, um Evelina-Eva besser zu gefallen, zeitweise seinen Spiritualismus zu betonen; seine Willfährigkeit gegenüber Verlockungen, die Zulma Carraud bei ihm so beklagenswert findet, insbesondere seine Geneigtheit, sich zu kompromittieren und journalistische Aufträge zu übernehmen, die seiner nicht würdig sind: unwillkürlich denkt man an die Bestechlichkeit und Dienstfertigkeit seines Lucien, jene Anfälligkeit gegenüber dem «Liederlichen», von der, falls man dem von Balzac in seiner Aufsatzreihe *Des Artistes (Über die Künstler)* vertretenen Standpunkt beipflichtet, niemals ein Künstler frei ist. Neigung zum Schwachwerden und Weibliches, das sich anpassen möchte, bekunden sich in seinem Streben, in den Kreisen derer, die «den Ton angeben», eine Rolle zu spielen, in seinem Respekt vor sozial Höhergestellten und, in gewissem Sinn, auch in seinem Wohlgefallen an «ewigen Wahrheiten» und gottgewollter Ordnung. Solche Art Schwäche bezeugen ferner seine Offenherzigkeit, seine Unbeholfenheit bei Geldgeschäften, überhaupt sein Schicksal, übermannt und besiegt zu werden. Man höre nur, wie er Madame Hanska gegenüber das Porträt glossiert, das der Maler Louis Boulanger gerade von ihm angefertigt hat:

*Boulanger hat sein Augenmerk auf den Schriftsteller gerichtet und nicht auf die Weichherzigkeit des Toren, den man ständig übertölpelt; nicht auf meine Empfindlichkeit für den Schmerz anderer Leute, von der mein ganzes Mißgeschick herrührt, weil ich den Schwachen, die sich im Unglück festfuhren, die Hand gereicht habe ...*

Das ist der Balzac, der an die Seite von Abel gehört ... Jener Balzac, dessen Platz bei Kain ist, hat ebenfalls seine Tiefgründigkeit, und keine Romanfigur ähnelt ihm mehr als Vautrin, obwohl er diesen ausdrücklich verurteilt hat. Jener Balzac gehört zur Kategorie des Aufruhrs, des Kampfes, der Gewaltherrschaft. In der Liebe ist er darauf aus, zu verführen und zu erobern, und er rächt sich

*Das in dem Brief an Madame Hanska erwähnte Balzac-Porträt von Boulanger.*

durch seine Erfolge für die ihm als Kind widerfahrene Zurücksetzung; er trachtet danach, sich die Frau zu schaffen, die er begehrt, und sie unumschränkt in Besitz zu nehmen, indem er sie zur Gefangenen seines Ruhmes macht; sein ehrgeiziges Streben nach Ruhm aber soll ihm nicht etwa dazu dienen, geliebt zu werden, sondern allein zu sein, allein auf einem unzugänglichen Gipfel; und die äußerste Machtvollkommenheit, die in jedem Betracht seiner Eigenliebe Genüge tut – er genießt sie als heimliche, unsichtbare, auf ein ganz nach innen gerichtetes Autoritätsgefühl reduzierte Herrschaft: die des allwissenden Spions, des Hauptes einer Geheimgesellschaft, diejenige Gottes; er genießt seine Macht im unermüdlich glühenden Eifer seiner Arbeit an seinem Werk, jenseits all der Augenblicke der Erschlaffung, in der Opferung seiner Lebenstage für das einsame Ringen seiner Nächte, im unbeugsamen Willen, die einmal eingeschlagene Linie zu verfolgen, in der von Anfang an erprobten Tauglichkeit zur Entscheidung, zur persönlichen Parteinahme und zur Systematik, in der durch schwärmerische Vorwegnahme erworbenen Kenntnis aller Gefühlsregungen, in der *hinreißenden Verzückung eines metaphysischen Geistes.* Eben daher stammt die Standfestigkeit, der ungerührte Blick auf das Handgemenge derer, die besiegt werden; die Ausrichtung auf das zu Erhoffende und Künftige, die sein Empfinden für das Gegenwärtige überwiegt; die Bevorzugung der Schöpferkraft und ihrer Ausübung vor allem zeitweiligen Behagen. Nicht zu vergessen die elementare Begier des im Bann seiner Geschöpfe stehenden Romanciers, denjenigen niederzuringen oder demjenigen doch die Stirn zu bieten, der ihn, den Traditionalisten und «Rückschrittler» Balzac, zum Komplicen machen möchte: zum Helfershelfer des Ehrgeizigen und des Aufrührers, eines Rastignac und eines Vautrin, die seinen Mystizismus zu einem Machtverlust stempeln, statt zu einer Unterwerfung unter höhere Gewalten. *Allein gegen alle stehen – Nur zweierlei gibt es: blinden Gehorsam oder Auflehnung:* es ist Vautrin, der so zu Rastignac spricht. Im April 1849 resümiert denn auch Balzac in einem Brief an seine Schwester Laure Surville: *Ich habe teil an all dem Widerspruch, der Leben heißt.*

So gewiß ein Mensch alles das ist, was er in sich trägt, so wenig ist damit gesagt, ob er sich verkennt oder sich durchschaut. Ein Mensch ist jedenfalls vor allem das, was er erwählt. Bei Balzac ist es Vautrin, der seine wahren Farben weist, nicht Lucien. Indem Balzac sich vermittels der Aufspaltung in gewisse Figurenpaare offenbart, wird er sich nur in bevorrechteten Hauptgestalten seiner selbst bewußt. In jenen Hauptgestalten nämlich – sie allein sind jeweils sein wahres Double –, die ein Dasein führen, wie er es seinerseits beim Schreiben der *Comédie Humaine* geführt hat: den Tod im Besitz der Macht ziehen sie dem Leben jenseits der Macht vor, oder sie tauschen ihr Eigenleben ein gegen die Unterordnung unter ein anderes Wesen, das an ihrer Statt für sie lebt und handelt, wie auf einen Auftrag hin. Nichts sonst führt uns so nahe an das Geheimnis des Balzac'schen Werkes und an dessen rätselvolle Verknüpfung mit der Persönlichkeit seines Schöpfers heran wie das bedrängende und bedrückende Thema der leiblichen und der geistigen Vaterschaft, das jenes der dem Leben gebietenden Schöpferkraft in sich birgt.

Ganz und gar auf diesen Mythos der Vaterschaft ist der Roman *Le Père Goriot* gegründet – als hätte das erste, in spezifisch Balzac'scher Erzähltechnik geschriebene Buch (es ist 1819 konzipiert, jedoch erst 1834 abgeschlossen worden) von vornherein mit dem tiefgründigsten Balzac'schen Erzählthema bekannt machen sollen. Die Tragödie der leiblichen Vaterschaft durchlebt der greise Nudelfabrikant mit seinen beiden verheirateten Töchtern, die ihn bedenkenlos aussaugen (und zuletzt seinen Tod verschulden); er hat sie zu dem gemacht, was sie sind, und lenkt ihr Dasein wie Gott das Universum. Goriot sagt es selbst: *Ein Vater steht zu seinen Kindern wie Gott zu den Menschen.* Dem Studenten Eugène de Rastignac vertraut Goriot an:

*‹Soll ich Ihnen etwas Seltsames sagen? Nun, als ich Vater wurde, habe ich Gott begriffen. Er ist überall gegenwärtig, weil die Schöpfung aus ihm hervorgegangen ist. So bin ich mit meinen Töchtern verbunden. Nur liebe ich meine Töchter mehr, als Gott die Welt liebt, denn die Welt ist nicht so schön wie Gott, und meine Töchter sind viel schöner als ich.›*

Als dann dem kranken Goriot seine Töchter, seine Geschöpfe vollends entgleiten, erkennt er, daß er keineswegs Gott ist, muß er sich mit dem Wunsch begnügen: *Ich möchte Gott sein.*

Ein Wunsch, der in dem Drama der geistigen Vaterschaft wiederkehrt, wie es im gleichen Roman Vautrin mit dem ihm widerstrebenden Rastignac durchlebt, dem er, bereit, für sein Fortkommen zu sorgen, das Anerbieten macht: *Ich übernehme die Rolle der Vorsehung.*

In *Illusions perdues* bietet sich dann später Vautrin (in der Maske des Abbé Herrera) dem Selbstmordkandidaten Lucien als väterlichen Helfer an und macht Lucien erfolgreich zu seinem Schützling:

*‹Ich will jemanden lieben, der mein Geschöpf ist, jemanden, den ich formen, zu meinem Gebrauch kneten kann und wie ein Vater sein Kind verwöhnen darf. Ich werde in deinem Tilbury dahinrollen, mein Junge, mich an deinen Erfolgen bei den Frauen erfreuen und denken: dieser schöne junge Mensch, das bin ich. Dieser Marquis de Rubempré, ich habe ihn geschaffen und in die aristokratische Welt mitten hineingesetzt; sein Aufstieg ist mein Werk, er spricht oder schweigt mit meiner Stimme, er fragt mich in allem um Rat.›*

In *Splendeurs et Misères des Courtisanes* bringt Vautrin-Herrera sein Verhältnis zu Lucien auf die Formel: *‹Ich bin der Verfasser, du sollst das Drama sein.›*

Lucien ist beileibe nicht sein Doppelgänger, sondern seine Kreatur; die Beziehung zwischen dem «Tod-Täuscher» und dem jungen Dichter-Journalisten Lucien wird von Balzac eindeutig klargestellt:

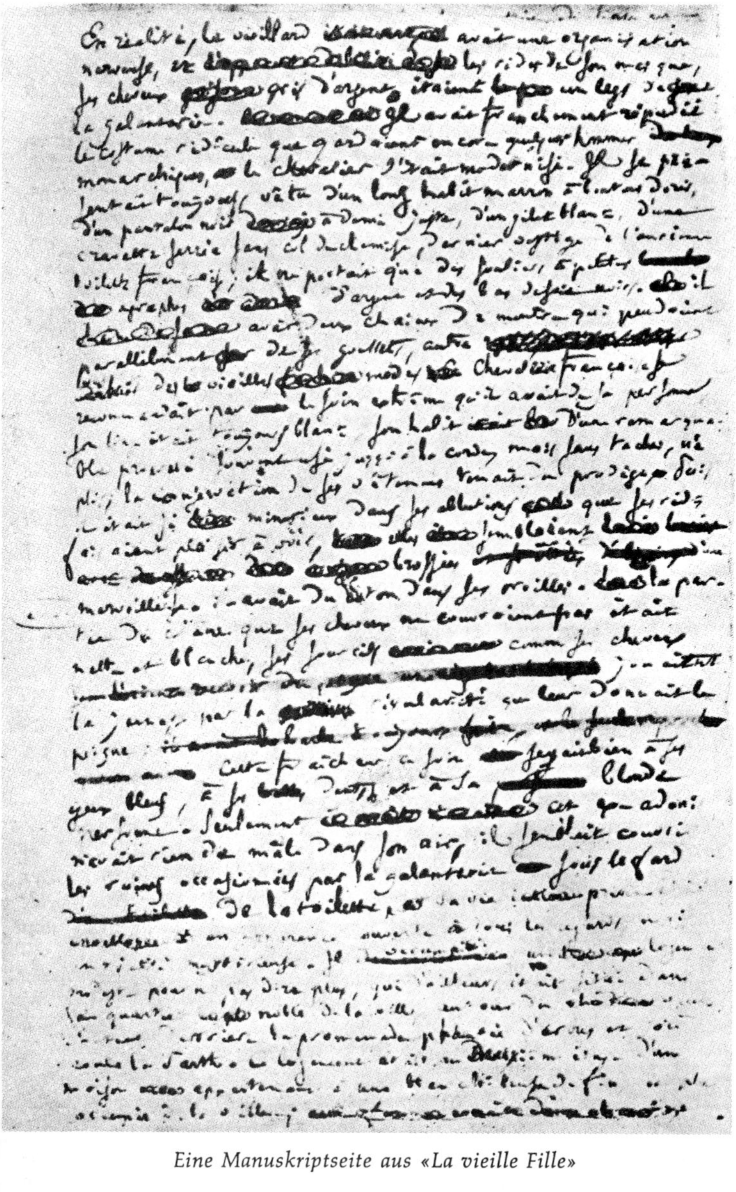

*Eine Manuskriptseite aus «La vieille Fille»*

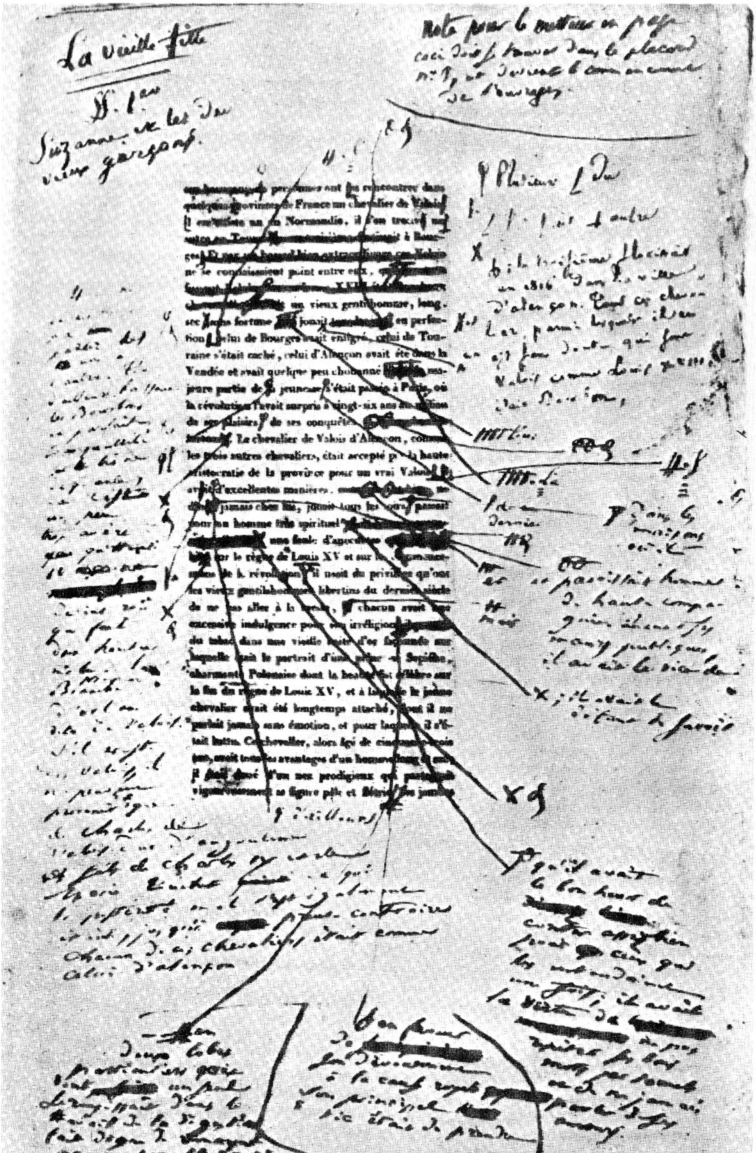


*Erster Fahnenabzug von «La vieille Fille» mit Balzacs handschriftlichen Korrekturen*

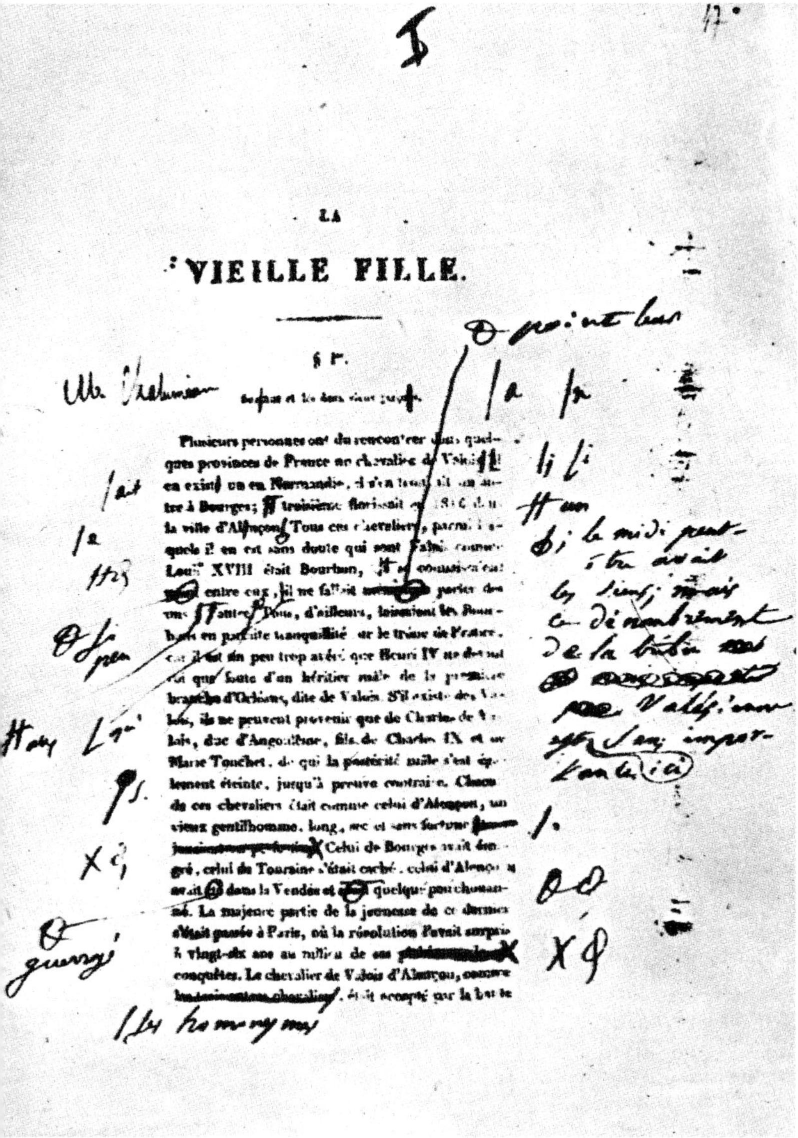

LA

VIEILLE FILLE.

§ Ier.

Plusieurs personnes ont dû rencontrer dans quelques provinces de France un chevalier de Valois; il en existait un en Normandie, il s'en trouvait un autre à Bourges; un troisième florissait en 1816 dans la ville d'Alençon. Tous ces chevaliers, parmi lesquels il en est sans doute qui sont Valois comme Louis XVIII était Bourbon, se connaissaient [illegible] entre eux, il ne fallait [illegible] parler des uns aux autres. Tous, d'ailleurs, laissaient les Bourbons en parfaite tranquillité sur le trône de France, car il est un peu trop avéré que Henri IV ne devint roi que faute d'un héritier mâle de la première branche d'Orléans, dite de Valois. S'il existe des Valois, ils ne peuvent provenir que de Charles de Valois, duc d'Angoulême, fils de Charles IX et de Marie Touchet, de qui la postérité mâle s'est également éteinte, jusqu'à preuve contraire. Chacun de ces chevaliers était comme celui d'Alençon, un vieux gentilhomme, long, sec et sans fortune [illegible]. Celui de Bourges avait émigré, celui de Touraine s'était caché, celui d'Alençon avait [illegible] dans la Vendée et [illegible] quelque peu chouanné. La majeure partie de la jeunesse de ce dernier s'était passée à Paris, où la révolution l'avait surpris à vingt-deux ans au milieu de ses [illegible] conquêtes. Le chevalier de Valois d'Alençon, comme [illegible], était accepté par la haute

*Der zweite Abzug derselben Stelle, in dem die ersten Korrekturen ausgeführt sind, mit erneuten Änderungen von Balzacs Hand*

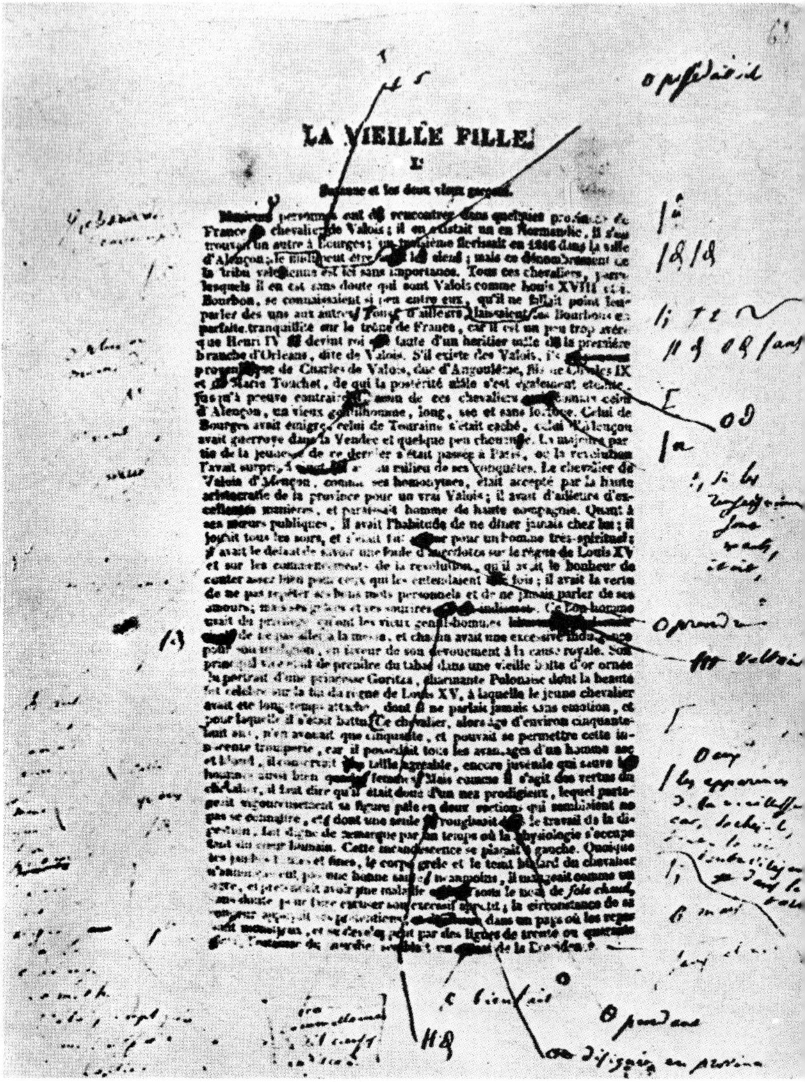

LA VIEILLE FILLE

I

Suzanne et les deux vieux garçons

Der dritte Abzug dieser Stelle, in dem die neuen Korrekturen berücksichtigt sind, mit weiteren Änderungen. Im ganzen ging diese Seite — wie viele andere auch — siebenmal zurück in die Setzerei, dreimal mußte sie ganz neu gesetzt werden.

*Dieser Mensch, der soviel Niedrigkeit und Größe in sich vereinigte, mußte außerhalb der Gesellschaft leben, und jede Rückkehr in die Gesellschaft war ihm durch die Gesetze versagt; er war erschöpft vom Laster und den rasenden, furchtbaren Kämpfen, doch mit einer Kraft der Seele begabt, die gegen ihn selber wütete. So hatte er, von fiebernder Lebensgier verzehrt, sich der Seele von Lucien bemächtigt und in diesem edlen jungen Körper ein zweites Leben begonnen. Der junge Dichter war sein Stellvertreter innerhalb der Gesellschaft geworden, ihm teilte er seine Zähigkeit und seinen eigenen Willen mit; Lucien war ihm mehr als ein Sohn, mehr als eine geliebte Frau, mehr als eine Familie, ja, mehr als sein Leben — er war ihm die Rache. Und so hatte er sich wie die starken Seelen, denen ein Gefühl mehr ist als ihr Dasein, durch unlösbare Bande mit ihm verbunden.*

Daß dieses Leitmotiv der geistigen Vaterschaft und des Teilhabens am Leben durch das Medium eines anderen Wesens bei Vautrin beherrschend im Zentrum steht, ist Grund genug, es wichtig zu nehmen. Ebensowenig aber darf man übersehen, daß es einem überall im Werk von Balzac begegnet. Etwa wenn in den *Mémoires de deux Jeunes Mariées* Renée an Louise schreibt:

*Du bist künftig, meine liebe Louise, die romantische Seite meines Daseins. Darum erzähle mir nur ausführlich von Deinen Erlebnissen, schildere mir nur ausführlich die Bälle und Feste, beschreibe mir genau, wie Du Dich kleidest, mit welchen Blumen Du Dein schönes blondes Haar schmückst. Erzähle mir von den Reden und Manieren der Männer. Für zwei wirst Du sie dann anhören, für zwei mit ihnen tanzen, für zwei den leisen Druck ihrer Finger auf den Deinen spüren ...*

In dem Roman *Les Petits Bourgeois* packt die Näherin Brigitte Thuillier, die von Balzac mit einer Katze verglichen wird, die junge Céleste Colleville, die Tochter eines Beamten und Büro-Kollegen ihres Bruders, mit ihren Krallen:

*Brigitte war gleichsam das Messer, das in diese zarte Natur eindringen sollte, die sich nicht zu wehren vermochte ... Sobald sie die blauen Flecke gewahrte, die das Gängelband am Hals ihres Opfers hinterlassen hatte, umsorgte sie Céleste wie ihr Eigentum ... Brigitte liebte Céleste genau so, wie Céleste ihrerseits Brigitte liebte.*

In *La Cousine Bette (Tante Lisbeth)*, dem letzten der Balzac'schen Meisterwerke, erscheint das zuerst in *Le Père Goriot* entwickelte zentrale Thema erneut in seiner ganzen Reichweite. Die Titelheldin des Romans ist die weibliche Re-Inkarnation von Vautrin. Wie dieser in Rastignac hat sie zunächst in dem jungen Bildhauer Wenceslas sich einen Schützling gefügig zu machen gesucht:

*Mademoiselle Fischer maßte sich eine unumschränkte Herrschaft über diese Seele an. Die Neigung zum Tyrannisieren, die bislang nur als Keim im Herzen der alten Jungfer geschlummert hatte, entwickelte sich nunmehr mit rasender Geschwindigkeit. Jetzt endlich konnte sie ihren Hochmut und ihren Tätigkeitsdrang befriedigen: hatte sie da nicht ein Geschöpf, das ihr völlig ausgeliefert war?*

*«Jetzt endlich konnte sie ihren Hochmut und ihren Tätigkeitsdrang befriedigen: hatte sie da nicht ein Geschöpf, das ihr völlig ausgeliefert war?» (La Cousine Bette). Madame Marneffe und Tante Lisbeth*

Doch Wenceslas befreit sich von ihr. Ein Geschöpf aber, auf das sie Einfluß nehmen kann, findet Lisbeth Fischer — wie es zuvor Vautrin-Herrera in Lucien gefunden hat — in Valérie Marneffe. Mit dem Hauptthema der Inbesitznahme eines anderen Menschen vermengt sich da allerdings, der erotischen Grundierung des Romans entsprechend, als trübes Seitenthema das der von niemandem behinderten Augenweide, das Motiv des «Voyeur»:

*Seltsam erregt vom Treiben dieser Kurtisane, beriet Lisbeth nun Valérie in allem und jedem, und mit mitleidsloser Konsequenz verfolgte sie dabei ihre Rachepläne gegen die Familie Hulot. Zudem war sie in Valérie regelrecht verschossen, hatte sie ihr die Rolle ei-*

*ner Tochter, eines Freundes, eines Geliebten zugeteilt: sie genoß an Valérie die sklavische Willfährigkeit der Kreolin, die schmiegsame Glätte eines Weibes, das mehreren Liebhabern ständig neue Wollustschauer verdankte; bei ihren Morgengesprächen mit Valérie kam sie weit besser auf ihre Kosten als bei ihrer einstigen Affenliebe für Wenceslas. Sie amüsierten sich gemeinsam über ihre bösen Streiche, über die Torheit der Männer und rechneten sich gegenseitig die Zunahme ihrer Ersparnisse vor. Zudem hatte Lisbeth in dieser neuen Freundschaft und diesem neuen Abschnitt ihres Lebens eine viel größere Ellbogenfreiheit für ihre unermüdliche Beweglichkeit gefunden als in dem engen Gefängnis, in das sie sich mit Wenceslas gesperrt hatte. Viel größer noch als die Genüsse der Sinnenlust sind die befriedigten Gefühle der Rachsucht. Die Liebe wird gewissermaßen als goldenes Kleinod, der Haß als gezückter Dolch aus jenem dunklen Schacht der Gefühle zutage gefördert, der tief in uns hinabreicht. Bei jedem ihrer Siege über die Männer strahlte Valérie aufs neue jenen wunderbaren Glanz der Schönheit aus, den Lisbeth anbetete wie alles, was man nicht selber besitzt; und die schöne Valérie war auch weit lenksamer als der schöne Wenceslas, der seiner Beschützerin gegenüber stets kalt und frostig geblieben war.*

Worin, fragt man sich, liegt nun eigentlich der dichterische Auftrag aller dieser Balzac-Figuren? Wenn Vautrin-Herrera sich zum ersten Mal darüber ausläßt, warum er an Lucien soviel Interesse nimmt, legt er den Ton auf seinen Wunsch, der Einsamkeit zu entrinnen:

*‹Der Mensch hat ein Grauen vor der Einsamkeit ... Ob Aussätziger oder Sträfling, entehrt oder krank, der erste Gedanke des Menschen gilt dem Gefährten seines Schicksals. Hätte ohne dieses gebieterische Verlangen Satan Genossen finden können?›*

Persönlich äußert sich Balzac in ähnlichem Sinn: *All die anderen Existenzen müssen zur meinigen beitragen.* Auch weiß man ja, bis zu welch frappierendem Grade er sich von den Gestalten seiner Phantasie Gesellschaft leisten ließ, wie er buchstäblich mit ihnen lebte; jeder, der sich einmal mit Balzac befaßt hat, kennt — mögen sie nun Wahrheit oder Legende sein — seine berühmten Aussprüche wie: *Besinnen wir uns auf die Wirklichkeit — sprechen wir von Eugénie Grandet!* Oder: *Rufen Sie doch Bianchon! Er allein wird mich retten.* Indessen sind solche fiktiven Persönlichkeiten weniger seine Schicksalsgenossen als vielmehr seine Geschöpfe, weniger seine Kameraden als vielmehr seine Kinder. Im Oktober 1836 schreibt Balzac in einem Brief an die Gräfin Hanska: *Meine Gedanken, meine Anstrengungen, alle meine Empfindungen muß ich einem Wesen übermitteln, das nicht mein Ich ist.* Der leidenschaftliche Drang nach Selbstentäußerung trägt hier deutlich über die Furcht vor der Einsamkeit den Sieg davon und verquickt sich mit dem Drang zu dichterischer Produktion.

Balzac erblickt in seinen Romanfiguren den schlüssigsten Beweis für seine Schöpferkraft. Die *Comédie Humaine* hat allein dank der

Intention, die Romanfiguren darin wiederkehren zu lassen, Gestalt angenommen; die Phantasie des Erzählers entzündet sich weit mehr an einer bestimmten Figur als an einer darzustellenden Begebenheit: der Umstand, daß der Erzähler fiktive Wesen ins Leben zu rufen vermag, rückt ihn in die Nähe Gottes. Wenn in der Tat, nach einer treffenden Formulierung des Literarhistorikers Albert Thibaudet, *La Comédie Humaine* eine Imitatio, Nachahmung und Nachfolge also, des Schöpfungswerkes von Gottvater darstellt, dann wird dieser Vergleich durch die Daseinsfülle der Balzac'schen Figuren beglaubigt.

In dem Roman *Modeste Mignon* läßt Balzac Ernest de La Brière, den Sekretär des Dichters Canalis, sagen:

*Der wahre Dichter muß wie Gott im Mittelpunkt seiner Welten verborgen bleiben, er darf nur sichtbar werden durch seine Schöpfungen ...*

Die Hauptfiguren der *Comédie Humaine* beginnen bald einen phantastischen Reigen, von dem der Autor ausgeschlossen ist. Der eigentliche Schöpferakt vollzieht sich in dem Moment, wo der Romancier *sich das Vorrecht Gottes anmaßt*, wo die geistige Vaterschaft die physische Zeugung nachahmt; das Trachten nach der das gewöhnliche Menschenmaß übersteigenden «Anmaßung» verbirgt sich unter dem Vaterschafts-Mythos. Erzählwerke wie *L'Enfant maudit, Un Drame au Bord de la Mer, El Verdugo, L'Élixir de longue Vie, Le Médecin de Campagne, La Femme de Trente Ans* nehmen in völlig verschiedener Abwandlung das Thema der Blutsverwandtschaft, der Kindschaft auf, das Thema von *Le Père Goriot*, und enthüllen Anfechtung und Qual des Kindesmordes, des Vater-, des Muttermordes ... Balzac hat mit Evelina Hanska ein Kind gehabt, doch ist es, als Frühgeburt, tot zur Welt gekommen, und dieser vorzeitige Tod seines Kindes hat ihm — in einem Brief vom 8. Dezember 1846 — seinen wohl bittersten Verzweiflungsschrei entpreßt:

*Acht Tage sind es jetzt, daß die Verzweiflung und der Gram in meiner Seele hausen, in meinem Herzen und meinem zermarterten Hirn! Gott allein weiß, welche Verheerungen jene beiden dort angerichtet haben, bei mir, der ich nur von der Hoffnung lebe und ein Wunderkind der Hoffnung bin. Nichts vermag mich zu beschäftigen, nichts mich zu zerstreuen; nichts geht mir mehr nahe. Ich habe es nicht für möglich gehalten, daß ich ein Wesen, das gerade erst zu leben anfangen wollte, so sehr lieben könnte!*

Wie das leibliche Kind verlängert das geistige Geschöpf das Dasein dessen, der es ins Leben ruft, und nährt jene geheime Hoffnung, die dem Gefühl der Schicksalsgebundenheit Trotz bietet: das neue Geschöpf rückt ja in dem Augenblick, in dem es sich von seinem Schöpfer löst, die Zukunft weiter hinaus. Vor allem ist es jedoch Sinnbild einer zeugenden Kraft, welche die einzige Rechtfertigung der Existenz darstellt. Ganz von selbst geht der Mythos der Vaterschaft in den Mythos der Fruchtbarkeit über, und es ist augenscheinlich, daß mit der Fruchtbarkeit alle der Wohltat, dem Segen, dem Glück zustrebenden, alle zum Guten tendierenden Erzählthemen

*Evelina Hanska. Gemälde von Gigoux*

des Balzac'schen Werkes in Zusammenhang stehen, wie anderseits alle zum Negativen, zum Malefikanten, zum Bösen tendierenden Themen ihren Konnex mit der Sterilität haben. Von den ersteren wäre voran das Gefallen am Sinnlich-Leiblichen zu nennen, das Gefallen an der reifen Frau, der sich opfernden Dirne, am Zusammenhalt der Familie, an der Verschwendung in allen Spielarten, zumal dem Luxus und der Wollust, am Furor der Zeugung, am Enthusiasmus über die «fruchtbare Mutterschaft» des Genies, die mit dem Egoismus zu verwechseln lediglich der Durchschnittsmensch sich zuschulden kommen läßt; denn – wie Modeste Mignon in einem ihrer Briefe an den Dichter Canalis auseinandersetzt:

*Weder Lord Byron noch Goethe, noch Walter Scott, noch Cuvier, noch der Erfinder überhaupt gehören sich selbst, sie sind die Sklaven ihrer Idee. Und diese geheimnisvolle Macht ist eifersüchtiger als eine Frau, sie saugt sie auf, sie gibt ihnen Leben und Tod zu ihrem Nutzen. Die sichtbaren Äußerungen dieser verborgenen Existenz gleichen im Ergebnis dem Egoismus; aber wie kann man zu behaupten wagen, daß der Mann, der sich zur Freude, zur Belehrung, zur Größe seines Zeitalters verkauft hat, ein Egoist sei? Kann eine Mutter eine Persönlichkeit werden, wenn sie alles ihrem Kind opfert? Nun, die Verleumder des Genies sehen nicht seine fruchtbare Mutterschaft! Das ist alles. Das Leben des Dichters ist ein so andauerndes Opfer, daß es für ihn einer riesenhaften Organisation bedarf, um sich dem Vergnügen des gewöhnlichen Lebens widmen zu können. Daher gerät er denn auch in allerlei Unglück, wenn er, wie Molière, das Leben der Gefühle leben und doch gleichzeitig deren stärkste Krisen schildern will; denn für mich ist die Komik von Molière, an seinem Privatleben gemessen, furchtbar. Die Großmut des Genies erscheint mir fast göttlich, und ich habe Sie in die Klasse dieser vorgeblichen Egoisten mit eingereiht ...*

So also nehmen sich bei Balzac die benefikatorischen, die glückverheißenden Motive aus. Bevorzugte Wahrzeichen sind die Blume und das Wasser. Im Meer wird das Wogen universellen Lebens sinnfällig. *Im Auf und Ab, Hin und Her des Meeres,* heißt es in *L'Enfant maudit, hatte er endlich die enge Verbindung mit der riesigen Maschinerie des Himmels erkannt, und im wohlabgewogenen Eingespieltsein der Glieder mit dem Ganzen erspürte er das Geheimnis der Natur.* Das gleiche Lebensprinzip, dieselbe Ausgewogenheit des Lebensdranges kommen – wiederum in *L'Enfant maudit* – in der Blume zum Vorschein: *Wenn schönes Wetter ist, und wenn dann die Blumen duften und ich unten auf meiner Bank sitze, umgeben von Geißblatt und Jasmin, beginnt sich etwas in mir zu bewegen, wie Wellen, die sich an meiner Regungslosigkeit brechen ... Wie glücklich bin ich, wenn ich erkenne, was da in mir selber vorgeht!* Die Blume birgt das feuchte Element und die Lebenssäfte. *Hast du,* fragt Félix de Vandenesse in *Le Lys dans la Vallée* die Gräfin Natalie de Manerville, *jemals im Mai auf den Wiesen diesen Duft verspürt, der alle Wesen mit der Trunkenheit der Fruchtbarkeit erfüllt?*

In *Le Curé de Village* ist das Wasser – dieses mehrdeutige Element, das physische Sinnbild der Seele – Wahrzeichen für die Genesung eines ganzen, unter seiner derzeitigen Unfruchtbarkeit leidenden Tales und für den Loskauf von einem dunklen Verhängnis. Der Pfarrer Bonnet ist es, der die verwitwete Véronique Graslin hinweist auf das, was zum Wohl und Segen für die Talbewohner getan werden könnte:

*‹Sie sehen da die Furchen der drei Einschnitte, deren Wasser sich in den Wildbach, den Gabou, ergießen. Dieser Bach trennt den Wald von Montégnac von der Gemarkung der Gemeinde, die hier an die unsere grenzt. Im September und Oktober ist der Bachlauf nahezu ausgetrocknet, im November aber führt er viel Wasser. Seine Wassermengen, die durch Erdarbeiten im Wald bequem vermehrt werden könnten, wenn man nämlich nichts verlorengehen ließe und die kleinsten Quellen vereinigte, sind im Augenblick noch ungenutzt. Aber wenn zwischen den beiden Ufern des Baches ein oder zwei Wehre errichtet würden, um diese Wassermengen aufzuhalten und zu sammeln, wie es Riquet bei Saint-Ferréol machte, wo man riesige Wasserbecken gebaut hat, um den Kanal des Languedoc zu speisen, dann wird diese unbebaute Ebene hier mit dem Wasser fruchtbar gemacht, das man geschickt in den von Schutzbrettern ge-*

*Balzac und Gräfin Hanska. Karikatur*

*haltenen Gräben verteilt. Mit diesem Wasser saugt sich dann die Erde zur rechten Zeit voll, den Überschuß leitet man auf unseren kleinen Fluß ab. An den Kanälen entlang pflanzt man dann viele schöne Pappeln, und auf den schönen Wiesen zieht man Vieh auf. Denn was ist das Gras anderes als das Produkt von Sonne und Wasser? In diesen Flächen ist genug Erde für die Wurzeln des Wiesengrases; das Wasser liefert den Tau, der den Boden fruchtbar macht; die Pappeln ziehen ihre Nahrung aus ihm und halten die Nebel fest, deren Feuchtigkeit von allen Pflanzen aufgesogen wird: das ist das Geheimnis aller schönen Vegetation in den Tälern. Eines Tages wird man hier Leben, Freude und Geschäftigkeit sehen, wo heute Stille herrscht, wo sich das Auge trübt beim Anblick der Unfruchtbarkeit.›*

Tendiert in *Le Curé de Village* das Romangeschehen zum Fruchtbaren und Produktiven, so läuft bei den gegenteiligen Erzählthemen, denen des Unglücks und Unheils, alles auf das Unproduktive und Sterile hinaus. Die Sterilität wird in allen nur möglichen Abwandlungen vergegenwärtigt: im jungen Mädchen, im Junggesellen, dieser *Drohne im Bienenstock,* im Eunuchen (in *Sarrasine,* der Geschichte der unvergeßlichen Zambinella), im Geizigen, im Sammler von Schätzen *(Schätze sammeln ist ein Verbrechen gegen die Gesellschaft),* im Faulenzer, im Künstler ohne Schöpferkraft, im Richter, wohl auch im Priester (der Domherr Troubert in *Le Curé de Tours* ist einer der offenkundigsten Vertreter des Bösen in der ganzen *Comédie Humaine*), in unfruchtbaren, steinigen Landstrichen, in glühender Hitze. *Während meiner Reise,* schreibt Balzac im Mai 1838 aus Italien, *habe ich viel auszustehen gehabt, besonders vom Klima. Die hier herrschende Hitze läßt alle Muskeln erschlaffen und macht mich unfähig zu jeglicher Tätigkeit. Ich ertappe mich dabei, daß ich unsere Wolken und unsere französischen Regengüsse herbeisehne; nur den schwachen Naturen sagt die Hitze zu.*

Balzac will die Kraft, aber er will auch die Dauer: schon als junger Mensch ist er darauf gestoßen worden, daß Beherrschung den Wagemut steigert, und auch hernach will er von dem Ideal der Langlebigkeit, der Ökonomie der Lebenskräfte, der Makrobiotik nicht lassen, dem sein Vater nachgeeifert hat. Zu dem Zeitpunkt indessen, da er begreift, welche Reichweite sein dichterisches Vorhaben haben muß, um alle Widersprüche seines eigenen inneren Wesens zu erfassen, zu diesem Zeitpunkt ist ihm bereits bewußt, daß er vor der Erreichung seines Zieles scheitern wird: durch sein ganzes Werk hin sind Hoffnung und Schicksal unzertrennliche Gefährten. *Entweder die Gefühle töten, um lange zu leben, oder das Martyrium der großen Leidenschaften auf sich nehmen und jung sterben* — so formuliert Balzac sein Dilemma in *La Peau de Chagrin,* und man ermißt es noch deutlicher an der erbitterten Frage: *Worauf läuft das menschliche Leben hinaus, wenn man sich klar macht, daß der, welcher keinen Wunsch hegt und dahinvegetiert wie eine Pflanze, hundert Jahre alt wird, während der schöpferisch tätige Künstler jung sterben muß?* Der Gedanke tötet den, der ihn denkt — und das Denken, Sinnen, Planen, Vorstellen im weitesten Sinn ist gemeint. Diesen Mythos gestaltet Balzac in *Louis Lambert*, in *La Peau de Chagrin* — und Gedanke in diesem Sinn ist jede große Leidenschaft. Die Bekräftigung, Bestätigung, Bejahung des Lebens aber ist eben das, was das Leben zugrunde richtet, zerstört, vernichtet. In *Les Martyrs ignorés (Die unbekannten Märtyrer)* erläutert Balzac:

*‹Ich möchte Sie in ein Geheimnis einweihen, und zwar in dieses: der Gedanke ist viel stärker als der Körper, er frißt den letzteren auf, verbraucht und zerstört ihn; der Gedanke ist unter allen zersetzenden Kräften die mächtigste, er ist der wahre Würgengel der Menschheit, die er tötet, nachdem er sie belebt hat, denn er tut beides, beleben und töten. Meine Versuche, dieses Problem zu ergründen, habe ich verschiedentlich wiederholt, und ich bin nunmehr davon überzeugt, daß die Dauer des Lebens abhängt von der Stärke der Abwehr, welche das Individuum dem Denken entgegensetzt; wobei es sich auf das Temperament stützt. Jene Menschen, die ungeachtet der Ausübung des Denkens ein hohes Alter erreicht haben, hätten noch dreimal länger leben können, wenn sie von der mörderischen Denkkraft keinen Gebrauch gemacht hätten; das Leben ist ein Feuer, das man mit Asche zudecken muß. Denken, mein liebes Kind, heißt dieses Feuer erst recht entflammen. Die meisten von denen, welche es auf ein höheres Alter als hundert Jahre gebracht haben, widmeten sich dem Werk ihrer Hände und dachten nur wenig. Wissen Sie, wohin das Denken mich führt? Nun, die Leidenschaften, die Laster, die abwegigsten Beschäftigungen, die Schmerzen, die Sinnenfreuden sind die Wildwasser, die Katarakte des Denkens. Sammeln Sie ein paar ungebändigte Ideen auf einen Haufen, und schon sinkt ein Mensch tödlich getroffen zusammen, als hätte er einen Dolchstoß empfangen ...›*

Tag für Tag überzeugt Balzac sich in wachsendem Maße davon, daß die Arbeit an seinem literarischen Werk der verschwenderischste Kräfteverschleiß ist. Doch sie geht weiter, als hätte er zunächst gehofft, seine Lebenskraft in Besitz zu behalten, ohne sie für die Fortführung seiner Existenz in Zahlung zu geben. Vergessen wir in diesem Zusammenhang nicht, daß der Wille zu seinem Werk keineswegs das Primäre ist. Anfangs ist Balzac durchaus jener Raphaël, der sich von seinem Talisman schrankenlose Befriedigung verspricht. Nicht die Arbeit am Schreibtisch ist es, die Raphaël tötet, sondern sein Lebensdrang. Was aber, wenn er, arm und notgedrungen keusch, in seiner Dachkammer die «Theorie des Willens», seinen «Versuch über die Kräfte des Menschen», nicht beendet, sondern noch weiter ausgesponnen und fortgesetzt hätte? Wenn er seiner Phantasie entsprungene Gestalten damit beauftragt hätte, an seiner Statt und in seinem Namen ins Leben zu treten? Bei Balzac spielt sich alles so ab, als dünke ihn sein literarisches Werk eine Art Kompromiß zwischen seiner Absicht, das Dasein zu genießen, und seiner Absicht, dem eigenen Leben die Dauer zu sichern. Gewährt das Werk nicht das Auskosten der Leidenschaft, der eigenen Produktivität, gewährt es nicht denkbar intensive Selbstbestätigung und auf der anderen Seite geruhsame Freude, sparsamen Umgang mit der eigenen Lebenssubstanz, ein nach außen wohltätig abgeschirmtes Dasein? Daß sie seine Beauftragten sind — diese Tatsache, die so viele Balzac-Figuren miteinander verbindet, ist das geistige Band zwischen ihnen und ihrem Schöpfer. Sie sind mitten in ein Leben hinein delegiert, das Balzac durch sie zu genießen gedenkt, während sie ihm gleichzeitig dessen Abnutzung ersparen. Denn gibt es etwa keine Existenz kraft der Phantasie? Liegt sie nicht auf dem Mittelweg zwischen dem schon halb erloschenen, halb schon dem Tod anheimgefallenen Dasein von Raphaël in der Auvergne, dem naturverbundenen Tagewerk jener Bäuerin, die Raphaël in dem kleinen Gebirgsdorf für die Totengräberin ansieht, kurz, der zeitlosen Beschaulichkeit dieses Provinzwinkels und dem völlig gegensätzlichen, gehetzten, atemlosen Treiben derer, die dem Ruhm nachjagen, dem Genuß oder dem Absoluten? Ein Versuch der Auspendelung solcher Kontrapunktik, der die Form einer Apologie des Wissens — als der imaginären Inbesitznahme aller Dinge — annimmt, ist der große Monolog des Antiquitätenhändlers in einer der ersten Romanszenen von *La Peau de Chagrin:*

*Der Antiquitätenhändler: «Wollen verbrennt uns und Können zerstört uns — doch Wissen gewährt unserem schwachen Dasein einen dauerhaften Zustand der Stille . . .» (La Peau de Chagrin)*

*‹In kurzen Worten will ich Ihnen ein weniges von einem der großen Geheimnisse des menschlichen Lebens entdecken: der Mensch erschöpft seine Kräfte in zwei instinkthaften Betätigungen, die beide die Quellen seines Daseins versiegen machen. Zwei Worte drükken alle Formen aus, die diese beiden Ursachen seines Todes annehmen — sie heißen WOLLEN und KÖNNEN. Zwischen diesen beiden Polen menschlicher Handlungen gibt es dann nur noch jene Formel, von der die Weisen Gebrauch machen; ihr verdanke ich mein Glück und mein langes Leben. WOLLEN verbrennt uns und KÖNNEN zerstört uns — doch WISSEN gewährt unserem schwachen Dasein einen dauerhaften Zustand der Stille. So sind Wunsch und Wollen in mir tot, getötet durch Gedanken; die Erregung und das Können haben mit dem natürlichen Altern meiner Organe ihr Ende gefunden. Kurz, ich habe mein Leben nicht auf das Herz gestellt, das bricht, noch auf die Sinne, die sich erschöpfen, sondern auf mein Gehirn, das sich nicht abnützt und das alles überlebt. Kein Übermaß hat meinen Körper noch meine Seele versehrt. Aber ich habe die ganze Welt gesehen: ich habe die höchsten Berge Asiens und Amerikas bestiegen, habe alle menschlichen Sprachen gelernt, ich habe unter allen Regierungsformen gelebt. Ich habe einem Chinesen Geld geliehen und als Pfand dafür den Leichnam seines Vaters genommen. Ich habe dem Wort eines Arabers vertraut und in seinem Zelt geschlafen. Ich habe Verträge in allen Hauptstädten Europas abgeschlossen — aber ich habe ohne Bedenken mein Geld in den Wigwams der Indianer gelassen. Kurz, ich habe endlich alles erreicht, weil ich alles verachten lernte. Meine einzige Begierde war: zu sehen. Ist Sehen denn nicht schon Wissen? ... Indem meine Genüsse immer nur geistige Freuden waren, lernte ich es, über der Welt zu schweben. Meine Ausschweifungen waren Anblick und Betrachtung der Meere, der Völker, der Wälder und der Gebirge. Ich habe alles in Augenschein genommen, doch ganz gelassen und ohne Ermüdung; ich habe nichts ersehnt und alles in Ruhe abgewartet. Ich bin im All wie im Garten meines Hauses lustwandelt. Das, was die Menschen Kummer, Verliebtheit, Ehrgeiz, Schicksalsschläge und Traurigkeiten nennen, sind für mich die Ideen, aus denen ich mir meine Träume mache; ich fühle sie nicht, ich drücke sie nur aus und übersetze sie; anstatt daß sie mir mein Leben aufzehren wie den anderen, spiele ich sie mir als meine Theaterstücke vor — und ich unterhalte mich dabei, als ob ich mit dem inneren Auge Romane läse.›*

Zu dem Votum des alten Antiquitätenhändlers paßt das des Wucherers. Das von Gobseck verherrlichte Gold ist das Symbol einer ebenfalls der Abnutzung entzogenen Macht. Die Macht aber, auf jedes Einzelschicksal einzuwirken, es zu ergründen und es zu gestalten: ist sie nicht ebensowohl die Macht Gottes wie die Macht des Romanciers?

*‹Wenn Sie erst so lange gelebt haben wie ich, werden Sie begreifen, daß es nur eine Sache auf der Welt gibt, die es wert ist, daß ein Mensch sich damit befaßt, und diese Sache ist ... DAS GOLD. Das Gold birgt in sich alle menschliche Macht. Ich bin gereist, ich*

*habe gesehen, daß es überall Berge und Ebenen gibt, die Ebenen langweilen, die Berge ermüden, der Ort bedeutet also nichts. Was die Sitten betrifft, so ist der Mensch überall der gleiche; überall gibt es Kampf zwischen arm und reich, er ist unvermeidlich — es ist also besser, auszubeuten, als ausgebeutet zu werden; überall gibt es Muskelmenschen, die sich abarbeiten, und dünnblütige Leute, die sich abängstigen. Überall sind die Freuden die gleichen, denn überall erlahmen die Sinne, und es bleibt nur ein einziges Gefühl übrig: die Eitelkeit! Die Eitelkeit ist immer das liebe Ich. Die Eitelkeit ist nur durch Ströme von Gold zufriedenzustellen. Unsere Phantasien verlangen Zeit, physische Mittel oder viel Sorgfalt — nun wohl, Gold enthält alles im Keim und gibt alles in Wirklichkeit ...›*

*‹Alle menschlichen Leidenschaften sind, gesteigert durch das Kräftespiel eurer sozialen Interessen, soeben wieder einmal an mir vorbeigezogen, der ich in Ruhe lebe. Und eure gelehrte Wißbegier, diesen Kampf, in dem der Mensch stets unterliegt, ersetze ich durch die Erfassung aller Triebfedern, welche die Menschheit in Bewegung setzen. Kurz und gut: ich besitze die Welt, ohne mich anzustrengen, und die Welt hat nicht die geringste Handhabe gegen mich.›*

*‹... Glauben Sie etwa›, fuhr er fort, nachdem mir sein langes Schweigen Gelegenheit gegeben hatte, ihn aufmerksam zu betrachten, ‹daß es nichts bedeutet, so in die geheimsten Falten des menschlichen Herzens einzudringen, das Leben der anderen mit Beschlag zu belegen und sie nackt zu sehen? Dieses Schauspiel ist jedesmal anders, man sieht furchtbare Wunden, tödliche Kümmernisse, Liebesszenen, Elend, auf das die Wasser der Seine lauern, Freuden von Jünglingen, die zum Schafott führen, verzweifeltes Gelächter und rauschende Feste. Gestern eine Tragödie: irgendein wackerer Kerl von Vater bringt sich um, indem er sich erstickt, weil er seine Kinder nicht mehr sattmachen kann. Morgen eine Komödie: ein junger Mann spielt mir, frei nach Molière, die Szene des Monsieur Dimanche aus dem ‹Don Juan› vor, mit allen heute zeitgemäßen Varianten ... Wie oft haben ein junges verliebtes Mädchen, ein alter Kaufmann am Rand des Bankrotts, eine Mutter, welche den Leichtsinn ihres Sohnes zu bemänteln sucht, ein brotloser Künstler, einer unserer Großen, dem seine Beliebtheit abhanden gekommen ist und der, ohne Geld, die Früchte aller seiner Mühen schwinden sieht — wie oft haben sie alle durch die Macht ihrer Worte bewirkt, daß mich schauderte! Diese glänzenden Schauspieler spielten für mich allein, ohne mich doch täuschen zu können. Mein Blick ist wie derjenige Gottes. Ich lese in den Herzen. Nichts bleibt mir verborgen.›*

Schon bald macht Balzac die Erfahrung, daß auch die Betätigung der Phantasie auf ein Sich-Ausleben hinausläuft, ja, daß man sich am Feuer solchen imaginären Lebens regelrecht verbrennen kann. Die Worte des Antiquitätenhändlers und des Wucherers Gobseck hört er sich, an beider Mund hängend, weit eher an, als daß er diese Worte etwa selber und von sich aus spricht: sie bezeugen, worauf er hofft, nicht jedoch, was er wahrmacht. Der den Romanfiguren er-

*Gobseck: «Das Gold birgt in sich alle menschliche Macht . . .»*

teilte dichterische Auftrag ist nicht Resultat eines gewonnenen Kampfes. Er ist vielmehr ein Geständnis: und zwar ein Geständnis, daß wir auf der Suche sind. Wie ein ehrwürdiger alter König, der seine Paladine vor sich aufmarschieren läßt, treibt Balzac fort und fort die bunte Menge der ihn beschützenden Romanfiguren vor sich her. Doch erkennen wir ziemlich rasch, daß er sich gar nicht außerhalb ihrer befindet: die Worte des Wucherers und des Antiquitätenhändlers bekunden eine Lebensweisheit aus dem Reich der Phantasie. Balzac hat, als er sie formuliert, seine Einstellung zum Schicksal keineswegs umgekehrt: er bleibt hineingestoßen in eine für ihn tödliche Suche, der er sein Dasein weiht und die er bejaht bis an sein Ende.

Was Charles Baudelaire die «leidenschaftliche Vorliebe für Vermummung und Maskerade» genannt hat, war in Balzac ungemein stark ausgeprägt. Diese Neigung verrät sich in der Tarnung der allerersten Jugend-Romane durch Pseudonyme, in der Umwandlung seines bürgerlichen Familiennamens in einen adligen, in der Vielfalt seiner Decknamen und Deckadressen, die ihm dazu — wirklich bloß dazu? — dienen sollen, seine Gläubiger irrezuführen. Zu der Zeit, da sein Vautrin Kostüm und Namen ändert, verleiht die Neigung zum Mummenschanz gewissen Szenen der *Comédie Humaine* unverkennbare Symbolkraft; etwa wenn wir Auguste de Maulincourt in der Erzählung *Ferragus* in der abenteuerlichsten Verkleidung Madame Jules Desmarets verfolgen sehen, oder wenn zu Beginn von *Splendeurs et Misères des Courtisanes* so viele uns aus voraufgegangenen Bänden vertraute Personen einander in schwarzen Dominos wiedertreffen. Die Maske ist so recht das Sinnbild für die Beziehung des Autors zu seinen Figuren. Man muß ihn sich vorstellen, wie er sie trägt und, ein allgegenwärtiger Spion, um nicht zu sagen: in der Rolle Gottes, das Privileg genießt, zu sehen, ohne selber gesehen zu werden. Der Erzähler einer Novelle wie *Facino Cane* errät, ohne jemals erraten zu werden, erkennt, ohne selbst erkannt zu sein: in ihm personifiziert sich der Argusblick, der nicht seinerseits ins Blickfeld gezerrt werden kann, das nicht zu ergründende Gewissen. Die Maske wird so zum Symbol einer Allmacht und eines Allwissens, die nur dadurch zu ihrer Vollkommenheit gelangen, daß sie ihrerseits, während alles übrige ihr Objekt ist, nicht gleichermaßen Objekt werden können. Aber die Maske ist auch dem Antlitz jeder der Romanfiguren zu eigen; die über dem Antlitz liegende Maske macht bei der Gesamtheit der Balzac'schen Geschöpfe den inneren Bezug zu deren Schöpfer sinnfällig. Am Anfang der Erzählung *La Fille aux Yeux d'Or* heißt es: *Nein, es sind nicht Gesichter, es sind Masken ...* Balzac allein ist imstande, diese Masken zu lüften. Wenn er indessen meint: *Wir sterben alle unerkannt,* wäre einschränkend geltend zu machen: nicht aber unerkannt von uns selbst. Wenn das Antlitz der Balzac'schen Romanhelden identisch ist mit einer Maske — rührt es nicht daher, daß er die seine verhehlt?

Die Einheit zwischen Dichter und Figur ist beim Balzac'schen Romanhelden lange nicht so augenfällig wie beispielsweise beim Romanhelden eines Stendhal. Immer wieder fordert Balzac uns auf, in seinen Romanfiguren Produkte der Phantasie zu erblicken oder Resultate von Beobachtungen, die er ganz und gar nicht auf die eigene Person bezogen sehen will. Er häuft realistische Details und lobt seine Dichter-Kollegin George Sand dafür, daß sie die Menschenbeobachtung über die Phantasie triumphieren lasse; er beteuert in seiner *Théorie de la Démarche (Theorie des menschlichen Ganges),* der wahre Beobachter sei *unstreitig ein Mensch von Genie,* und Genie definiert er als eine Fähigkeit, *die Natur auf Formeln zu bringen, wie Molière es tat,* nämlich *vom einzelnen simplen Probestück aus*

*Balzac um 1835. Anonyme Zeichnung*

*den rechten Schluß auf das Ganze zu ziehen.* In der Tat kann es einem so vorkommen, als habe Balzac, gleich Molière, die menschlichen Leidenschaften geschildert, indem er sie in Typen verkörpert hat, mit denen ihn persönlich nur wenig verbindet. Schreibt er seinen Romanhelden nicht Leidenschaften zu, die er entweder selbst nicht kennt oder von sich weist? Und hat er nicht wirklich eine Bestandsaufnahme der menschlichen Gesellschaft erstellen wollen, dergestalt, daß er auch die seiner eigenen Art vollkommen konträren Menschengattungen in die *Comédie Humaine* aufnimmt: den Krämer, den Beamten, den Geizhals, den Kleinbürger?

Ohne Zweifel partizipieren nicht alle Figuren in gleicher Weise am Überfluß der Balzac'schen Persönlichkeit. Völlig außerhalb der letzteren stehen jene Gestalten, die von keiner wie immer gearteten Leidenschaft beseelt werden: die feindselige Welt der Dürre wird von ihnen verkörpert, die Welt der Mittelmäßigen oder der Bösen, wie sie sich in dem subalternen Beamten Poiret (in *Le Père Goriot* und in *Les Employés*) oder in dem Domherrn Troubert (in *Le Curé de Tours*) präsentiert, in dem Maler Grassou (in der nach ihm betitelten Novelle) oder in Zambinella (in *Sarrasine*). Nicht zu vergessen jene, die alle Leidenschaften bereits hinter sich haben: die Repräsentanten der imaginären Welt des Absoluten, gleichviel, ob die letztere in ihnen dämonisch in einem Gobseck (in der nach ihm benannten Novelle) sich ausprägt oder engelhaft wie in Séraphita (im gleichnamigen

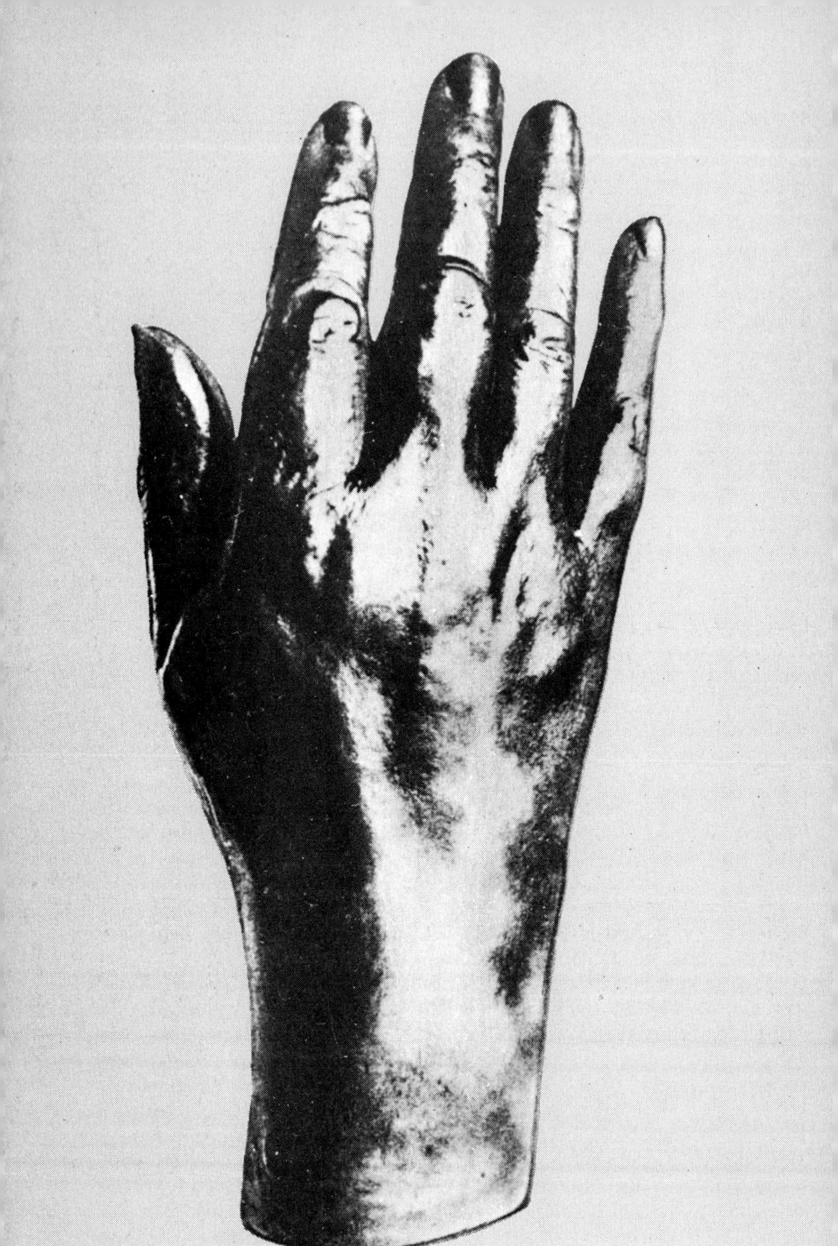

Roman). Diesseits und jenseits der beiden Grenzbereiche des Menschlichen tummelt sich das Gros der epischen Figuren, das jenen irdischen Leidenschaften Leuchtkraft verleiht, an denen diese Geschöpfe des Romanciers ebensowohl teilhaben wie dieser selbst. Freilich sind die überragenden Balzac'schen Romanhelden mitnichten, wiewohl es so scheinen mag, typische Exponenten einer mit wirklicher Objektivität aufgefächerten Mannigfaltigkeit erdenklicher menschlicher Verhaltensweisen. Untereinander nämlich stehen solche Romanhelden überhaupt nicht in Opposition, und von ihrem Urheber unterscheiden sie sich allenfalls durch das, worauf ihre Leidenschaft sich kapriziert. Den Romancier wiederum interessiert an ihnen lediglich der Umstand, daß sie an sich der Leidenschaftlichkeit frönen. Zum Beispiel ist in dem Roman *Eugénie Grandet* der Vater der Heldin nicht insofern ein Mensch der Leidenschaft, als er ein vollendeter Geizhals ist; sondern er hat aus dem Geiz seine Passion gemacht, weil sein leidenschaftliches Naturell nach Nahrung suchte — erst nach und nach ist der Geiz seine Leidenschaft geworden. Die Balzac'schen Figuren sind also sehr viel weniger Charaktere, die ausgesprochen von einer Leidenschaft geprägt sind, als daß sie — in vorbestimmten Bahnen — verstrickt werden in dumpfe Lebensgier; in eine vorerst noch gar nicht differenzierte Leidenschaftlichkeit, die ursprünglich bloß eine Leidenschaft nach Leidenschaft ist. Nachdem wir sie leben und sterben gesehen haben, geht unser Eindruck dahin, daß sie einem ihnen seit der Geburt anhaftenden Verhängnis erlegen sind: anfänglich scheinen indessen diese vom Schicksal überwältigten Romanhelden in einer Art Unentschiedenheit, ja, Entscheidungsfreiheit hin und her zu schwanken — begreiflich genug, da sie vom Schicksal einer Leidenschaft überantwortet sind, die vorderhand noch nicht ihrem Objekt begegnet ist. Von Romanseite zu Romanseite sehen wir sie näher auf das Objekt ihrer Leidenschaft zuschreiten, etwa den hemmungslosen Genußmenschen Philippe Bridau in *La Rabouilleuse*, im unerbittlichen Tempo einer Naturkatastrophe, einer Springflut, einer Lawine. ... Wie andere seinesgleichen verkörpert jedoch Philippe Bridau nur einen Lebensdrang, der sich seinen Weg bahnen will: die Aufstiegsmöglichkeit, die sich ihm bietet, nimmt er wahr, weil die Umstände sie ihm aufdrängen. *Im Felde hätte er vielleicht einen guten General abgegeben*, resümiert Balzac. Von einer anderen Figur desselben Buches, von Maxence Gilet, schreibt Balzac: *von seinen Schicksalsumständen hing es ab, ob er ein großer Politiker im öffentlichen Leben oder ein Privathalunke werden würde.* Später, nachdem Maxence Gilet in einem Duell von Philippe Bridau getötet worden ist, erklärt Balzac: *so nun ging einer der Männer zugrunde, die zu großen Dingen bestimmt sind, aber nicht in der Umwelt bleiben, die ihrer Entwicklung günstig ist.* Die Leidenschaft ist das gemeinsame Element, in dem alle diese Balzac-Figuren durcheinander gemischt werden, und ihre Leidenschaftlichkeit zählt weit mehr als deren Objekt. Dieses hängt von den Verhältnissen ab. Ausgeburt des Schicksals ist allein die Leidenschaft. In diesem Sinn — und nur in ihm — durfte ein Hugo von Hofmannsthal über Balzac äußern: bei ihm sei alles Durchgang, fließend und in ständiger Bewegung; und weit davon entfernt, zu bleiben, was er war, werde jeder das, was er ursprünglich nicht war.

Balzacs Figuren teilen mit ihrem Schöpfer die Leidenschaft nach Leidenschaft, dieses Wollen ohne feste Gestalt und ohne Grenzen, sie besitzen eine unerschöpfliche Vitalität, wie sie selbst der verwegenste, aber objektiv und realistisch geschilderte Kerl glaubhaft sich nicht zu erschleichen vermöchte; und die Daseinswelt der *Comédie Humaine* gleicht einem Lebewesen, das von der Hitze des Blutes zehrt, welches in seinen Adern kreist. Niemand hat das eindringlicher umschrieben als gleich der erste, der eben hierauf hingewiesen hat, nämlich Charles Baudelaire: «Alle seine Figuren besitzen die glühende Lebensintensität, die ihn selber vorwärtstrieb. Alle seine Eingebungen sind mit denselben starken Farben durchtränkt wie die Träume. Von der Spitze der Aristokratie bis herunter zu den Niederungen des Pöbels sind die Darsteller seiner *Komödie* begieriger auf das Leben, wendiger und listenreicher im Daseinskampf, langmütiger im Unglück, unersättlicher im Genuß, engelhafter in der Aufopferung, als die Komödie der wahren, tatsächlichen Welt uns die Menschen zeigt. Kurz gesagt, bei Balzac hat ein jeder Genie, sogar die Portiersfrauen. Alle Seelen sind Schußwaffen, die bis an die Mündung des Laufes mit Willenskraft geladen sind. Das ist ganz Balzac.»

## Von Geld ist die Rede, von wem noch?



*Schon mancher Mann . . .*

... verlor sein Vermögen durch Unvermögen. Der Mann aber, von dem hier die Rede ist, opferte sein Vermögen, um einem anderen aus der Not zu helfen, und geriet dadurch für die letzten Jahre seines Lebens selbst in Armut.

Eigentlich hatte er Jurist werden wollen, und er hatte sein Studium in Paris auch bereits begonnen, als man bei ihm ein Nervenleiden feststellte, das man für Epilepsie hielt. So konnte er sich mit 22 Jahren und für den Rest seines Lebens nur der Literatur widmen. Als sein Vater, ein Klinikchef in der französischen Provinz, wenig später starb, zog er mit der Mutter auf den Familien-Landsitz nahe Rouen. Mit zum Haushalt gehörte die Nichte, deren Mutter an der Geburt gestorben war. Später war es der Mann dieser Nichte, ein Holzimporteur, den der Schriftsteller vor dem Bankrott rettete.

Abgesehen von Reisen (Ägypten, Palästina, Syrien, Türkei, Griechenland, Italien) verbrachte er sein Leben auf dem Landsitz und schrieb dort langsam und mit Sorgfalt seine Bücher, von denen wenigstens eines noch heute Weltruf hat, ein Buch, das auf einer wahren Begebenheit aufgebaut ist: auf der Geschichte des Landarztes Eugene Delamare in der Normandy, der aus Kummer starb, nachdem er von seiner Frau geschieden und ruiniert worden war. Es ist heute kaum vorstellbar, daß die französische Regierung den Autor wegen der Unmoral seines Buches vor Gericht zitierte, vor dasselbe Gericht, das ein halbes Jahr später Baudelaire verurteilte. Von wem war die Rede?

(Alphabetische Lösung: 6–12–1–21–2–5–18–20)

## Das Begehren und seine Macht

*Stellt nicht das Begehren eine Art intuitiver Inbesitznahme dar?*

Wer jedoch ist Balzac? Nun, besser als in dem, was seine Zeitgenossen, seine Freundinnen und seine Geliebten bezeugen, besser als in den Geständnissen, die er in seinen Briefen macht, besser als in den Begebenheiten, die seine Biographie ausmachen, dürften wir ihm auf die Spur kommen, wenn wir die Masken seiner Figuren ein wenig lüften und da, wo diese Figuren einander die Stirn bieten, den Mythos und die Sinnbildlichkeiten der sich vollziehenden Tragödien zu entziffern suchen. Dort teilt der Mensch Balzac sich mit — auf jenem Umweg, den er ja eben dem Drang, sich mitzuteilen, zuliebe wählt. Balzac zählt nicht zu denen, die sich von vornherein, nach der Methode des Philosophen Descartes, ein *Cogito* zu eigen machen, das ihnen Durchsichtigkeit verleiht: man spürt bei Balzac nicht jene beständige Intimität mit dem eigenen Ich, nicht jene Selbstgewißheit, die man bei einem Montaigne, einem Stendhal, einem Chateaubriand trifft. Balzac ist einfach Daseinserwartung, einfach ein Trachten und Sehnen, zu sein, was er nicht ist, respektive es zu werden. Von sich selber kennt er lediglich jene Wesenseigentümlichkeit, die ihn aus sich herausreißt: die Energie, die Formbarkeit. *Bloß auf meinen Löwenmut,* räumt Balzac im Dezember 1838 in einem Brief ein, *kann ich bauen und auf meine Arbeit, die man mir nicht streitig machen kann.* Dazu sagt Balzac im Vorwort zu *La Peau de Chagrin* folgendes: *Der Schriftsteller muß mit allen Vorkommnissen, allen Spielarten der menschlichen Natur vertraut sein. Daher ist er darauf angewiesen, einen auf unerklärliche Weise verdichtenden Spiegel in sich zu tragen, in dem sich, seiner Vorstellung gemäß, für ihn das Universum abzeichnen kann.*

Von Anfang an zielt das Begehren auf etwas Faßbares, aber dieses Faßbare soll nur gerade eben umgrenzbar sein — so wenig wie möglich umgrenzbar. Wir wissen, daß dieser Romancier, der nie etwas anderes gewesen ist als Schriftsteller, niemals in der Literatur sein wahres Lebensziel gesehen hat. Der junge Balzac hat nie ausgerufen: «Ich will Chateaubriand sein oder nichts!» — wie das sein Zeitgenosse Victor Hugo im Alter von vierzehn Jahren tat. Einem Balzac genügte die Anerkennung im spezifisch literarischen Bereich nicht, er hat stets von einem vagen, weit darüber hinausgehenden Ruhm geträumt; über das Werk hat er immer die Liebe gestellt. Evelina-Eva als seine Gattin heimzuführen in das Haus in der Rue Fortunée, bedeutet ihm mehr, als noch so viele Meisterwerke vorzuweisen. *Wenn ich,* schreibt Balzac im März 1849 in einem Brief, *nicht dank der ‹Comédie Humaine› ein großer Mann bin, dann wird mich der Erfolg meiner Werbung dazu machen, wenn meine Frau nach Paris kommt.* In auffallend gleichgültigem Ton hat Balzac bereits im September 1845 — als solche Äußerungen vorerst nur vereinzelt in seinen Briefen unterlaufen — an Evelina-Eva geschrieben: *Alle Welt erzählt ihm* (nämlich dem Balzac-Verleger Furne) *jetzt, daß einstweilen nur ich es bin, der in unserer Epoche mit Sicherheit zu den Klassikern gerechnet werden kann.* Diesem seinem klassischen literarischen Werk hat er sein Leben dargebracht, doch wie wenig hat er es geliebt, wie selten noch einmal hineingeblickt! Wenn er jedoch der Liebe und dem Ruhm so betont den Vorzug gibt: bedeutet das nicht, daß das Werk eben eine allzu greifbare Realität ist, daß es für ihn etwas Fühlbares und Berührbares darstellt, auf das er jederzeit zurückkommen kann, wogegen die Liebe und der Ruhm Grenzziele sind, auf die er immerfort zuschreitet, ohne doch ihrer habhaft zu werden?

Das Potential eines Balzac, sein Lebenselement ist das Begehren, und dieses Begehren zielt stets auf etwas, das jenseits der Möglichkeiten liegt, die ihm, Balzac, gegeben sind. Weder befriedigt es ihn, sich auf sich selbst zurückzuziehen, noch stellt ihn die kontemplative Betrachtung der Welt zufrieden, noch eine Leidenschaft, die sich auf Begrenztes richtet. Er lebt im Bann eines Begehrens, das jeden Augenblick benutzt, um sein Ziel weiter nach vorn zu verlegen. Jedes abgeschlossene Erzählwerk erzeugt das Begehren nach einem weiteren zu schreibenden Buch, jede Liebe das Begehren nach einer neuen Liebe, jedes entschleierte Bild das Begehren nach dem Geheimnis eines noch nicht entschleierten. Balzac denkt nicht daran, sich bei einem Buch, mit dem er zu Ende gekommen ist, bei einer Einsicht, die er erlangt hat, bei einer gemachten Erfahrung zu beruhigen. Dieses unersättliche Begehren kann schwerlich besser vergegenwärtigt werden als durch das elementare Bild von Hunger und Durst, zu dem Balzac in einem Jugend-Brief (vom August 1821) an seine Schwester Laure seine Zuflucht genommen hat; nie gestillter Hunger und nie gestillter Durst drücken ja bei jedem Lebewesen die fundamentalste Entbehrung aus:

*Wenn ich eine feste Anstellung annehme, bin ich verloren ... Ein Commis würde ich werden, eine Maschine, ein Zirkuspferd, das in der Manege seine dreißig bis vierzig Runden macht, und zu bestimmter Stunde gibt man ihm zu saufen, zu fressen und befiehlt ihm, zu schlafen; ein Allerweltsnarr würde aus mir. Und das heißt man dann obendrein leben: dieses Kreisen des Mühlsteins, diese ständige Wiederholung des gleichen Trotts! Wenn wenigstens noch irgendwer den Zauberstrahl der Anmut auf ein so kaltes Dasein fallen ließe. Noch habe ich nicht die Blumen des Lebens gepflückt, und dabei ist mein Alter doch das einzige, in dem sie einem blühen. Was soll ich mit einem Vermögen und den Genüssen, die es verschafft, wenn ich erst einmal sechzig Jahre geworden bin? Ist es, wenn man nichts anderes mehr tut, als dem Leben anderer Leute beizuwohnen, und man bloß noch seinen Platz im Zuschauerraum zu bezahlen braucht — ist es dann etwa noch erforderlich, wie einer der Akteure gekleidet zu gehen? Ein Greis ist einer, der sein Diner schon hinter sich hat und nun diejenigen mustert, die sich anschicken, sich ebenfalls zu sättigen. Nun wohl, mein Teller ist noch leer, er ist nicht vergoldet, das Tisch-*

*tuch hat Flecke, die Speisen sind fade. Ich habe Hunger, und nichts ist aufgetragen, was mir Lust machte, mich vollzufressen! Was ich brauche? Ein paar gebratene Ortolane zum Beispiel. Nur zwei Passionen habe ich: die Liebe und den Ruhm, und noch ist keine von beiden befriedigt, und keine wird es je sein!*

Eine äußerst aufschlußreiche Briefstelle, wenn man ergründet, was hinter den von Balzac verwendeten trivialen Symbolen steckt. Der ihn unterschwellig quälende Gedanke an die Möglichkeit des Scheiterns vergegenständlicht sich im Bild des kreisenden Mühlsteins: in der Kreisbewegung, die immer wieder dasselbe auf einen zukommen läßt. Die krumme Linie, die Kurve symbolisiert das Fatum, die Gerade die Hoffnung.

In dem Roman *Séraphita* läßt Balzac die androgyne Titelheldin verkünden:

*‹Keiner eurer Gelehrten hat den einfachen Schluß gezogen: die Kurve ist das Gesetz der materiellen Welten, die gerade Linie regiert in den spirituellen Welten – erstere ist die Theorie des Endlichen, die zweite die Theorie des Unendlichen. Weil hienieden allein der Mensch Kenntnis vom Unendlichen besitzt, kennt auch nur er allein die gerade Linie, er allein besitzt ein spezielles Organ zur Wahrnehmung der Vertikalität. Sollte die Vorliebe gewisser Menschen für die Ausbildungen der krummen Linien nicht das Symptom einer Unreinheit ihrer noch mit materiellen, uns erzeugenden Substanzen geschwängerten Natur sein, und sollte die besondere Vorliebe großer Geister für die gerade Linie nicht auf eine ihnen innewohnende Ahnung des Himmels deuten?›*

Charakteristikum jedes Balzac'schen Romanhelden ist das *A priori* des reinen Begehrens, dieses Hungers, der sich überall seine Weide sucht. Negativ ausgedrückt: «Er war noch nicht die Beute seiner Wünsche»

*Frau von Hanska*

— dieser Satz fixiert das Stadium, in dem der Balzac'sche Romanheld sich zum Start anschickt, und wir auf seine wahre Veranlagung treffen. Von Anfang an schafft sich Louis Lambert *das anspruchvollste und unersättlichste Leben*; bei Albert Savarus ist seit seiner Jugend *die Sehnsucht zur überlegenen Kraft, zum treibenden Faktor seines ganzen Daseins* geworden. In *L'Enfant maudit* sagt Gabrielle Beauvouloir: *Ich spüre in mir etwas wie eine Kraft, die sich auswirken will; ich kämpfe dagegen an.* Das Balzac'sche Begehren ähnelt indessen in nichts der Sehnsucht der Romantiker, ihrem untätigen und vom Heimweh eingegebenen Hoffen, ihrem selbstgefälligen Unvollkommenheitsgefühl. Bei Balzac ist das Begehren mehr als nur Sehnsucht nach etwas, das eine Leere ausfüllen soll; dieses Begehren ist Suche nach einem Betätigungsfeld, wo es in Aktion zu treten vermag; unter dem Mangel eines solchen Betätigungsfeldes scheint es stärker zu leiden als unter seiner anfänglichen Inhaltlosigkeit; die Leere hat es weniger in sich als vielmehr vor sich. Das Balzac'sche Begehren ist Wille, Energie, Kräftekonzentration, Sich-in-Marsch-Setzen. Es erprobt sich als von ihrer Unwiderstehlichkeit überzeugte Potenz, verfügt über die elementare Gewalt des Ergreifens; es ist — so wird es von Balzac in seiner *Physiologie du Mariage* definiert — *eine Art intuitiver Inbesitznahme.* Unversehrt, noch nicht abgenutzt vom Leben, ist die Energie des Begehrens — wie es in *Le Cousin Pons* heißt — *fähig, in einer Flamme von erstaunlicher, ganz verhaltener Mächtigkeit zu brennen, wie der rohe Diamant die Glut seiner Facetten in sich verschließt. Wenn aber ein entscheidender Anstoß erfolgt, entzündet sich die Intelligenz, es wachsen ihr Flügel, um den Raum zu durcheilen, und göttliche Augen, um alles zu sehen: was gestern noch Kohle war, ist morgen, von dem unbekannten Fluidum durchströmt, ein funkelnder Diamant.* Louis Lambert hat die Gabe, *in gewissen Momenten außerordentliche Kräfte in sich wachzurufen.* Und Balzac spricht immer wieder von der seinem Louis Lambert eigenen unbezähmbaren Energie. Doch gibt es in der *Comédie Humaine* keine eindrucksvollere Bekräftigung des mit einer unversehrten Energie verbundenen Gefühls als die Anfangsseiten der Novelle *Un Drame au Bord de la Mer (Ein Drama am Ufer des Meeres):*

*Die jungen Leute haben fast alle einen Zirkel, mit dem sie sich die Zukunft ermessen; wenn ihr Wille sich mit der Kühnheit des Winkels vereint, den sie ihrem Zirkelschlag zugrunde legen, steht ihnen die ganze Welt offen. Aber dieses Phänomen des Seelenlebens ist beschränkt auf ein bestimmtes Alter. Es umfaßt bei jedem Mann die Jahre zwischen zweiundzwanzig und achtundzwanzig und ist das Alter der großen Gedanken, der ersten eigenen Konzeptionen, weil es das Alter der ungeheuren Wünsche ist, das Alter, in dem man an nichts zweifelt: wer zweifelt, bekennt seine Unfähigkeit. Nach diesem Alter, das so rasch vergeht wie jegliche Saatzeit, kommt das der Ausführung und des Bewerkstelligens. Es gibt gewissermaßen zwei Jugendalter: die Jugend, in der man glaubt, und die Jugend, in der man handelt; bei den von der Natur begünstigten Menschen vereinigen sie sich oft, und das sind dann, wie Caesar, Newton und Bonaparte, die größten unter den großen Menschen.*

*Ich berechnete gerade, wieviel Zeit ein Gedanke braucht, um sich zu entwickeln, und meinen Zirkel in der Hand und auf einem Felsen stehend, hundert Klafter über dem Ozean, dessen Wellen sich an den Klippen brachen, ermaß ich meine Zukunft, indem ich sie mit vollbrachten Werken ausfüllte wie ein Ingenieur, der auf einer leeren Fläche Befestigungen und Paläste absteckt. Das Meer war schön; ich hatte mich eben nach dem Schwimmen wieder angezogen; ich wartete auf Pauline, meinen Schutzengel, die in einem Granitbecken badete, der reizendsten Wanne, welche die Natur für ihre Seenixen geschaffen hat. Wir befanden uns am äußersten Ende von Le Croisic, einer lieblichen Halbinsel der Bretagne; wir waren weit weg vom Hafen, an einer Stelle, die der Fiskus für so unzugänglich hält, daß dort fast niemals ein Zollbeamter vorbeikommt. In den Lüften zu schwimmen, nachdem man im Meer geschwommen hat! Ach, wer hätte nie in der Zukunft geschwommen? Wie kam ich zu diesem Gedanken? Wieso ereilt uns ein Unglück? Wer weiß das? Die Gedanken fallen über dein Herz oder deinen Kopf her, ohne dich vorher zu fragen. Keine Kurtisane war jemals grillenhafter und tyrannischer, als es für die Künstler der schöpferische Einfall ist; man muß ihn im rechten Augenblick wie das Glück bei der Stirnlocke fassen. Hinaufgeklettert auf meinen Gedanken wie — bei Ariost — Astolph auf seinen Hippogryph, ritt ich also durch die Luft, um ganz nach meinem Willen zu schalten. Als ich mich aber anschickte, rundum nach einem Vorzeichen zu suchen für die kühnen Zukunftsgebilde, die meine toll gewordene Phantasie zu errichten mir eingab, übertönte ein holder Schrei, der Schrei einer Frau, die in der Stille einer Einöde nach uns ruft, der Schrei einer Frau, die belebt und fröhlich aus dem Bad steigt, das Murmeln der unaufhörlich hin und her schwingenden Ausläufer des Wassers, deren Saum Ebbe und Flut an den Einbuchtungen des Gestades markierten. Und während der dem Herzen entstiegene Schrei in mir nachtönte, glaubte ich, zwischen den Felsen den Fuß eines Engels gesehen zu haben, der, seine Flügel ausbreitend, gerufen hatte: ‹Du wirst Erfolg haben!› Ich stieg abwärts, strahlend, beschwingt; beim Hinabklettern hüpfte ich wie ein Stein, der einen steilen Abhang hinunterrollt. Als Pauline mich erblickte, sagte sie: ‹Was hast du?› Ich antwortete nicht; meine Augen wurden feucht. Tags zuvor hatte Pauline meine Schmerzen begriffen, wie sie jetzt meine Freude begriff, mit der magischen Feinfühligkeit einer Harfe, die den Wandlungen der Atmosphäre gehorcht. Was für schöne Augenblicke ein Menschenleben haben kann! In einträchtigem Schweigen gingen wir den Strand entlang ...*

In welche Richtung zielt diese Lebensenergie, diese Macht des Begehrens? Den beziehungsvollen Metaphern des Fliegens und des Schwimmens, dem Dynamismus der Aszension bei Séraphita, der

Bewegung in der Vertikale, die sich in den Himmel des Übersinnlichen verliert, in einen Raum, der keinen Widerstand bietet, unendlich und nichtig zugleich ist: diesem Dynamismus der Vertikale entsprechen polar ein Dynamismus der Horizontale, der nicht weniger Stoßkraft und Beharrlichkeit hat, und der Marsch ins Leben, in die Existenz hinein, von Hindernis zu Hindernis — der feste Schritt dessen, der zu Fuß die Straßen von Paris durchmißt, der stampfende Marschtritt einer Abteilung Soldaten, der Tumult bei der Abfahrt eines Eilpost-Wagens, der Einzug des «Requirierers» in eine verschlafene Kleinstadt... Aufbruch? Ja. Wohin? Nun, dem *nach außen gewandten Wesen* stellt sich, wie Balzac in der ersten Fassung seines *Louis Lambert* sagt, *das eigentlich aktive und nach innen gewandte Wesen* entgegen, das *weder Zeit noch Raum anerkennt.* Denn für Balzac sind, wie er, nochmals das Thema aufnehmend, in einem Brief an den Dichter Charles Nodier auseinandersetzt, die *beiden Naturen,* nämlich *das Wort und die Tat, der innere Mensch und der äußere Mensch, ein unzertrennliches Paar, das sich in uns fortwährend entzweit.*

Balzac hat sich um eine Inbesitznahme der Welt unmittelbar durch den Geist bemüht — um eine intuitive, abstrakte Inbesitznahme auf dem Wege der Antizipation und des *A priori.* Ein Versuch, sich der Dinge durch die Idee zu bemächtigen, der uns mit den unsichtbaren Kräften, die in den Dingen walten, in Konnex bringen sollte, mit dem Jenseits, mit Gott. Dem entspricht es, daß Lambert sich des Raumes und der Zeit enthoben fühlt und ins Unendliche aufzuschweben meint. Seine Seele *durchstreift unablässig den Bereich des Gedankens.* Nachdem er die drei Reiche der Natur durchmessen hat, langt er in der Welt der Ideen an. Und indem er die erste und zweite Sphäre dieser Welt — die des Instinkts und die der Abstraktion — hinter sich bringt, dringt er zur dritten Sphäre durch: zur *Spezialität.* Worin besteht die Gabe der *Spécialité*? Sie besteht darin, *die Dinge der materiellen Welt ebenso gut wie diejenigen der geistigen Welt in ihren ursprünglichen und ihren in der Folge abgewandelten Verzweigungen zu sehen... Die Spezialität bringt die Intuition mit sich. Die Intuition ist eine der Gaben des inneren Menschen, dessen Attribut die Kraft des Schauens ist.* Zu diesen Zeilen aus der von Louis Lambert entworfenen «Abhandlung über den Willen» passen die nachstehenden Darlegungen von Séraphitus-Séraphita (aus dem Roman *Séraphita*):

*‹Ich besitze die Gabe der Spezialität›, antwortete er, ‹eine Art inneren Gesichts, das alles durchdringt, und dessen Wichtigkeit du nur durch ein Gleichnis verstehen kannst. In den großen Städten Europas, von denen die Werke ausgehen, durch welche des Menschen Hand ebensowohl die moralischen als auch die Taten der physischen Natur darstellt, gibt es hochgestellte Männer, welche Gedanken in Marmor ausdrücken. Der Bildhauer bearbeitet den Marmor und legt eine Welt voller Ideen in ihm nieder. So gibt es Marmorbilder, denen die Hand des Menschen die Fähigkeit verliehen hat, eine erha-*

*bene oder eine schlechte Seite der Menschheit darzustellen. Die Mehrzahl der Menschen erblickt dann in ihnen eine menschliche Figur und nichts weiter; einige andere, die auf der Stufenleiter der Wesen etwas höher stehen, bemerken an der Figur einige der vom Bildhauer in sie übertragenen Gedanken und bewundern deren Form. Doch die in die Geheimnisse der Kunst Eingeweihten sind sogleich ganz im Einverständnis mit dem Bildhauer, wenn sie seinen Marmor sehen; sie erkennen vollauf die Welt seiner Gedanken, und dies sind die Fürsten der Kunst, und in sich selbst tragen sie einen Spiegel, in dem sich die Natur in ihren geheimsten Falten zeigt. Ein solcher Spiegel liegt nun auch in mir, der die moralische Natur mit allen ihren Falten widerstrahlt; ich errate Vergangenheit und Zukunft und durchdringe so das Gewissen. Aber wie denn, wirst du mich immer wieder fragen. Denke, der Marmor sei der Körper eines Menschen, denke, der Künstler sei das Gefühl, die Leidenschaft, die Tugend, sei Laster oder Reue, dann wirst du verstehen, wie ich in der Seele des Fremden zu lesen vermochte, ohne daß du damit schon wüßtest, was Spezialität sei; denn um diese Gabe zu verstehen, muß man sie besitzen.›*

Handelt es sich darum, wie in einer Art mystischer Verzückung eine andere Wirklichkeit zu betreten, wo die trügerischen Erscheinungen dieser irdischen Welt entschwunden und aufgehoben sind — eine Wirklichkeit der Ideen, die nichts mehr gemein hätte mit der Wirklichkeit des Sichtbaren? Eher handelt es sich wohl darum, in der Idee das Geheimnis, das dem Sichtbaren zugrunde liegt, zu entdecken.

Einem Louis Lambert ermöglicht es *die rapide Beweglichkeit der inneren Schau,* die Schlacht von Austerlitz, ohne daß er an ihr teilgenommen hat, an Ort und Stelle mit anzusehen; wie es ihm andererseits gegeben ist, künftige Ereignisse im voraus zu erleben. Der Welt entrückt, erkennt er die in dieser in Wahrheit wirkenden Ursachen. *Ich hülle dann die Welt in meine Gedanken ein, ich schaffe, ich bilde sie, ich verstehe sie.* Die Welt wird hier in ihren Entsprechungen, in der Homogenität ihrer disparaten Aspekte, in jener Einheit entdeckt, die ihr das Netz eines telepathischen und magischen Denkens überwirft. Eine Betrachtungsweise, die insofern der des Dichters wesensähnlich ist, als ihn die Imagination befähigt, an Orten, in Epochen und in Schicksalen zu leben, die nicht die seinen sind. Was sich wiederum mit den während des Schlafes tätigen Geisteskräften berührt, von denen Balzac in einem Brief an den Dichter Charles Nodier sagt:

*...sie beweisen folgerichtig, nämlich durch eine Kette naheliegender Schlußfolgerungen, die eines Tages ein überlegener Geist summieren wird, wie ein Cuvier und ein Laplace einem Ozean von Einzelbeobachtungen die resultierenden Fakten entfischt haben — wie gesagt, sie beweisen, daß der Mensch die außerordentliche Befähigung besitzt, den allein in Hinsicht auf ihn existierenden Raum in ebendieser Hinsicht zunichte zu machen; sich von der Umwelt, in der er haust, ganz und gar zu isolieren und mit einem nahezu unbeschränkten Vermögen zum Ortswechsel die ungeheuren Entfernungen in der physischen Natur zu überwinden; mitten durch die Schöpfung hindurch sein individuelles Dasein auszuweiten, ohne auf die Hindernisse zu stoßen, die ihn normalerweise einengen; und schließlich eine Verläßlichkeit des Gedächtnisses zu erlangen, die ihn das, was er bei der Ausübung der vorgenannten Befähigung erlebt, nicht wieder vergessen läßt.*

Daß Balzac den Naturforscher Cuvier und den Mathematiker und Astronomen Laplace anführt, erscheint bedeutsam. Denn tut er es nicht gerade, als die mystische Intuition den höchsten Grad von Abstraktion erreicht? Es geht da um das Grundprinzip einer Welt, die ihren Bestand der Einheitlichkeit ihres Aufbaues verdankt. Wie denn Balzac in den *Études philosophiques sur Cathérine de Médicis (Katharina von Medici)* dem Astrologen und Alchimisten Lorenzo Ruggieri die Sätze in den Mund legt:

*‹Es gibt ein Grundprinzip! Überraschen wir es auf dem Punkt, wo es auf sich selbst einwirkt, wo es eins mit sich, wo es Prinzip ist, ehe es Geschöpf wird, Ursache ist, ehe es Wirkung wird — dann werden wir es absolut erkennen, formlos und zugleich fähig, in alle die Formen zu schlüpfen, die wir es annehmen sehen.›*

Ausgerüstet mit diesem Prinzip, gilt es demnach auf die Formen, die es, selbst ohne Form, bildet, zurückzugehen. Wie Louis Lambert will der Arzt Desplein, der große Chirurg der *Comédie Humaine*, dem die Novelle *La Messe de l'Athée (Die Messe des Gottlosen)* gewidmet ist, *das Leben vor dem Leben* ergründen: *das Fleisch in der Vergänglichkeit wie im künftigen Wachstum; die Gründe und Untergründe des Lebens — das, was es an Vorstadien durchmacht, vor dem Dasein.* Louis Lambert erklärt: *Wir beschäftigen uns sehr wenig mit dem sogenannten Nichts, das uns voranging ... Aber wir müssen wissen, ob wir nicht im Vergangenen wurzeln, wie wir wissen müssen, ob wir dem Zukünftigen fest verbunden sind.* Das *Leben vor dem Leben* — es beinhaltet die vollkommene Inbesitznahme unserer Existenz.

Der Roman *Séraphita* nun aber: ist er nicht der Mythos einer totalen Loslösung von der irdischen Welt? Der Ruf des Engels scheint der Ruf nach einem Tod, der totales Auslöschen ist. Der Seraph entschwebt: *er hatte mit der Erde nichts mehr gemein.* Während Lambert nach der Summe aller erdenklichen Erfahrung trachtet, beschwört Séraphita den Glanz einer unerreichbaren Erleuchtung. *Gefesselt an ihre elenden Körper, hatten sie wohl das Begehren, nicht aber die Macht dazu.* Alsbald *werden das Unreine und der Tod sich ihrer Beute bemächtigen.* Nicht so rasch freilich, daß die beiden Zurückbleibenden nicht von der Ahnung der Zusammenhänge ergriffen würden:

*Wilfrid und Minna begriffen nun einige der rätselhaften Worte dessen, der auf Erden jedem von ihnen unter der ihm allein verständlichen Gestalt erschienen war, der einen als Séraphitus, dem anderen als Séraphita — sie sahen jetzt, daß hier droben alles homogen, alles von derselben Artung war. Licht erzeugte hier Melodie und Melodie auch wieder Licht, und Farben waren Licht und Melodie, und die Bewegung war eine mit dem Wort begabte Zahl, hier war alles wohlklingend und durchsichtig und belebt, das eine durchdrang das andere, der Himmelsraum bot nirgends etwas, das der Bewegung entgegenstand, und konnte von den Engeln durchmessen werden bis ins Unendliche ... Nun begriffen sie die unsichtbaren Bande, durch welche die materiellen Welten den geistigen sich anschließen. Und indem sie der erhabenen Bemühungen der edelsten Geister in Menschengestalt gedachten, fanden sie das Prinzip in den Gesängen des Himmels, welche in ihnen Empfindungen des schönsten Farbenspiels, des göttlichsten Wohlgenusses, des höchsten Gedankens erweckten und all das zahllose Einzelne der Schöpfung wachriefen, wie ein irdisches Lied die verlorene Erinnerung der Liebe belebt.*

Der kosmologische Charakter seines epischen Versuches, das Absolute zu erfassen, sorgt bei Balzac für einen hinlänglichen Abstand vom Mystizismus. Noch mehr tut das jener Drang, den sein Werk allenthalben verrät: das leidenschaftliche Begehren nach Inbesitznahme. Dessen Regsamkeit verhindert das Sich-Verlieren, das Ver-

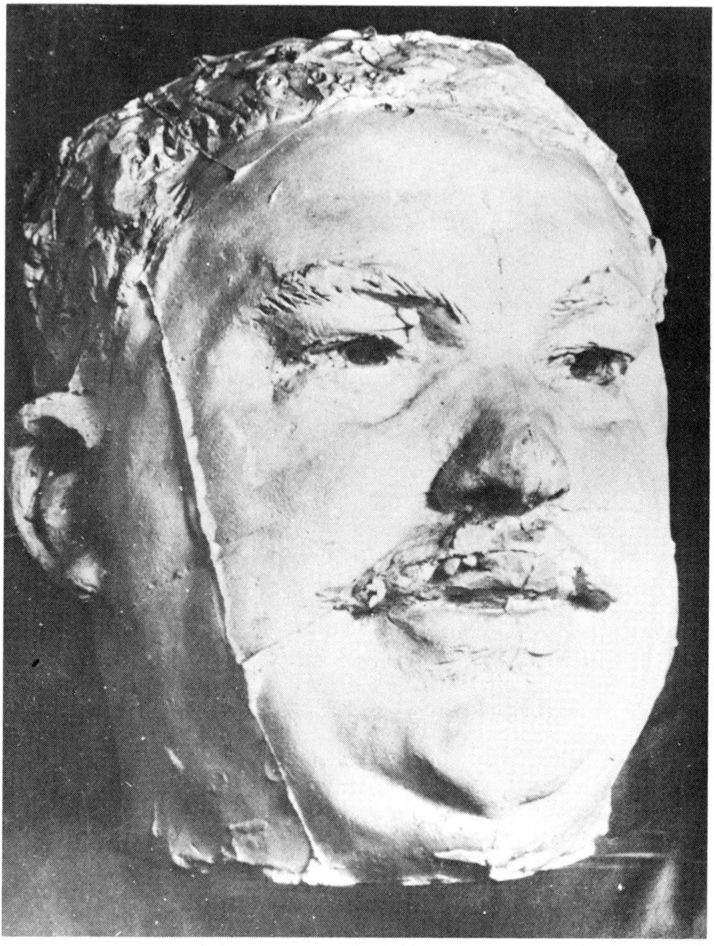

*Ein Balzac-Kopf von Rodin*

sinken im Transzendenten, geht aber freilich darauf aus, die individuelle Existenz zu steigern, zu überhöhen, zu vervollkommnen, und möchte Gott sein Geheimnis entreißen. Der «Sehende» bewundert die Engel, durchmißt dabei den Bereich des Grenzenlosen und begreift die Verbundenheit der Welten untereinander. Er spricht weniger von Gott als vielmehr von der «göttlichen Welt», weniger von Gottes Antlitz, vor dem der Mensch zuschanden wird, als vielmehr von der Unendlichkeit, die im Fluge durcheilt wird.

Von Anbeginn stellt Balzac die Frage – es ist die seines Louis Lambert: kann das Universum zu mir kommen, oder muß ich zu ihm kommen? Während er außerhalb seiner selbst das Universum zu erreichen sucht, will er es in sich selbst umfangen, in der Abfolge der Zeit, auf der Lebensebene wunderlicher Wesen und Begebnisse. Eher heftig als konzentriert, doch auf ein genau umschriebenes Objekt bezogen, vollzieht, in der Richtung von innen nach außen, der Balzac'sche Wille das Entsprechende. Meint er das Vergangene? Nun, Balzac hat bekannt: *Ich schließe die Augen und bin schon dorthin entrückt* ... Meint der Balzac'sche Wille die Zukunft? Auch sie. Sobald die Romanhelden auf denjenigen treffen, der ihnen ihr Schicksal – bedeute es nun Glück oder Unheil – zuträgt, werden sie von einem warnenden Vorgefühl gepackt. In *La Rabouilleuse (Junggesellenwirtschaft)* erleben dies Flore Brazier und Maxence Gilet bei der ersten Begegnung mit Philippe Bridau: *Bei seinem abstoßenden Anblick fuhr Flore Brazier ein Schauer durchs Herz. Desgleichen spürte Gilet die Erschütterung, durch die uns die Natur vor heimlicher Feindschaft oder drohender Gefahr warnt.* In *Une ténébreuse Affaire (Eine dunkle Geschichte)* erleidet Michu, der zum Vorsitzenden des Jakobinerklubs von Arcis aufgestiegene Gutsverwalter, beim Anblick des Geheimpolizisten Corentin, obwohl er dessen Mission noch gar nicht kennt, einen *prophetischen Schwächeanfall: Er hatte eine Todesahnung und sah undeutlich das Schafott vor sich.* In *La Recherche de l'Absolu (Der Alchimist)* eilt Marguerite Claes *von einer Ahnung geleitet, die blitzartig ihre Seele erleuchtet, pfeilgeschwind, ohne Licht und geräuschlos die Treppe hinauf und sieht noch gerade, wie ihr Vater sich die Pistole an die Schläfe setzt* – im letzten Moment kommt sie dem Selbstmord ihres Vaters Balthazar Claes zuvor. In gleicher Weise erfaßt in *Splendeurs et Misères des Courtisanes* Vautrin-Herrera, obwohl von seinem Schützling getrennt, daß Lucien sich in Gefahr befindet.

Die Gabe, das Künftige vorauszusehen, verbindet sich mit dem Ungestüm eines Begehrens, das über sein Objekt so hemmungslos herfällt, als wäre das letztere ihm bereits seit Ewigkeiten vorbehalten. Denn das Begehren, das braucht nicht erst erhärtet zu werden, hätte keineswegs diese unwiderstehliche Gewalt, wenn es nicht einen im voraus gebahnten Weg einschlüge; wenn es nicht inspiriert wäre durch einen *ahnungsvollen Text aus dem Unterbewußtsein.* Die Verschwisterung der Kraft des zielstrebigen Begehrens und einer prophetischen Erleuchtung, die blitzartig «ein ganzes Leben» überschaubar macht, sehen wir von Balzac in einem eindrucksvollen Passus seines *Albert Savarus* dargestellt:

*Gegen den Türrahmen gelehnt, betrachtete Rodolphe die Fürstin mit dem unbeirrbar tiefen, anziehenden Blick, in dem die menschliche Willenskraft die Empfindung des Begehrens konzentriert, das alsbald den Charakter eines hitzigen Befehls annimmt. Erreichte dieser flammende Blick Francesca? Rechnete sie bereits damit, im nächsten oder übernächsten Moment Rodolphe von Antlitz zu Antlitz zu sehen?*

*Nur ein paar Minuten verstrichen, dann wandte sie in der Tat ihre Augen nach der Tür, als wären sie vom Strom der Liebe dorthin gelenkt, und senkte sie, ohne zu zögern, in die Augen von Rodolphe. Ein leiser Schauer lief zitternd über ihr wundervolles Gesicht und ihren herrlichen Körper: die Erschütterung der Seele wirkte sich aus, Francesca errötete. Für Rodolphe lag ein ganzes Leben in diesem Austausch der Blicke, der so rasch wieder vorüber war wie ein niedergefahrener Blitz.*

*... heißt das nicht, sich das Vorrecht Gottes anmaßen?*

Die tragische Begebenheit, die der Erzähler Balzac immer wieder abwandelt, besteht keineswegs darin, daß der Leidenschaft das, worauf sie sich wirft, nicht erreichbar wäre: sie ist vielmehr stark genug, um sich ihres Gegenstandes zu bemächtigen. Gewiß gibt es leidenschaftliche Naturen, die unterliegen: sie sind jedoch nur die Opfer des Triumphs, den andere ihresgleichen erringen. Und dann gibt es Fälle wie den des Grafen Octave, dem seine Liebe nicht dazu verhilft, daß sich ihm das Herz seiner Gattin Honorine auftut. Die eigentliche Tragik indessen, die allein für Balzac ein Problem darstellt, liegt im Scheitern derer, die zuvor triumphiert haben. Zunächst feiert die Leidenschaft ihre Triumphe: Paris, Geld, Ruhm und Frauenliebe lassen sich willig erobern. Francesca vergilt die Liebe von Rodolphe ihrerseits mit Liebe, wie das auf ihre unterschiedliche Art auch Henriette de Mortsauf bei Félix de Vandenesse und Marie de Verneuil beim Marquis de Montauran tun; Vautrin-Herrera bemächtigt sich seines Schützlings Lucien, wie der alte Grandet sein Gold an sich rafft. Das Unheil resultiert mitnichten aus einer Niederlage, die gleich anfangs statthat, aus einem von vornherein gegebenen Unvermögen; weder die unwiderrufliche Trennung der Liebenden noch das unheilbare Elend eines Lebens, dessen Gegenwart zwischen den Mahlsteinen einer unwiederbringlich verlorenen Vergangenheit und einer unentzifferbaren Zukunft zerrieben wird, sind das typische Los des Balzac'schen Romanhelden. Die Geschöpfe, mit denen er das Dasein teilt, das Momentane und das Künftige — er weiß alles zu ergreifen, wonach er trachtet, in welcher Richtung auch immer. Ebendaher rührt jenes Frohlocken am Anfang seiner Bahn, das uns in jedem Balzac-Roman von neuem aufhorchen läßt... Warum aber bedarf es dann des Wandels der sieghaften Stimmen der Hoffnung in jenen unabsehbaren Chor gescheiterter Existenzen? Warum können alle diese eroberungslustigen Liebenden nicht dem Liebesglück leben? Warum müssen sie alle, die so erfolgreich nach Besitztümern greifen, am Ende mit leeren Händen dastehen? Die Antwort lautet: für Balzac liegt das entscheidende Moment darin, daß er uns warnend die den Eroberern, den Mächtigen gezogene Grenze zeigt — diese nicht zu überschreitende Grenze, an der alles Eroberte nichtig wird.

Man pflegt diese Grenze üblicherweise «Schicksal» zu nennen. Was aber ist im vorliegenden Zusammenhang mit Schicksal gemeint? Der Tod? Zweifellos. Wir wissen ja, daß von jeher bei Balzac der Wunschtraum der Langlebigkeit mit dem Wunschtraum von Ansehen und Macht gekoppelt war. Doch kann uns ebensowenig entgehen, daß von Anbeginn bei Balzac dem Lobgesang siegesgewisser Hoffnung der dunkle Gegenklang der vom Tod intonierten Schlußfuge antwortet. Das Begehren und die durch Eroberung erlangte Macht sind an den Verschleiß der Lebenskraft geknüpft, an die «Abnahme des Fluidums», an «eine sublime Vergeudung der Existenz». Jede Lebensverwirklichung läuft auf den Verzehr, die Verkürzung des Lebens hinaus. Das ist der Mythos von *La Peau de Chagrin.* Nicht nur, daß am Tod das Leben als an einer äußersten Grenzmarke zerschellt; als geheime Essenz birgt das Leben den Tod in sich: der Mensch, der sein Leben lebt, braucht es auf.

In der ihm von seiner Romanschöpfung erschlossenen imaginären Existenz hat Balzac bekanntlich anfangs einen möglichen Ausgleich zwischen Lebensintensität und Lebensdauer erkennen wollen. Indem er sich in die nächtliche Arbeit an der *Comédie Humaine* versenkt, glaubt er der Abnutzung seiner Lebenskraft durch Leidenschaften zu entgehen. Auf ihre Weise machen sich der Wucherer Gobseck und der Antiquitätenhändler, der das Chagrin-Leder verwahrt, die Argumentation des Romanciers zu eigen: *Ich unterhalte mich dabei, als ob ich mit dem inneren Auge Romane läse.*

Balzac sieht freilich rasch ein, daß dieser Weg kein gangbarer ist. Das Geschöpf verselbständigt sich und zerstört den, von dem es stammt: den alten Goriot kosten seine Töchter das Leben, und Lucien de Rubempré mordet sterbend ein Stück Vitalität von Vautrin-Herrera. Der Nacht für Nacht durchstandene Kampf mit dem Engel hat Balzac weit mehr Lebenskraft gekostet, als es die Feuerbrände der Leidenschaft getan haben würden. Dem unlösbaren Widerstreit, der Antinomie von Machtstreben und Lebenserfüllung zu entrinnen, ist unmöglich. Die Existenz im Bereich schöpferischer Phantasie ist ein Leben, das unvergleichlich aufreibender ist als das der Wirklichkeit verbundene Dasein. Denn dem Romancier sind seine Bücher ja nicht mittels «innerer Schau» in den Schoß gefallen; sie mußten Seite für Seite geschrieben werden, ließen sich nicht erträumen, wie dies — in der Novelle *Le Chef-d'Œuvre inconnu (Das ungekannte Meisterwerk)* — der Maler Frenhofer und — in der nach ihm benannten Novelle — der Komponist Gambara mit ihren imaginären Werken tun; die Werke von Balzac stellen real verrichtete Heldentaten dar. Der Lebensplan, auf den jener Antiquitätenhändler und Gobseck eingestellt sind, ist keinesfalls der gleiche, den Vautrin und Raphaël (und Balzac selbst) verfolgen. Gobseck und der Antiquitätenhändler sind Mythos zweiten Grades: Figuren ohne Realität, Zeugen einer Lebensweisheit, die niemand verbindlich annehmen kann. In Wahrheit wird ja für jegliche Macht ihr Preis gezahlt.

Ist Balzac seinerseits willens, diesen Preis zu zahlen? Der Gedanke an den Tod hat ihn ständig gepeinigt, wiewohl er proklamiert hat: *Der Tod ist unvermeidlich! Also: vergessen wir ihn!* Balzac hat ohne Frage den Tod als Verhängnis gewertet, als Schranke, die ihm die Vollendung, den Abschluß seines Werkes verwehrt. Im April 1835 schreibt er an Zulma Carraud: *Auf das Vollenden kommt es an, und der erste Stoff, den es zu bewältigen gilt, ist die Zeit.* Und im August desselben Jahres schreibt Balzac an die gleiche Freundin:

*Nur eine gute Eigenschaft habe ich; das ist die zähe Energie der Ratten, die selbst ein Stück Stahl zernagen würden, wenn sie so lange lebten wie die Raben.* Vor die Alternative gestellt, wählt Balzac indessen nicht die Lebensdauer, sondern die Macht über das Leben. Alle die Romanhelden, in denen er sich wiedererkennt und in denen wir ihn erkennen, optieren für seine destruktive Lebensbejahung – «was auch geschehen mag!» – und wissen ausnahmslos recht wohl, was ihnen bevorsteht. Im tiefsten Grund seines Wesens wünscht Balzac sich anderes als Langlebigkeit.

Die Auseinandersetzung zwischen der destruktiven Bejahung des Begehrens und dem Wunsch nach einem möglichst langen, möglichst unbewegten Leben ist nicht der Schlüssel zum Balzac'schen Werk. Wenn Balzac sich von der Kürze des Menschenlebens auch erschreckt und alarmiert fühlt, so hat ihm doch nie nach stagnierendem Überdauern der Sinn gestanden. Hat er nicht ausdrücklich gesagt, er würde zehn Jahre seines Alters hingeben, wenn er sich dadurch die Inbesitznahme seines augenblicklichen Idols erkaufen könnte?

Den Wirkungsgrad des dem Balzac'schen Romanhelden eigenen Begehrens definiert am treffendsten die Unersättlichkeit, diese Klammer zwischen Begehren und Zukunft. Die Erfüllung stillt das Begehren nicht, die Befriedigung erzeugt keine Sättigung: es liegt vielmehr in der Natur dieses Begehrens, daß es sich fortwährend über sich selbst hinausprojiziert. Balzac in eigener Person geht wie seine Romanhelden von einer Eroberung zur nächsten, von einem Begehren zum anderen über. Nach jedem fertigen Buch ist gleich ein neues da, das geschrieben sein will. Hat er Honorar kassiert, sich mit Luxus umgeben, verlangt ihn sofort nach mehr Honorar, mehr Luxus. Dem Erlebnis der Liebe folgt alsbald ein anderes Liebeserlebnis, und so fort; als Balzac seiner letzten Liebe begegnet, stellt sie so hohe Ansprüche, daß sie durch nichts zu befriedigen sind. Der unverhältnismäßige Kraftaufwand, den gewisse Romanfiguren einer bestimmten Leidenschaft widmen, deutet nachdrücklich darauf hin, daß hinter dieser noch anderes steckt. Balzac nun selber war die Personifizierung des aus neuerlichem Begehren stets wiederum erstehenden Begehrens, einer steten Hoffnung auf Inbesitznahme, die alle voraufgegangenen Besitzergreifungen überdauert, eines auf das Künftige gerichteten Elans, der sich allen Hindernissen gewachsen zeigt und sich unermüdlich an ihnen messen muß – das Balzac'sche Leben ist ständig im Entwurf begriffen.

Balzac schreibt im Juli 1832 an seine Schwester Laure Surville:

*Nun brauche ich nur noch einen oder zwei gesicherte Monate, denn heute morgen habe ich endlich jene Energie zurückerlangt, die mich befähigt hat, alle Hindernisse meines Lebens zu überwinden; und nicht eher werde ich stillhalten, als bis ich an der Spitze der Intelligenz von ganz Europa stehe.*

An Zulma Carraud schreibt Balzac in seinen vom Januar 1834, Oktober 1835, März 1839, August 1840 und Januar 1845 datierten Briefen:

FURNE et Comp., éditeurs des *Œuvres complètes de Voltaire* et J.-J.

LA COMÉDIE H

OEUVRES COMPLÈTES DE

BALZ

SEULE ÉDITION DES ŒUVRES COMPLÈTES, mise en ordre par l'auteur et contenant tous
avec ILLUSTRATION de 11 GRAV. SÉPARÉES, par T. JOHANNOT, GAVARNI, MEISSONIER
en divers formats; édition de luxe, papier glacé, imp. par Plon et Lacrampe. Cet ouvrage parait en 1
chaque livr.: 50 CENTIMES. Une par semaine. La 1re est en vente. Payer 20 livr. d'avance p. recevoir le

Liste des Ouvrages.

SCÈNES DE LA VIE PRIVÉE.

La Maison du Chat-qui-pelote.
Le Bal de Sceaux.
La Bourse.
La Vendetta.
Madame Firmiani.
Une double Famille.
La Paix du Ménage.
La fausse Maîtresse.
Etude de Femme.
Albert Savarus.
Mémoires de deux jeunes Mariées.
Une Fille d'Eve.
La Femme abandonnée.
La Grenadière.
Le Message.
Gobseck.
La Femme de trente ans.
Le Contrat de Mariage.
Beatrix.
La Grande Bretèche.
Modeste Mignon.
Honorine.
Un Début dans la vie.

SCÈNES DE LA VIE DE PROVINCE.

Ursule Mirouet.
Eugénie Grandet.

*Les Célibataires.*

Pierrette.
Le Curé de Tours.
Un Ménage de Garçon.

*Les Parisiens en Province.*

L'Illustre Gaudissart.
La Muse du Département.

*Les Rivalités.*

La Vieille Fille.
Le Cabinet des Antiques.

La Lys dans la Vallée.

*Illusions perdues.*

Les deux Poëtes.
Un grand Homme de Province à Paris.
Eve et David.

SCÈNES DE LA VIE PARISIENNE.

*Histoire des Treize.*

Ferragus, chef des Dévorants.
La Duchesse de Langeais.
La Fille aux Yeux d'Or.

Le Père Goriot.
Le Colonel Chabert.
Facino Cane.
La Messe de l'Athée.
Sarrasine.
L'Interdiction.
César Birotteau (Grandeur et Décadence
La Maison Nucingen.
Pierre Grassou.
Les Secrets de la Princesse de Cadigna
Les Employés ou la Femme supérieure

*Splendeurs et Misères des Courtisan*

Esther Heureuse.
A combien l'amour revient aux Vieill
Où mènent les mauvais chemins, o
Une Instruction criminelle.

L'ÉDITION PRÉCÉDENTE: LA COMÉDIE HUMAINE, ŒUVRES COMPLÈTES DE M. B

Les Souscripteurs à la première Edition qui n'auraient pas complété leur exemplaire, sont

*Meine bisherigen Arbeiten sind nichts im Vergleich zu dem, was ich noch zu vollbringen habe ... Es ist ausgemacht, daß es niemals das reine Glück, die Befreiung, die Freiheit für mich geben wird, außer als Hoffnungsschimmer.*

*Endlich, meine Liebe, erblicke ich an meinem Himmel die Bläue. Noch fünf Monate, und ich werde meine Verpflichtungen los sein.*

*Mittlerweile rückt die Zukunft näher.*

*Es ist immer dasselbe: Nacht für Nacht am Schreibtisch, und ein Band nach dem anderen! Was ich vollbringen möchte, ist so erhebend, so umfassend!*

*Was die ‹Menschliche Komödie› eigentlich ist, können Sie sich offenbar noch nicht recht vorstellen. Sie bringt in die Literatur viel größere Ausmaße, als sie die Kathedrale von Bourges in die Architektur gebracht hat. Sechzehn Jahre bin ich nun schon mit ihr be-*

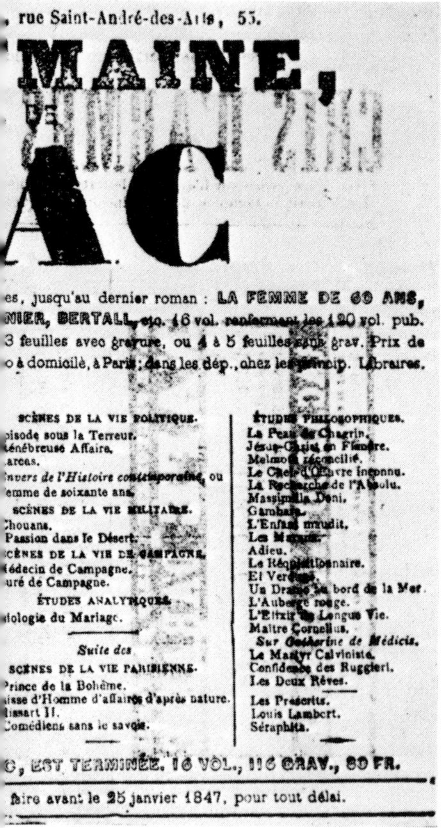
, rue Saint-André-des-Arts, 55.

MAINE,

AC

es, jusqu'au dernier roman : LA FEMME DE 60 ANS,
NIER, BERTALL, etc. 16 vol. renferment les 120 vol. pub.
3 feuilles avec gravure, ou 4 à 5 feuilles sans grav. Prix de
o à domicile, à Paris; dans les dép., chez les princip. Libraires.

SCÈNES DE LA VIE POLITIQUE.
pisode sous la Terreur.
ténébreuse Affaire.
arcas.
nvers de l'Histoire contemporaine, ou
emme de soixante ans.
SCÈNES DE LA VIE MILITAIRE.
Chouans.
Passion dans le Désert.
SCÈNES DE LA VIE DE CAMPAGNE.
édecin de Campagne.
uré de Campagne.
ÉTUDES ANALYTIQUES.
iologie du Mariage.
Suite des
SCÈNES DE LA VIE PARISIENNE.
Prince de la Bohême.
isse d'Homme d'affaires d'après nature.
lissart II.
Comédiens sans le savoir.

ÉTUDES PHILOSOPHIQUES.
La Peau de Chagrin.
Jésus-Christ en Flandre.
Melmoth réconcilié.
Le Chef-d'Œuvre inconnu.
La Recherche de l'Absolu.
Massimilla Doni.
Gambara.
L'Enfant maudit.
Les M...
Adieu.
Le Réquisitionnaire.
El Verdugo.
Un Drame au bord de la Mer.
L'Auberge rouge.
L'Élixir de Longue Vie.
Maître Cornelius.
Sur Catherine de Médicis.
Le Martyr Calviniste.
Confidence des Ruggieri.
Les Deux Rêves.
Les Proscrits.
Louis Lambert.
Séraphita.

C, EST TERMINÉE. 16 VOL., 116 GRAV., 80 FR.
faire avant le 25 janvier 1847, pour tout délai.

*schäftigt, und weitere acht wird es brauchen, um sie abzuschließen.*

An Evelina-Eva schreibt Balzac im Dezember 1846 und Juni 1847:

*Ich, der ich nur von der Hoffnung lebe und ein Wunderkind der Hoffnung bin . . .*

*Was die Zukunft auch immer bringen mag, ich werde mir keinen Zwang mehr anzutun brauchen.*

*In ein paar Monaten werde ich mein eigentliches Leben beginnen.*

Und im März des Todesjahres 1850 äußert Balzac in einem Brief an Zulma Carraud:

*Ich habe weder eine glückliche Jugend noch einen blühenden Frühling gekannt: den prächtigsten Sommer werde ich dafür eintauschen, den mildesten Herbst von allen.*

Hoffnung und Sorge sind das Leitmotiv solcher Briefe – das Leben von Balzac ist existent nur im Entwurf, in der Perspektive auf Künftiges. Zu keinem Zeitpunkt sehen wir die Balzac'sche Existenz fest verschränkt mit der Gegenwart. Nie sehen wir sie ihr Maß gewinnen in einer Besitzergreifung. Das Begehren richtet sich bei Balzac auf den Inbegriff alles Lebens, auf die Totalität.

Der «mächtige Appetit» auf die Totalität des Seins, der lebenslang nur immer als Entwurf, als Vorhaben Gestalt zu gewinnen vermag, ist schon von einem Zeitgenossen, dem Balzac-Biographen Léon Gozlan, in rühmenswerter Klarheit erkannt worden: «Er (Balzac) war wider alle Vernunft und *par excellence* die Verkörperung des Enzyklopädischen; er wollte nichts davon wissen, etwas für sich allein zu betrachten: für ihn hing das eine vom anderen ab, und dieses andere wieder von tausenderlei anderem; das Atom wurde in seiner Hand zu einer Welt; und die Welt wurde ihrerseits zum Universum. Alles, was er schrieb, Artikel, Bücher, Romane, Tragödien, Komödien, war nur erst das Vorwort zu dem, was er zu schreiben sich vorgenommen hatte, und das, was er zu schreiben gedachte, war nur erst eine Vorbereitung für weitere gleichermaßen wieder andere zeugende Werke. Auch kann man das, was er selbst von jedem seiner Bücher sagte, auf sein Leben beziehen: sein Dasein war nur der Prolog zu seinem eigentlichen Leben.»

Gleichviel, ob das Begehren sich auf sinnenhafte oder geistige Besitzergreifung richtet: es ruft ständig neuerliches Begehren hervor, weil eben die Balzac'sche Welt die des innigsten Zusammenhanges, die der Einheit ist, so daß ein Glied weder für sich einen Sinn noch in sich Geschlossenheit hat. Die eine Idee mobilisiert hier sogleich all die anderen, die mit ihr prinzipiell oder als Folgerung verknüpft sind: in einem zwangsläufigen Prozeß ersteht das ganze Universum der Ideen. Das beiläufigste Faktum hängt von der Gesamtheit aller erdenklichen Fakten ab. Von Anbeginn ist der Geist ein Gefangener der Totalität des Universums, und das Begehren, sein Double, seine Projektion ins Leibliche, erliegt ebenfalls von vornherein dieser Totalität. Für die dem Grenzenlosen offene Seele eines Balzac bedarf es nicht irgendeiner Liebe, sondern *der* Liebe schlechthin, nicht irgendwelcher materieller Güter, sondern jenes mystischen Goldes, das auf dem Grunde der Hölle funkelt; für den dem Grenzenlosen offenen Geist eines Balzac bedarf es der Dinge *in ihren ursprünglichen und ihren in der Folge abgewandelten Verzweigungen.* Nichts, das nicht bedeutsam wäre, und nichts, das allein in sich einen Sinn hätte: es ist unumgänglich, alles und jedes in Besitz zu nehmen. In dem frühreifen Enzyklopädismus des jungen Balzac schon bricht der Furor geistiger Unersättlichkeit durch, und dasselbe Drängen nach dem Totalen trägt in die vielgerühmten Bestandsaufnahmen seiner Epik, die man als pedantische Akribie des Realismus ausgelegt hat, eine verzweiflungsvolle Unrast hinein. In der manischen Besorgtheit um die Eleganz seines gesellschaftlichen Auftretens, um das Dekor, um das Essen auf seinem Tisch, um jeden seiner Schritte, in der Raffsucht des Kunstsammlers, als der Balzac sich so gern fühlt, in der Kleinigkeitskrämerei, mit der er sich (in den aus Wierzchownia an seine in Paris gebliebene Mutter gerichteten Briefen) um die geringfügigsten Details bei der Möblierung seines Hauses in der Rue Fortunée kümmert — in alledem erkennen wir, wenn wir einmal das Frivole daran außer acht lassen, die Leidenschaft eines Begehrens, das alles und jedes in seinen Strudel hineinreißt. Aber bemühen wir uns auch, in alledem denselben Elan zu verspüren, der die überfrachteten Balzac'schen Romanseiten produziert, diese Absätze ohne Fermaten, diese Epik ohne säuberlich unterteilte Kapitel, bei der man gar nicht dazu kommt, die Haltepunkte des Geschehens wahrzunehmen — kurz, die innere Glut dessen, der sich auf ein Rennen eingelassen hat, das er nicht gewinnen kann, und der wenigstens alles aussagen und alles in Besitz nehmen will, ehe die Zeit ihn einholt!

Denn daß dies geschieht, daß die Zeit ihn einholen wird, ist ihm bewußt. Wie die Hoffnung dem Tod entgegenschreitet, so schreitet auf ihn der Tod zu. Auf dem Bildschirm jedes Romans von Balzac zieht der Reigen eines Lebens vorüber, das gebieterisch Unterwerfung heischt; das mit heißem Atem einem Horizont zustrebt, über dem in Bälde eine mörderische Sonne aufgeht, die rasch größer und mächtiger wird und näherrückt, bis ihr flammender Strahl alles, was er berührt, versengend trifft. Vorher, wenn alles noch Beginn ist, sagt man sich leichthin: «Was die Zukunft auch immer bringen mag, ich werde mir keinen Zwang mehr anzutun brauchen.» Man nimmt am Leben nur den Schwung, das Vorwärtsdrängende wahr. Balzac weiß dann jedesmal den faszinierenden Ton der anhebenden Epopöe anzuschlagen: es ist die eigene Jugend, die er heraufsteigen läßt, wenn Lucien und Rastignac in Paris anlangen oder Modeste Mignon in der Normandie sich ihr künftiges Dasein ausmalt. Noch ist der Vorhang nicht aufgegangen über einer Welt, die ihre Besitztümer eifersüchtig vor fremdem Zugriff bewahrt: wir sind ganz Erwartung und Hoffnung. Da nun, und nur da, gibt es bei Balzac Gegenwärtigkeit. Denn wenn auch die Balzac'sche Gegenwart immer eine auf die Zukunft bezogene und niemals eine auf sich selbst bezogene Gegenwart ist, so macht sie doch eine Zeitspanne präsent, die von der Zukunft noch nicht ereilt worden ist. Es ist dies das Stadium, in dem

*Ein Möbelstück aus dem Haus in der Rue Fortunée*

das Begehren noch nicht seine volle Stärke erreicht, seine Verhaltenheit aufgebraucht, seine Illusionen eingebüßt hat: es sind dies die Stunden, in denen Félix de Vandenesse den ersten Ball seines Lebens besucht, Lucien de Rubempré sich zum ersten Mal im Jardin des Tuileries ergeht, der vom Begräbnis des alten Goriot kommende Eugène de Rastignac, auf die ihm zu Füßen hingebreitete Stadt hinabblickend, dem Moloch Paris sein berühmtes *«A nous deux, maintenant!»* («Nun wollen wir beide uns miteinander messen!») ins Antlitz schleudert. Doch schon nähert sich das Pfeifen und Brausen des unheimlichen Meteors, dessen dumpfen Aufschlag die Zukunft ankündigt. Eine seltsame Raserei bemächtigt sich der Romangestalten. Mit immer größerer Hast stürzen sie sich dem Schicksal in die Arme, das ihnen wie ein blinder, aber sicher geleiteter Schlafwandler entgegenschreitet. Die Sprache der Epopöe wird von der Sprache der Tragödie abgelöst. Im Fortgang der Handlung und ihrer dramatischen Beschleunigung werden alle Kunstgriffe der Balzac'schen Erzähltechnik wirksam. Noch vor dem tödlichen Rencontre ist alles Künftige vorbestimmt und dem Verderben überantwortet. Deshalb lebt der Romanheld gar nicht mehr im Stadium der Handlungsfreiheit; er ist der Gefangene einer Zeit, die längst stattgehabt hat. Wenn Marie de Verneuil — in *Les Chouans* — das Hochzeitsbett aufsucht und zu sich selbst sagt: *‹Noch sechs Stunden ... zu leben›* — dann muten diese Worte uns so an, als wären sie gar nicht eine Äußerung von Marie de Verneuil, sondern von einem unsichtbaren Zeugen der Szene gesprochen, der Marie bereits in ihrem frühen Grab liegen sieht. Es ist das, innerhalb des Romans, eine so tiefe Herabwürdigung der Gegenwart, daß wir gar nicht mehr wissen, welchen Zeitpunkt wir vor uns haben.

Geht es bei Balzac ausschließlich um den Tod als das Aufhören der individuellen Existenz? Scheitert die Suche nach dem Absoluten nur darum, weil es ihr an der erforderlichen Zeit gebricht? Bei Balzac ist der Tod nur eine Maske, er ist die vertraute Vorstellung eines viel tiefer reichenden Schicksalsvollzuges. Angenommen, die Existenz hätte keine Grenze: wäre ihr Ziel — die Inbesitznahme der Totalität — dann ohne Sinn? In Wahrheit ist ja, wie wir festgestellt haben, die Suche nach der Totalität, wiewohl sie sich als Anschlag, als Attentat, als Marsch auf die Zukunft vollzieht, Suche nach dem *Leben vor dem Leben*, nach dem *primitiven Prinzip*, nach den Ursachen des Ursprungs. In dem längst geschriebenen Buch der Schöpfung ist alles bereits niedergelegt, entschieden, vollendet. Was das Leben sucht, in seinem auf die Zukunft zielenden Drang, ist die Vision jener *rückläufigen Apokalypse*, von der Balzac in *La Peau de Chagrin* in einer Lobeshymne auf den Naturforscher Georges Cuvier spricht:

*Ist Cuvier nicht der größte Dichter unseres Jahrhunderts? Lord Byron hat in dichterischen Worten seelische Erschütterungen auf neue Weise gestaltet — aber jener unsterbliche Naturforscher hat aus gebleichten Knochen ganze Welten wiedergeschaffen, hat aus ein* paar Zähnen, wie Kadmos, Städte erstehen lassen, hat tausend Wälder mit allen Geheimnissen des Tierlebens neu bevölkert, indem er sich auf die Überreste der Schalen und Gehäuse der Mollusken berief, und hat die Geschlechter der vierbeinigen Riesen im Fußknochen eines Mammuts aufgefunden. Diese vorzeitlichen Gestalten erheben sich nun zu neuem Leben, wachsen an und erfüllen die Landschaften mit ihren ungeheuren Leibern. Er ist ein Dichter der Ziffern, und es hat etwas Erhabenes, wenn er eine Null neben eine Sieben setzt; er erweckt gleichsam das Nichts, ohne besondere magische Worte zu sprechen; er findet in einem Stück Gips einen Abdruck und ruft uns zu: ‹Schaut her!› Und plötzlich erwacht der Marmor, das Tote wird lebendig, und eine Welt tut sich auf. Nach unzähligen Geschlechtern von Riesenwesen, nach all den Arten von Fischen, den Familien der Mollusken erscheint endlich das Menschengeschlecht, der entartete Abklatsch eines grandiosen Vorbildes, das vielleicht vom Schöpfer selbst zertrümmert worden ist. Neu lebendig gemacht durch die Rückschau unseres Naturforschers, können diese jammervollen menschlichen Geschöpfe, die ohne jede Erfahrung geboren sind, nun dem Chaos sich entringen, einen nie endenden Lobgesang anstimmen und der Vergangenheit des Universums ihre Gestalt leihen in einer Art rückläufiger Apokalypse. Angesichts dieser schrecklich grandiosen Auferstehung, welche von der Stimme eines einzigen Menschen bewirkt ist, muß uns freilich die Krume Leben recht erbärmlich anmuten, deren Nutznießung uns in dieser namenlosen Unendlichkeit verstattet ist: dieser Unendlichkeit, die wir mit allen Sphären gemein haben und die Zeit nennen. Und so

*Rastignac: «Nun wollen wir beide uns miteinander messen!» (Le Père Goriot)*

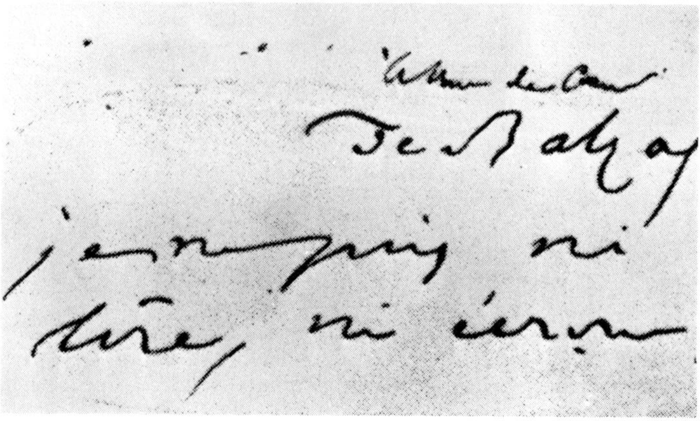

*Die letzten Worte von Balzacs Hand*

*fragen wir uns denn, niedergeworfen von der Bestürzung über diese Ruinentrümmer des Universums, wozu all unser Ruhm, unser Hassen und Lieben denn eigentlich tauge: ob wir weiter die Pein des Lebens auf uns nehmen sollen, wenn wir in ferner Zukunft zuletzt nichts anderes mehr sein werden als ein ungreifbares Gran Staub ...*

Der Tod des Individuums unterbricht also nicht ein Leben, das in der Zukunft noch seine Erfüllung und seine Sinngebung erhalten könnte – er mahnt vielmehr daran, daß diese Sinngebung nicht vor uns liegt, sondern hinter uns; der Tod führt uns vor Augen, daß unsere Existenz vollendet, daß sie außerhalb der Bindung an das ihr eigene Prinzip des Schöpferischen nichtig ist. Eine Tragödie ist der Tod ohne Frage allein für den, der vom Künftigen sich eine unvorhersehbare Aussöhnung aller Widersprüche erwartet. Für Balzac steht jedenfalls fest, daß alles Künftige nicht hinausführt über das, was von vornherein gegeben ist: er glaubt ebensowenig an eine Gesellschaft, die für eine bessere soziale Ordnung empfänglich wäre, wie er an eine persönliche Existenz glaubt, die imstande sein sollte, ihrer Tragik durch überlegene Einsicht, durch höhere Weisheit den Stachel zu nehmen. Nicht der Tod ist es, der einem Louis Lambert, der (in *Séraphita*) Minna und Wilfrid Einhalt gebietet auf ihrer Bahn; nicht der Tod ist es, der dem Novellenhelden von *Les Proscrits (Die Verbannten)* – dem nach seiner Verbannung aus Florenz nach Paris geflüchteten Dichter der «Divina Commedia», Dante Alighieri – die paradoxe Idee der «verzweifelten Hoffnung» eingibt.

‹*Schon sah ich weit weg, in unendlicher Ferne, das Licht des Paradieses funkeln; selbst noch in Nacht gehüllt, befand ich mich bereits an der Grenzscheide des Tages. Gestützt auf meinen Geleiter, emporgehoben von einer Kraft, ähnlich der, die uns im Traum zu jenen dem leiblichen Auge unsichtbaren Höhen trägt, flog ich dahin. Der*

*Strahlenkranz, der unsere Stirnen krönte, ließ die Schatten auf unserem Weg verwehen wie Staub im Wind. Fern von uns leuchteten die Sonnen aller Welten so schwach wie in meiner Heimat die Leuchtkäfer. Ich erreichte jene Äthergefilde, wo sich das Licht gegen das Paradies hin steigert, wo man mühelos den Azur zerteilt, wo ungezählte Welten sprießen wie Blumen auf einer Wiese. Dort nun, auf dem letzten Kreis vom Bereich einer Geisterwelt, die ich nunmehr hinter mir ließ wie einen Kummer, den man vergessen will, erblickte ich einen großen Schatten. Hoch aufgerichtet, in angespannter Haltung, verschlang diese Seele mit ihren Blicken den Raum, während ihre Füße, weil Gott in seiner Macht es so wollte, an der äußersten Grenze des Zirkels haften mußten. Den gleichen Antrieb, der uns, meinem Geleiter und mir, Vögeln gleich den Schwung zu unserem Aufwärtsfliegen gab, empfand diese Seele, festgebannt an ihrem Ort, als quälende Anspannung. Ich erkannte in dieser Seele einen Menschen, der uns nicht sah, nicht hörte; alle Fibern an ihm zuckten und zitterten; ohne Unterlaß litt er, ohne einen Schritt vorwärts tun zu können, die Peinigungen und Mühseligkeiten der Reise durch die Unendlichkeit, die ihn vom Paradies immerdar schied. Dorthin war sein Blick gerichtet, dort glaubte er immer wieder ein teures, geliebtes Bild zu schauen. So sah ich, an der letzten Höllenpforte wie an der ersten, die Hoffnung verzweifeln.›*

Was ist hier gemeint? Nun, ohne Frage, das Unvermögen, die schicksalhafte menschliche Situation, die *Condition humaine,* aufzuheben. Was aber besagt diese Situation für Balzac? Etwa die Unmöglichkeit, die *rückläufige Apokalypse* zu vollenden, vollkommen in Besitz zu nehmen den Inbegriff der Ursachen, jene *Natura naturans,* von der die *Natura naturata* träumt? Um darauf zu antworten, ist noch ein weiterer Schritt nötig. Zunächst einmal wollen gewisse Seiten aus der Novelle *Melmoth réconcilié* überdacht sein — vielleicht die erhellendsten Seiten, die Balzac geschrieben hat; sie schildern *die furchtbare Melancholie der höchsten Macht:*

*Castanier hatte sich vorgenommen, die furchtbare Gewalt, die er sich um den Preis seines ewigen Seelenheils erkauft hatte, zunächst dazu zu benutzen, alle seine Neigungen vollständig und bis zum äußersten Grade zu befriedigen. Nachdem er alle mit seiner Stellung als Bankkassierer zusammenhängenden Angelegenheiten geordnet und dem Bankier Monsieur de Nucingen, der einen tüchtigen Deutschen zu seinem Nachfolger bestellte, seine Kassenbücher übergeben hatte, veranstaltete Castanier ein Bacchanal, würdig der schönen Tage des römischen Imperiums, und stürzte sich verzweifelt hinein wie Belsazar in die Genüsse seines letzten Festmahles. Aber gleich Belsazar sah er deutlich eine leuchtende Hand, die ihm mitten in seinen Freuden das Urteil schrieb, nicht auf die engen Wände seines Saales, sondern auf die ungeheuren Flächen, über die der Regenbogen sich spannt. Sein Fest war keine auf ein Bankett beschränkt bleibende Orgie, es war ein allumfassender Taumel von Kraft und Genuß. Die Tafel war gleichsam die Erde selbst, die*

Castanier unter seinen Füßen zittern fühlte. Es war das letzte Fest eines Verschwenders, der nichts mehr aufspart. Mit vollen Händen griff er in die Schatztruhen der menschlichen Wollust, zu denen der Dämon ihm die Schlüssel gegeben hatte, und gelangte wirklich bis auf den Grund. Diese ungeheuerliche, in einem einzigen Augenblick gewonnene Kraft wurde auch in einem einzigen Augenblick jeweils ausgeübt, gebraucht, mißbraucht. Was in dem einen Moment für ihn das ein und alles war, wurde im nächsten Moment wieder das bare Nichts. Es kommt oft vor, daß die Inbesitznahme die schönsten Erdichtungen der Wünsche zerstört, deren Träumen das Errungene selten genug entspricht. Derlei traurige Vernichtung gewisser Leidenschaften war das, was hinter der Machtvollkommenheit von Melmoth sich verbarg. Die Eitelkeit der menschlichen Natur wurde jäh seinem Nachfolger enthüllt, dem die höchste Macht das Nichts zum Geschenk machte. Um die seltsame Situation, in der Castanier sich befand, richtig zu verstehen, müßte man in Gedanken ihre rapiden Umschwünge ermessen, müßte man begreifen, eine wie geringe Dauer jede einzelne Phase hatte — es ist ungemein schwierig, davon denen eine Vorstellung zu vermitteln, die von den Gesetzen der Zeit, des Raumes und des Ortes eingekerkert sind. Bei Castanier hatten seine gesteigerten Fähigkeiten die Beziehungen verändert, die zuvor zwischen der Welt und ihm bestanden. Gleich Melmoth konnte Castanier in wenigen Augenblicken die lachenden Täler Hindostans durchschweifen, konnte er auf den Flügeln der Dämonen durch die Wüsten von Afrika eilen und über die Meere schweben. Wie seine Hellsichtigkeit ihm erlaubte, alles zu durchdringen, sowie sein Blick sich auf einen Gegenstand richtete, und die Gedanken anderer zu lesen, so kostete auch seine Zunge sozusagen alle Genüsse mit einem Schlage. Seine Freuden ähnelten den Axthieben des Despotismus, der den Baum fällt, nur um seine Früchte zu ernten. Übergänge, Abwandlungen, die Freude und Leid abstufen, waren für Castanier nicht mehr vorhanden. Sein maßlos empfindlich gewordener Gaumen war plötzlich übersättigt, weil ihm alles und jedes zu Gebot stand. Frauen und leckere Speisen waren von dem Augenblick an, da er sich ihnen schrankenlos hingeben konnte, zwei derart reichlich genossene Freuden, daß er weder zum Essen noch zum Lieben mehr Lust hatte. Da er sich Herr aller Frauen wußte, die er nur wünschen mochte, und sich mit einer Kraft ausgerüstet fühlte, die niemals versagte, wollte er einfach keine Frauen mehr; da er im voraus wußte, daß sie seinen tollsten Launen sich unterwerfen würden, empfand er einen ungeheuren Durst nach Liebe und wünschte sie sich weitaus liebevoller, als sie zu sein vermochten. Das einzige aber, was ihm die Welt versagte, waren Glaube und Gebet, diese beiden heiligen und tröstlichen Liebesforderungen ... Da er das Prinzip und das Räderwerk der Welt durchschaute, bewunderte er die Resultate nicht mehr, und bald legte er jene Verachtung an den Tag, die den überlegenen Menschen einer Sphinx ähnlich macht, die alles weiß, alles sieht und ein unerschütterliches Schweigen be-

*wahrt. Er fühlte sich nicht im mindesten versucht, sein furchtbares Wissen anderen Menschen mitzuteilen. Im Besitz aller Schätze der Erde, imstande, in einem Hui die Welt zu durchmessen, war er sich bewußt, daß ihm Reichtum und Machtvollkommenheit nichts mehr bedeuteten. Er empfand die furchtbare Melancholie der höchsten Macht: jene Melancholie, gegen die Satan und Gott ein Heilmittel nur in einer Tatenlust haben, deren Geheimnis ihnen allein erschlossen ist.*

Sind wir ihm, Balzac, nunmehr nicht auf die Spur gekommen? Was anderes soll er meinen als dies: daß nämlich, selbst wenn das Leben nicht auf eine Grenze stieße, selbst wenn uns höchstes Wissen und höchste Macht gegeben wären, dies doch keinen Sinn für uns hätte? Gewiß gibt es bei Balzac eine Hoffnung und eine Hoffart sondergleichen, die Zusicherung nämlich, daß der «Sehende» die Schöpfung so schauen könne, wie der Schöpfer sie schuf. Doch was ist damit gewonnen? Wir haben Zugang zu einer Schau auf die längst stattgehabte Schöpfung, doch die Schöpfung in ihrem Werden zu sehen, ist uns nicht verstattet. Gott allein verfügt über das Geheimnis der allumfassenden Bewegung, des Tuns im Stande der Erkenntnis und der Inbesitznahme des Absoluten; allein in Gott vereinigen sich das Leben und die Totalität. Gott allein entgeht der *Melancholie der höchsten Macht* vermöge der Tatenlust, die ihn heißt, die Welt sich als sein eigen zu erschaffen. Die unüberschreitbare Schranke, auf die der Balzac'sche Romanheld trifft und für die der Tod nur das Symbol ist, diese Grenze ist nicht das Unzugänglich-Sein der Totalität: diese Grenze ist das Vollzogen-Sein, das Vollendet-Sein der Totalität – *la totalité déjà faite*. Die menschliche Existenz hat außerhalb der Schöpfung keinen Sinn. Aber wir sind nicht Gott.

Man kann Gott schauen, kann ihn, indem man die *Comédie Humaine* schreibt, nachahmen: Gott werden kann man nicht. Daß Balzac an Gott geglaubt hat, also an die göttliche Welt der Ur-Sachen, an einen Schöpfungsakt, der ein für allemal das Universum gefügt hat: davon kündet bei Balzac jede Zeile. Aber Balzac hat Gott nicht geliebt. Er trachtet keineswegs danach, sich mit Gott zu vereinen, um in ihm aufzugehen, nicht einmal an Gottes Geheimnis will er teilhaben: Balzac möchte sich an seine Stelle setzen, möchte Gott entthronen. Ich wette, daß sich im Werk und in den Briefen von Balzac nicht ein einziges Wort, in dem seine eigene Stimme aufklingt, finden läßt, in dem zugleich die Hoffnung ausgesprochen ist, in Gott aufzugehen – jene Hoffnung, die den Tod zuschanden macht. Als einen Akt der Barmherzigkeit, als Ende für seine «Prüfung» hat Balzac verschiedentlich den Tod herbeigesehnt; er hat sogar an Selbstmord gedacht. Doch niemals hat Balzac dem Tod in jener unlöslichen Verstrickung von Hoffnung und Furcht entgegengeblickt, die denjenigen erfüllt, der sich vom Tode die Vereinigung mit Gott erwartet. Die Sehnsucht nach dem Tod, die in der Schlußpartie von *Séraphita* in der Tat zum Ausdruck kommt, die Leiden des von Gott ins Exil Geschickten, wie sie Balzac in seiner Dante-Novelle *Les Proscrits* darstellt – soll man etwa sie als Antwort nehmen auf soviel anderweitiges beharrliches Schweigen und auf soviel völlig gegensätzliche Äußerungen? Zuweilen unterläuft es dem Romancier, daß er uns vorführt, wie der Gerechte dem Ungerechten unterliegt, und daß er dann sein Erzählwerk damit beschließt: die Übereinstimmung seines Tuns mit dem Gesetz wäre für den, der Unrecht begeht, eine feine Sache, wenn eben nicht Gott wäre. Aber in Gott den zu sehen, der Unrecht wiedergutmacht – kann das für einen Balzac ausreichen, Gott zu verzeihen, daß dieser ihm seinen Platz nicht überläßt?

Man hat wohl gesagt, jeder Mensch möchte sein wie Gott. Aber ich glaube nicht so recht an dieses Verlangen. In Montaigne und Stendhal treffen wir auf den Typus eines Menschen, den es zufriedenstellt, über ein sicheres Selbstbewußtsein zu verfügen; in Goethe begegnet uns ein Geist, der sich ausgefüllt weiß, indem er sich in die Betrachtung der Welt versenkt; in Victor Hugo erkennen wir eine der rätselvollen Allgegenwart Gottes sich unterordnende Seele, die wirklich vom Tod erwartet, durch ihn wieder mit der allzu früh verstorbenen Lieblingstochter vereint zu werden. Aus Balzac jedoch sprechen, inmitten von soviel doppeldeutigen Figuren und gegensätzlichen Physiognomien, die verwegene Hoffnung auf eine ungeheuerliche Besitzergreifung und die Verzweiflung über deren Absurdität. Er ist nicht der Mann, der sich, nachdem er sein Scheitern als Mensch auf sich genommen und durchstanden hat, nun vom Hinschwinden des Irdischen das Heil erwartet, von dem er getrennt ist: er ist der Mann, der bis zum Ende, in einer unentwirrbaren Vielfalt der Widersprüche, seiner unnachgiebigen Hoffnung und seinem ausweglosen Scheitern gelebt hat. Denn auch im Scheitern gibt es für ihn keinerlei Zuflucht, weil Balzac vom Jenseits nichts erhofft, und weil sein Werk einen lediglich imaginären Sieg darstellt – was den Haß erklärt, den Balzac gegen sein Werk hegt. Die Hoffnung hat freilich bei ihm ebensowenig einen festen, tragenden Grund: bis zum letzten Tag ist sein Dasein das eines (wie er sich mit ironischem Spott schilt) *Wunderkindes der Hoffnung*, das sich zu erwarten zwingt, was es schlechterdings nicht zu erwarten hat; das sich zu sein zwingt, was es nicht zu sein vermag. Zerrieben zwischen dem Schöpfungstag und dem Tag des Gerichts, betreibt dieser nichtige «Augenblick Leben» seinen fruchtlosen Versuch der Bemächtigung und wagt es, der Schöpfer einer das Universum meinenden Inbesitznahme zu werden. Die Welt der bittersten Verzweiflung, dem vermessensten Ehrgeiz geweiht, eine Welt, die erstorben ist bereits bei ihrer Geburt, die Welt des Nichts – zugleich ist sie diejenige, in der das Begehren ewig neue Wogen schlägt, eine Welt, von der die Hoffnung so wenig zu trennen ist wie vom Leben das Pulsen des Blutes.

*Bronzemedaillon von David d'Angers*

1799 20. Mai. Honoré Balzac (das Adelsprädikat *de* legt er sich erst im Mannesalter bei) in Tours geboren. Dort leitet sein 53 Jahre alter Vater Bernard-François Balzac das Proviantamt der 22. Division der französischen Armee. Bei der Geburt von Honoré ist seine Mutter Anne-Charlotte-Laure Balzac, geborene Sallambier, 21 Jahre alt.
Honoré und Laure, die ältere seiner beiden Schwestern, werden zunächst von ihrer Amme aufgezogen, der Frau eines Gendarmen in Saint-Cyr-sur-Loire. Dann wird Honoré in Tours bei der Familie Legay in Pension gegeben, wo er als Vierjähriger lesen und rechnen lernt.

1807 Aufnahme als Zögling (Alumnus) im Collège der Oratorianer zu Vendôme. Bei den Oratorianern, deren Erziehungssystem keine Ferien für die Internen kennt, lebt der Knabe Honoré fast völlig ohne Kontakt mit seiner Familie.

1813 Krankheit und Nervenüberreizung führen zur Entlassung aus dem Oratorianer-Internat. Balzac findet Aufnahme im Elternhaus und besucht das Gymnasium in Tours.

1814 Der Vater wird Leiter des Proviantamts der 1. Division in Paris, wohin die Familie Balzac übersiedelt. Honoré wird im Institut Lepître untergebracht, dessen Pensionäre das Lycée Charlemagne besuchen.

1816 Honoré beginnt, Jura zu studieren. Gleichzeitig absolviert er eine praktische juristische Ausbildung: zunächst bei dem Rechtsanwalt Guyonnet de Merville (der später das Vorbild für den Anwalt Derville der *Comédie Humaine* abgibt), anschließend bei dem Notar Passez. An der Sorbonne hört Balzac auch Vorlesungen über Literatur.

1819—1820 Balzac legt die erste Prüfung zum Baccalauréat du droit ab. Sein Vater wird pensioniert; die Familie muß sich einschränken und übersiedelt nach der kleinen Stadt Villeparisis (in der Nähe von Meaux, östlich von Paris). Honoré weigert sich, bei einem mit seinen Eltern befreundeten Notar eine Anstellung anzunehmen, und erklärt, er wolle Schriftsteller werden. Er bezieht eine ärmliche Mansarde in Paris — Rue Lesdiguières 9 — und verfaßt dort die Tragödie in Versen *Cromwell* und die philosophischen Romane *Stenie* und *Falthurne*; daneben obliegt er ausgedehnter Lektüre und einem intensiven Privatstudium.

1820—1824 Balzac hält sich teils in Paris, teils in Villeparisis auf. Seine Schwester Laure verheiratet sich mit dem Ingenieur Surville; Domizil der Neuvermählten wird Bayeux in der Normandie. Balzac wird mit Zulma Carraud bekannt, einer verheirateten Schulfreundin seiner Schwester Laure: bis an sein Lebensende bleibt Zulma Carraud seine Ratgeberin und in ihrer wohlmeinenden Strenge unbestechliche (platonische) Freundin.

1822 Balzac tritt zu Madame de Berny in Beziehung, die zweiundzwanzig Jahre älter ist als er: Laure de Berny, geborene Hinner, wird seine erste große Liebe — seine «et nunc et semper dilecta». Inzwischen hat die Bekanntschaft mit den Schriftstellern de Poitevin de l'Egreville und Etienne Arago zu literarischer Zusammenarbeit geführt. Balzac schreibt (zumeist gemeinschaftlich mit den Genannten) eine ganze Reihe von Romanen, die er unter Pseudonymen (Lord R'hoone, Horace de Saint-Aubin) veröffentlicht: *L'Héritière de Birague, Jean-Louis, Clothilde de Lusignan, Le Centenaire, Le Vicaire des Ardennes, La dernière Fée* (1822); *Annette et le Criminel* (1824). Andere anonyme Veröffentlichungen: *Du Droit d'Aînesse, Histoire impartiale des Jésuites* (1824).

1825—1827 Balzac will zu Vermögen kommen: er wird Verleger, betreibt eine Buchdruckerei, danach übernimmt er eine Letterngießerei. Konkurs und Liquidation dieser Unternehmungen ruinieren finanziell seine Familie; die Schulden, in die Balzac geraten ist, werden sein Leben lang auf ihm lasten. Er kehrt zur Literatur zurück. Neue Publikationen: *Code des Gens Honnêtes, Wann-Chlore* (1825), *Petit Dictionnaire critique et anecdotique des Enseignes de Paris* (1826). Liaison mit der Duchesse d'Abrantès.

1829 Tod seines Vaters. Unter dem Titel *Le dernier Chouan* — fünf Jahre später betitelt Balzac die Neufassung *Les Chouans* — bringt er, mit gewissem Erfolg, den ersten zur *Comédie Humaine* gehörenden Roman heraus, den er teilweise in Fougères, dem Ort der Handlung, geschrieben hat. Erheblich größeren Erfolg hat seine *Physiologie du Mariage:* dank des Umstandes, daß sie als anstößig empfunden wird.

1830 Balzac findet Zugang zur großen Welt und wird ein Löwe der Gesellschaft: er verkehrt in den Salons der Comtesse Merlin, der Madame Récamier, bei Sophie Gay. Er wird Mitarbeiter zahlreicher Zeitungen. Von Juni bis September bewohnt Balzac zusammen mit Laure de Berny den Landsitz La Grenadière. Das Erscheinen der *Scènes de la Vie privée* und verschiedener anderer Erzählwerke verleiht seinem Namen den Glanz des erfolgreichen Autors. Ein entscheidendes Jahr, in dem Balzac die Domäne seiner erzählerischen Begabung entdeckt: *La Maison du Chat-qui-pelote, Le Bal de Sceaux, La Vendetta, Une double Famille, La Paix du Ménage, Étude de Femme, Gobseck, Un Épisode sous la Terreur, Une Passion dans le Désert, Adieu, El Verdugo, L'Élixir de longue Vie.*

1831 Großer Erfolg von *La Peau de Chagrin;* diesem Buch folgen *Romans et Contes philosophiques.* Ungemein fruchtbares Jahr: *Sarrasine, Jésus-Christ en Flandre, Le Chef-d'Œuvre inconnu, L'Enfant maudit, Le Réquisitionnaire, Maître Cornelius, L'Auberge rouge, Sur Cathérine de Médicis (Les deux Rêves), Les Proscrits.* Ferner nimmt Balzac *La Femme de*

*Trente Ans* in Angriff. Er führt das Leben eines Dandy, stattet seine Behausung in der Rue Cassini mit prächtigen Möbeln aus, schafft sich Pferde und einen Tilbury an, läßt sich von dem berühmten Schneider Buisson die teuersten Anzüge anfertigen.

1832 Balzac verliebt sich in die Marquise de Castries, eine Nichte des Herzogs von Fitz-James, und entwickelt politische Ambitionen: er wird Parteigänger der Neo-Legitimisten und hegt die Absicht, für die Chambre des Députés zu kandidieren. Eine mit der Marquise de Castries unternommene Reise nach Aix-les-Bains und Genf endet damit, daß Balzac, da ihm die Marquise nicht die Rechte eines Liebhabers einräumt, mit ihr bricht. Balzac publiziert die ersten zehn *Contes Drôlatiques* und *La Bourse, Madame Firmiani, Le Message, La Grenadière, La Femme abandonnée, Le Colonel Chabert, Le Curé de Tours, Les Maranas.* Am 7. November erreicht ihn der erste (anonyme) Brief der Gräfin Hanska, der die Unterschrift l'ÉTRANGÈRE trägt.

1833 In dieses Jahr fallen das «zweite Zehent» der *Contes Drôlatiques* und *Louis Lambert, Eugénie Grandet, L'illustre Gaudissart, Ferragus, Le Médecin de Campagne.* Korrespondenz mit der Gräfin Hanska: die ÉTRANGÈRE schreibt bewundernde Briefe, Balzac erklärt ihr brieflich seine Liebe. Am 25. September in Neuchâtel: Evelina Hanska und Balzac begegnen einander zum erstenmal. Von Weihnachten 1833 bis Februar 1834: erneute Vereinigung der beiden Liebenden in Genf.

1834 Intensive Arbeit am Schreibtisch, gleichzeitig verkehrt Balzac weiter in der mondänen Gesellschaft. In der Österreichischen Gesandtschaft zu Paris trifft er die Gräfin Guidoboni-Visconti, die seine Geliebte wird. Verschwenderische Ausgaben: Balzac erwirbt u. a. den berühmten Spazierstock, dessen riesiger, innen hohler Knauf aus Gold mit lauter Türkisen besetzt ist. Auf Einladung von Monsieur de Margonne zieht sich Balzac nach Saché auf das dortige Schloß zurück, wo er an *Séraphita* und *Le Père Goriot* arbeitet. Publiziert werden *La Duchesse de Langeais* und *La Recherche de l'Absolu.*

1835 Mit *Le Père Goriot* läßt Balzac erstmals ein Buch erscheinen, dessen Zuschnitt systematisch darauf angelegt ist, daß die darin auftretenden Figuren in anderen Büchern wiederkehren. Der Einfall, dem Balzac damit folgt, ist ihm bereits 1833 gekommen: die Zusammenfügung seiner Romane und Novellen zur *Comédie Humaine* wird nun auch für die Leser sinnfällig. Weitere Veröffentlichungen: *Le Contrat de Mariage, La Fille aux Yeux d'Or, Le Lys dans la Vallée, Melmoth réconcilié, Un Drame au Bord de la Mer, Séraphita.* Um sich dem Zugriff seiner Gläubiger zu entziehen, verbirgt sich Balzac in der Rue des Batailles (im Faubourg Chaillot) in einer Wohnung, die er unter dem fiktiven Namen einer Witwe Durand gemietet hat. In dem dort gelegenen Boudoir, das er in *La Fille aux Yeux d'Or* genau beschreibt, arbeitet Balzac bis zu sechzehn Stunden ohne Unterbrechung; aber er empfängt in diesem Raum auch die Gräfin Guidoboni-Visconti. Im Mai reist Balzac nach Wien, wo er sich mit der Gräfin Hanska trifft. Nach der Rückkehr begibt sich Balzac nach La Bouleaunière, dem ländlichen Wohnsitz von Madame de Berny, die schwer erkrankt ist.

1836 Balzac versucht sich als Zeitschriftenverleger und Chefredakteur mit der *Chronique de Paris:* unter seinen Mitarbeitern ist der junge Théophile Gautier. Um als Beauftragter der Familie Visconti deren Rechte in einer Erbschaftsangelegenheit wahrzunehmen, reist Balzac nach Italien: die Initiative dazu geht von der Gräfin Guidoboni-Visconti aus. Da sie kurz zuvor einen Sohn geboren hat (dessen Vaterschaft Balzac zugeschrieben wird), willigt sie überdies in etwas anderes ein: mit ihrem Einverständnis läßt Balzac sich, auf dieser ersten Italien-Reise seines Lebens, von einer als Page verkleideten Frau begleiten, Madame Caroline Marbuty, deren Gatte in Limoges als Justizbeamter tätig ist. In Turin verbringen Balzac und der angebliche Page Marcel drei glückliche Wochen, obgleich die Verkleidungskomödie allmählich ruchbar wird. Heimreise über Genf. In Paris erfährt Balzac, daß Madame de Berny inzwischen verstorben ist. Er besucht ihr Grab. Aufenthalt im Schloß zu Saché. Veröffentlicht werden: *La Messe de l'Athée, L'Interdiction, Facino Cane, Sur Cathérine de Médicis (Le Secret des Ruggieri);* ferner der erste Teil von *Le Cabinet des Antiques.*

1837 Neuerliche Reise nach Italien im Auftrag der Familie Visconti. Balzac macht Station in Mailand (wo er mit Alessandro Manzoni, dem Dichter von «I promessi sposi», bekannt wird), Venedig, Genua, Florenz. Zurückgekehrt nach Paris, wird Balzac wegen einer Zahlungsverpflichtung zugunsten seines Verlegers Werdet, der Konkurs gemacht hat, von den Gerichtsvollziehern verfolgt; er findet einen Unterschlupf bei dem Grafen und der Gräfin Visconti. Eine Zeitlang hält sich Balzac auf dem Schloß zu Saché auf. Im September — die Gräfin Visconti hat für Balzac die Forderung der Gerichtsvollzieher beglichen — erwirbt Balzac, zwischen Sèvres und Ville-d'Avray, den Landsitz Les Jardies, wobei er sich durch wahllosen Zukauf umliegender Ländereien, das Projekt riesiger Obstplantagen und ein Bauvorhaben, zu dem ihm das Kapital fehlt, in neue wirtschaftliche Schwierigkeiten verstrickt. Er publiziert in diesem Jahr das «dritte Zehent» der *Contes Drôlatiques;* den ersten Teil von *Illusions perdues; La vieille Fille, Les Employés, Gambara;* schließlich den Roman *Grandeur et Décadence de César Birotteau,* die Geschichte eines Bankrotts, in der sich seine eigenen finanziellen Sorgen spiegeln.

1838 Zu Besuch bei dem befreundeten Ehepaar Carraud in Frapesles, das durch Erbschaft in den Besitz des dortigen Schlosses gelangt ist. Außerdem besucht Balzac seine Schriftsteller-Kollegin George Sand auf deren Landsitz Nohant. Von Mitte März bis Anfang Juni befindet sich Balzac auf einer Reise nach Sardinien, um an Ort und Stelle die stillgelegten, jedoch früher bereits von den Römern ausgebeuteten Silberminen zu explorieren, von denen ihm im Vorjahr ein Genueser Kaufmann erzählt hat. Balzac hält die Gründung einer Gesellschaft, welche die Silberminen wieder in Betrieb nimmt und von ihm geleitet werden soll, für ein probates Mittel, um rasch reich zu werden. Ein Gedanke, der alles andere als eine Chimäre ist (denn heutzutage ist die Silberförderung auf Sardinien längst wieder in Gang gekommen); indessen erbringt die Reise für Balzac kein greifbares Resultat. Wieder in Frankreich, begibt er sich in die bretonische Kleinstadt Guérande, in der Nähe von Le Croisic an der Atlantikküste, und erfreut sich dort der Freundschaft mit Hélène de Valette. Von Paris aus, wo er sowohl die Wohnung in der Rue Cassini als auch die Wohnung in der Rue des Batailles nunmehr aufgibt, übersiedelt Balzac nach Les Jardies; und zwar gemeinsam mit dem gräflichen Ehepaar Visconti. Auf den Buchmarkt gelangen seine Novelle *La Maison Nucingen* und sein Roman *Le Curé de Village.*

1839 Balzac veröffentlicht ein Memorandum, in dem er sich für die Unschuld des Notars Peytel verbürgt, mit dem er 1831 bekannt geworden ist: Peytel ist des Mordes an seiner Frau und seinem Diener angeklagt. Trotz des Einspruches von Balzac wird Peytel jedoch zum Tode verurteilt und hingerichtet. Im Juli dieses Jahres sind Victor Hugo und der Literat Léon Gozlan Tischgäste bei Balzac in Les Jardies: der Autor der *Comédie Humaine* trägt sich mit dem Gedanken, für die Académie Française zu kandidieren. Er publiziert den zweiten, abschließenden Teil von *Le Cabinet des Antiques, Une Fille d'Ève,* die Fortsetzung von *Illusions perdues,* den ersten Teil von *Splendeurs et Misères des Courtisanes* sowie *Béatrix, Les Secrets de la Princesse de Cadignan, Massimilla Doni.*

1840 Im Theater an der Porte Saint-Martin kommt es bei der Uraufführung des Dramas *Vautrin,* das Balzac nach Texten seiner Romane (hauptsächlich *Le Père Goriot*) eilig zusammengeschrieben hat, zu einem Skandal, der den Durchfall des Stückes besiegelt. Der Skandal und das diesem folgende Verbot jeder weiteren Aufführung werden durch den Darsteller der Titelrolle, Frédérick Lemaître, ausgelöst, der für seinen Schlußauftritt eine anzügliche Perücke gewählt und vor allem sich so geschminkt hat, daß im Publikum jedermann den «Bürgerkönig» Louis-Philippe vor sich zu sehen meint. Den Ausgleich für seinen Mißerfolg als Theaterdichter sucht Balzac auf dem Feld der Journalistik: er gründet die *Revue Parisienne,* deren einziger Redakteur er ist. In dieser Zeitschrift läßt er dem gerade erschienenen Roman

«La Chartreuse de Parme» von Stendhal jene so eingehende wie tiefdringende lobende Rezension angedeihen, für die sich der Verfasser, ganz gegen seine sonstige Art, überschwenglich bei ihm bedankt. Nach drei Nummern muß jedoch die *Revue Parisienne* ihr Erscheinen einstellen. Auch beim Verkauf von Les Jardies erleidet Balzac beträchtliche Einbuße: er erhält knapp ein Fünftel des Kapitals, das er in diesen Landsitz hineingesteckt hat. Im Pariser Stadtteil Passy bezieht Balzac in der Rue Basse — der heutigen Rue Raynouard — ein Haus und richtet sich dort — das Haus ist heute als Musée Balzac zugänglich — mit seiner Mutter ein, von der er sich bald wieder trennt. Erzählwerke, die Balzac in diesem Jahr erstmals herausbringt, sind: *Pierrette, Pierre Grassou, Un Prince de la Bohème, Z. Marcas.*

1841 Infolge seiner übermäßigen Nachtarbeit ist die Gesundheit von Balzac ernstlich erschüttert. Am 2. Oktober unterzeichnet Balzac den Verlagsvertrag über *La Comédie Humaine* mit einem Konsortium, zu dem sich die Verlagsfirmen Furne & Cie., Dubochet, Hetzel und Paulin vereinigt haben. Balzac veröffentlicht: *Mémoires de deux Jeunes Mariées, La fausse Maîtresse, Ursule Mirouet, La Rabouilleuse, Une ténébreuse Affaire, Sur Cathérine de Médicis (Le Martyr Calviniste).*

1842 Im Januar erfährt Balzac, daß im voraufgegangenen November Graf Hanski gestorben ist. Ohnehin hat er nie aufgehört, mit Evelina Hanska zu korrespondieren und an sie zu denken: von nun an ist es sein erklärtes Ziel, sie so bald wie möglich zu heiraten. Im März nimmt Balzac mit bemerkenswertem Gleichmut einen abermaligen Mißerfolg als Dramatiker hin: seine Komödie *Les Ressources de Quinola* wird bei der Uraufführung im Odéon einhellig abgelehnt. Im April wird in der «Bibliographie de la France» die erste Lieferung der *Comédie Humaine* angekündigt; die letzte Lieferung des ersten Sammelbandes enthält die berühmte Einleitung in das Gesamtwerk. Neu veröffentlicht werden in diesem Jahr: *Un Début dans la Vie, Albert Savarus, Autre Étude de Femme* sowie der erste Abschnitt von *L'Envers de l'Histoire contemporaine.*

1843 Reise von Paris nach Sankt Petersburg, wo er mit der Gräfin Hanska zusammentrifft. Rückreise über Berlin, Potsdam, Leipzig, Dresden, Lüttich, Brüssel: dort besichtigt Balzac die Museen. Der Arzt Nacquard behandelt ihn wegen einer Entzündung der Spinngewebshaut, einer der drei, das Gehirn umschließenden Häute (Arachnoiditis). — Weitere Sammelbände der *Comédie Humaine* erscheinen. Als Erstveröffentlichungen kommen heraus: *Honorine, La Muse du Département,* der Schlußband von *Illusions perdues.*

1844 Trotz seiner angegriffenen Gesundheit arbeitet Balzac fieberhaft weiter. Er schreibt *Modeste Mignon,* die Novelle *Gaudissart II,* schließt *La Femme de Trente Ans* endgültig ab, unterbricht dann aber die Arbeit an *Les Paysans*, deren erste Kapitel in der Zeitschrift *La Presse* im Druck erscheinen. (Später befaßt sich Balzac erneut mit der Niederschrift dieses Romans, ohne ihn jedoch zu vollenden; der zweite Teil wird als Fragment gedruckt.) In seinen leidenschaftlichen Briefen an die Gräfin Hanska zeichnet sich eine gewisse Entmutigung ab: Balzac erfährt, daß im Zarenreich die Übertragung von Grundbesitz an Nichtrussen wie ihn gesetzlich verboten ist, und so stößt die Verehelichung mit der verwitweten Gräfin Hanska auf Schwierigkeiten, in welche diese sich allem Anschein nach leichter zu schicken weiß als der Autor der *Comédie Humaine*.

1845 Im Mai trifft Balzac wieder mit Evelina Hanska zusammen: diesmal in Dresden, wo sich die Gräfin in Begleitung ihrer Tochter Anna und des Grafen Mniszech, des Verlobten der letzteren, einfindet. Gemeinsame Reise nach Italien. Evelina-Eva und ihre Tochter verbringen einen Monat in Paris, als Gäste von Balzac in der Rue Basse. Balzac veröffentlicht *Un Homme d'Affaires* und setzt den Schlußpunkt unter die *Petites Misères de la Vie Conjugale* (deren einzelne Teile er bereits zwischen 1830 und 1840 in Druck gegeben hat).

1846 Erwerb des aparten Hauses in der Rue Fortunée — der heutigen Rue Balzac —, in dem Balzac in Bälde mit Evelina Hanska Wohnung zu nehmen gedenkt. Zur Bedingung hat die künftige «Madame Honoré» freilich gemacht, daß erst ihre Tochter Anna die Ehe schließt: erleichterten Herzens fungiert daher Balzac bei dem jungen Paar als Trauzeuge. Doch dann bemächtigten sich «die Verzweiflung und der Gram seiner Seele», als er von Evelina-Eva die Nachricht bekommt, daß beider Sohn Victor-Honoré tot zur Welt gekommen ist. An Büchern publiziert Balzac in diesem Jahr: *La Cousine Bette*, *Les Comédiens sans le savoir*, den Schlußteil von *L'Envers de l'Histoire contemporaine*, welcher streng genommen, nur als Fortsetzung angesprochen werden kann; denn Balzac führt die Behandlung dieses Romanstoffes erst in dem Band *L'Initié* zu Ende, den er 1848 herausbringt.

1847 Von Februar bis April nimmt Madame Hanska in Paris in der Rue Neuve-de-Berry Aufenthalt. Besorgnisse über den Gesundheitszustand von Balzac und Geldsorgen rücken in den Vordergrund: bei der Ausstattung des Hauses in der Rue Fortunée läßt Balzac sich zu übertrieben hohen Ausgaben hinreißen. Von der Haushälterin Madame de Brugnol, die Briefe der Gräfin Hanska an sich gebracht hat, wird er erpreßt. Er entzweit sich mit dem einflußreichen Journalisten Émile de Girardin. Am 28. Juni schreibt Balzac sein Testament nieder. Im September weilt er zum erstenmal auf Schloß Wierzchownia in der Ukraine bei Madame Hanska zu Gast, wo er in sehr schlechter Verfassung, schwer leidend, eintrifft. Nichtsdestoweniger Besuch von Kiew. Literarisch bringt das Jahr den Abschluß von *Splendeurs et Misères des Courtisanes*, die Veröffentlichung von *Le Cousin Pons* und *L'Élec-*

*tion.* (Nachträglich wird der Roman *L'Élection,* zu dessen Vollendung Balzac nicht mehr kommt, in *Le Député d'Arcis* umbenannt.)

1848 Am 16. Februar ist Balzac wieder in Paris. Am 21. und 22. beobachtet er die Straßenkämpfe: der Ausbruch der Februarrevolution entsetzt ihn, wiewohl er ihn prophezeit hat. Seine Kandidatur für die Assemblée Constituante schlägt fehl. Erfolg hat dagegen im Théâtre Historique sein Drama *La Marâtre.* Ein letztes Mal ist Balzac Gast bei Monsieur und Madame de Margonne im Schloß zu Saché. Alarmierender ärztlicher Befund: Balzac leidet an schwerer Herzerweiterung. Im September verläßt er Paris, um sich nach Wierzchownia zu begeben.

1849 Dieses ganze Jahr verbringt Balzac in der Ukraine. Während der Wintermonate 1848/49 ist er an das Krankenzimmer gefesselt. Im fernen Paris bereitet man ihm eine Niederlage in der Académie Française: der durch das Ableben von Chateaubriand frei gewordene Sitz wird ihm nicht zugesprochen. Von den «Vierzig Unsterblichen» stimmen für Balzac lediglich Lamartine und Victor Hugo.

1850 Das Befinden von Balzac, der weiter in der Ukraine weilt, verschlimmert sich, während seine Mutter nach seinen brieflichen, bis ins kleinste Detail gehenden Anweisungen in Paris die Wohnungseinrichtung in der Rue Fortunée vervollständigt. In der westlich von Kiew gelegenen ukrainischen Stadt Berditschew werden Balzac und Evelina Hanska am 14. März in der Kirche der Heiligen Barbara getraut. Im Mai reist das Ehepaar nach Paris ab: unterwegs erleidet Balzac verschiedentlich Erstickungsanfälle. Am 21. Mai finden die Eheleute Balzac, als sie abends in der Rue Fortunée ankommen, das Haus verschlossen: der Diener François ist plötzlich irrsinnig geworden und hat den Eingang verbarrikadiert. Balzac verschafft sich gewaltsam Zutritt; noch in der Nacht wird der Diener in eine Anstalt transportiert.

Balzac wird bettlägerig und steht vom Krankenlager nicht mehr auf. Im Juli beginnt man ihn aufzugeben. Am 18. August besucht Victor Hugo den Sterbenden. «Er hatte», berichtet Hugo in dem Band *Choses vues,* «ein violettes, fast schwärzliches Gesicht, sein Kopf lag zur Seite geneigt, sein Bart war unrasiert, die ergrauten Haare hatte man ihm ganz kurz geschnitten, die Augen waren offen und starr. Ich sah ihn im Profil und gewahrte, daß er dem Kaiser ähnelte.»

Wenige Stunden darauf, am Abend des 18. August, tritt der Tod ein. Am 21. werden in der Kirche Saint-Philippe-du-Roule (an der Rue du Faubourg St.-Honoré) die Obsequien gehalten. Der Bestattung auf dem Père-Lachaise wohnen u. a. Gérard de Nerval, Sainte-Beuve, Alexandre Dumas (Père) bei. Die Leichenrede hält Victor Hugo.

## ZEUGNISSE

### Johann Wolfgang von Goethe

Ich las *La peau de chagrin* weiter ... Es ist ein vortreffliches Werk neuster Art [das Product eines ganz vorzüglichen Geistes], welches sich jedoch dadurch auszeichnet, daß es zwischen dem Unmöglichen und Unerträglichen mit Energie und Geschmack hin- und herbewegt, und das Wunderbare als Mittel, die merkwürdigsten Gesinnungen und Vorkommenheiten sehr konsequent zu brauchen weiß, worüber sich im einzelnen viel Gutes würde sagen lassen.

*Tagebuch, 11. 10. 1831; an F. v. Müller, 17. 11. 1831*

### Victor Hugo

Der Name Balzac wird eingehen in die leuchtende Spur, die von unserer Epoche einmal in der Zukunft künden wird ... Ach, dieser gewaltige, nimmermüde Arbeiter, dieser Philosoph, dieser Denker, dieser Dichter, dieses Genie hat unter uns jenes Leben voll von Stürmen und Kämpfen gelebt, das allen großen Männern beschieden ist. ... An einem und demselben Tage geht er ein in das Grab und in den Ruhm. Er wird fortan oberhalb der Wolken, die über unsere Häupter ziehen, unter den Sternen unseres Vaterlandes glänzen.

*Grabrede am 21. 8. 1850*

### Charles Baudelaire

Ja, er war es, er, der gewaltigste Händler- und Literatenkopf des neunzehnten Jahrhunderts; er, der das poetische Gehirn wie das Sprechzimmer eines Bankiers mit Zahlen tapeziert hat; er war es, der Mann mit dem mythologischen Bankrott, den hyperbolischen und phantasmagorischen Unternehmungen, deren Laterne er stets anzuzünden vergißt; der große Traumjäger, ohne Unterlaß auf der Suche nach dem Absoluten; er, die merkwürdigste, die wunderlichste, die interessanteste und eitelste Persönlichkeit der *Menschlichen Komödie*, er, dieses Original, das im Leben so unerträglich wie köstlich in seinen Büchern ist, dieses dicke, von Genie und Eitelkeit strotzende Kind, das so viele Qualitäten und so viel Querköpfiges hat, daß man das eine einzuschränken zögert, aus Furcht das andere zu verlieren, und so diese unverbesserliche und unvermeidliche Ungeheuerlichkeit zu verderben!

*Wie man seine Schulden bezahlt, wenn man Genie hat. 1845*

### Sainte-Beuve

Balzac war ein Sittenmaler unserer Zeit, und er ist vielleicht ihr originellster, befähigtster und tiefschürfendster gewesen. Früh schon sah er dieses 19. Jahrhundert als etwas ihm Untertäniges, als seine Sache an; er hat sich mit Leidenschaft hineingestürzt und ist nicht mehr daraus emporgetaucht. Die Gesellschaft ist wie eine Frau, sie will ihren Maler für sich allein haben: er wurde es. Er ist keiner Tradition gefolgt, indem er sie malte; er hat eine neue Art der Pinselführung und Malkunst für diese ehrgeizige und gefallsüchtige Gesellschaft gefunden, der daran lag, nur aus sich selbst zu stammen und keiner andern zu gleichen. Dafür hat sie ihn auch um so mehr geliebt. *Balzac. 2. 9. 1850*

HIPPOLYTE TAINE

Diese leidenschaftlichen Worte, aus Spitälern und Gefängnissen aufgelesenen Bilder, Paarungen unerhörter Ausdrücke, mit einem Wort, diese Glut eines Stils, der an den Ideen, die er nicht mehr aufnehmen kann, zu ersticken scheint, zeigen einen Grad von Leiden, Anstrengungen und Genie an, wie man ihn sonst nirgends wieder findet... Man leidet zwar unter der Gier dieser so sehr gehemmten Inspiration und unter den Ausbrüchen eines so fieberhaft gespannten Willens, aber dann fühlt man sich von der Größe solcher Leidenschaft und dem Triumph ihrer Kraft tief durchdrungen. *Balzac. 1865*

HUGO VON HOFMANNSTHAL

Diese Welt, die kompletteste und vielgliedrigste Halluzination, die je da war, ist wie geladen mit Wahrheit. Ihre Körperhaftigkeit löst sich dem nachdenklichen Blick in ein Nebeneinander von unzähligen Kraftzentren auf, von Monaden, deren Wesen die intensivste, substantiellste Wahrheit ist. Im Auf und Ab dieser Lebensläufe, dieser Liebesgeschichten, Geld- und Machtintrigen, ländlichen und kleinstädtischen Begebenheiten, Anekdoten, Monographien einer Leidenschaft, einer seelischen Krankheit oder einer sozialen Institution, im Gewirr von beinahe dreitausend menschlichen Existenzen, wird ungefähr alles berührt, was in unserem bis zur Verworrenheit komplizierten Kulturleben überhaupt einen Platz einnimmt. Und fast alles, was über diese Myriaden von Dingen, Beziehungen, Phänomenen gesagt wird, strotzt von Wahrheit. *Balzac. 1908*

STEFAN ZWEIG

Der wirkliche Balzac, der unermüdlichste Werkmann, den die Weltliteratur kennt, mußte all diesen Gozlans und Verdets und Janins unsichtbar bleiben, den Nichtstuern und Flaneuren, weil sie ihn nur kannten in der «einen Stunde am Tag, die er der Welt zu geben hatte»... Der wirkliche Balzac ist jener, der in zwanzig Jahren nebst einer Unzahl von Dramen, Novellen, Aufsätzen vierundsiebzig fast immer vollwichtige Romane geschrieben und in diesen vierundsiebzig Romanen eine eigene Welt mit hundert Landschaften, Häusern und Straßen und zweitausend Gestalten geschaffen hat. Nur an diesem Maß darf Balzac gemessen werden, nur an diesem Werk wird sein wirkliches Leben erkenntlich. Der seinen Zeitgenossen als Narr erschien, war in Wirklichkeit die diszipliniierteste Kunstintelligenz der Epoche; der Mann, den sie als einen maßlosen Verschwender verspotteten, ein Asket mit der unverbrüchlichen Beharrlichkeit eines Anachoreten, der großartigste Arbeiter der modernen Literatur.

*Balzac. 1947*

GOTTFRIED BENN

Balzac, der trug kein Amulett und sehnte sich nicht nach Abrahams Schoß, trank dafür fünfzig Tassen Kaffee an seinem Arbeitstag, denn er mußte liefern, Vorschuß abdecken, drei Romane im Jahr war das Mittel, der Redaktionsbote stand neben ihm am Schreibtisch wegen der Fortsetzung für das Abendblatt. Von da auf jeder Seite das fast planmäßige Gemisch von Kolportage und Genie, von geradezu systematisch vorgebrachtem Feuilletonismus und hinreißender Caprice. Gleicherweise Zeilenschinderei wie sprachlich wachsende Visionen, Geschwätz und Unwiderstehlichkeit, Kino und Erkenntnis. Die einzelnen Sätze seiner Prosa glänzen für sich . . ., Sätze außerordentlicher Erfahrung, und hinter dem Ganzen Folgerungen, die weit gehen, nämlich: Kunst ist inhaltsreicher und erfinderischer als das Leben und hat überraschendere Methoden als die Natur. Kein menschliches Leben zeigt soviel Wendungen, entwickelt soviel Beziehungen, führt sich und seine Umgebung in so überraschende Tiefen wie vierhundert Seiten dieses unerschöpflichen Werks!

*Ausdruckswelt. 1949*

ERNST ROBERT CURTIUS

Balzac empfängt die Huldigung der europäischen Elite. Aber derselbe Balzac spricht auch zu den Massen der Leserschaft. Stendhal hat für the happy few geschrieben. Um Flaubert zu genießen, muß man in die Raffinements der künstlerischen Form eingeweiht sein. Balzac schreibt weder für Intellektuelle noch für Ästheten. Dennoch zollen auch sie ihm Bewunderung. Aber er sucht und findet seine Leser in allen Schichten und in allen Völkern. Er ist vielleicht der einzige Schriftsteller des 19. Jahrhunderts, der den Abgrund zwischen den Eliten und den Massen überbrückt. Auch das ist ein Siegel der Größe. Balzac enthält als Franzose die ganze Menschheit. Darum konnte er Menschheitsbesitz werden.

Balzacs Größe war noch bis zum Ende des 19. Jahrhunderts und darüber hinaus umstritten. Aber heute, ein Jahrhundert nach seinem Tode, tritt sie immer mächtiger hervor. Und sie wird wachsen, von Jahrhundert zu Jahrhundert.

*Wiederbegegnung mit Balzac. 1950*

# BIBLIOGRAPHIE

## *1. Bibliographien und wissenschaftliche Hilfsmittel*

L'année balzacienne. Paris 1960ff (JEAN POMMIER, Hg. bis 1973 und PIERRE-GEORGES CASTEX, Hg. ab 1974). Hier werden jährlich die neuesten Forschungsergebnisse publiziert, wichtige Neuerscheinungen kritisch vorgestellt und alle Balzac-Ausgaben, -Bücher und -Artikel verzeichnet.

BEILHARZ, RICHARD: Balzac. Darmstadt 1979 (Erträge der Forschung. 109)

Le courrier balzacien. Paris N. S. 1964ff

KLAPP, OTTO (Hg.): Bibliographie der französischen Literaturwissenschaft. Frankfurt/Main 1960ff

MICHEL, ARLETTE: État présent des études balzaciennes. In: L'information littéraire, 38 (1986) 4, S. 142–148 und 38 (1986) 5, S. 205–214

NERLICH, MICHAEL: Schwerpunkt Balzac. Zur Forschungssituation. In: Lendemains 1, (1975), S. 36–41

ROYCE, WILLIAM HOBART: A Balzac bibliography. Writings relating to the life and works of Balzac. Chicago 1929; Index und Nachträge. 1930 bis 1937

WAGGONER, MARK W.: Bibliography of Balzac criticism, 1930–1990. Encinitas (French Research Publications) 1990

WOLFZETTEL, FRIEDRICH: Balzacforschung 1967–1977. In: Romanistische Zeitschrift für Literaturgeschichte, 2 (1978) 2/3, S. 350–382

## *2. Werke in Gesamt- und Einzelausgaben*

### *a) Gesamt- und Sammelausgaben*

Œuvres complètes de Horace de Sainte-Aubin, mises en ordre par Émile Regnault. 16 Bde. Paris 1836–1840

La Comédie humaine. 17 Bde. Paris 1842–1848; 20 Bde. 1855 – Neudruck. 20 Bde. Paris 1924

Œuvres complètes. 24 Bde. Paris 1869–1876

Œuvres complètes. 36 Bde. Paris 1902–1925

Œuvres complètes. Texte revisé et annoté par MARCEL BOUTERON et HENRI LONGNON. Ill. de Charles Huard. 40 Bde. Paris 1912–1940

La Comédie humaine. Texte établi par MARCEL BOUTERON, 10 Bde. Paris 1935–1936

L'Œuvre de Balzac, publiée sous la direction d'ALBERT BÉGUIN et JEAN A. DOUCOURNEAU. 16 Bde. Paris 1950–1953, Neuaufl. 1953–1955, 1962–1964 (Club français du livre) [Anordnung der Romane nach der Chronologie ihrer Handlungen]

Œuvres complètes. Édition nouvelle établie par la Société des études balzaciennes [sous la direction de MAURICE BARDÈCHE]. 28 Bde. Paris 1956 bis 1963, Neuaufl. 1968 (Club de l'honnête homme) [Enthält im Anmerkungsteil zahlreiche bisher unveröffentlichte Texte]

La Comédie humaine, Présentation et notes de PIERRE CITRON. 7 Bde. Paris 1965–1966 (l'Intégrale) [Enthält wieder die ursprünglichen Kapitelüberschriften der einzelnen Werke. Anordnung nach Balzacs Anweisungen von 1845 unter Einbeziehung der Fragmente und unaufgeführten Pläne]

Œuvres complètes illustrées. Édition dirigée par JEAN A. DUCOURNEAU sous le patronage d'un Comité national comprenant André Maurois. Jean Pommier,

Julien Cain, Gaëtan Picon et Pierre-Georges Castex. 31 Bde. vorgesehen. Paris 1965 ff [1973, 28 Bde. erschienen] (Les Bibliophiles de l'originale) [Enthält für die Comédie humaine Balzacs handschriftlich korrigiertes Furne-Exemplar im Faksimile]

Romans de jeunesse (1822–1825). Réédition sous la direction de JEAN A. DUCOUNEAU. «Le Cabinet romantique». 15 Bde. Paris 1961–1963 (Les Bibliophiles de l'originale) [Faksimiledruck der Erstausgaben. Dazu ist 1965 ein 16. Bd. erschienen: BARBÉRIS, PIERRE: Aux sources de Balzac. Les romans de jeunesse]

Théâtre. Édition établie et annotée par RENÉ GUISE. 3 Bde. Paris 1969–1971 (zugleich Bd. 21–23 der Œuvres complètes illustrées, Les Bibliophiles de l'originale)

Correspondance. Textes réunies, classés et annotés par ROGER PIERROT. 5 Bde. Paris 1960–1969 (Classiques Garnier)

Lettres à Madame Hanska. Première édition intégrale, établie sur les autographes. Textes réunis, classés et annotés par ROGER PIERROT. 4 Bde. Paris 1967–1971 (zugleich Les Bibliophiles de l'originale)

Balzac. La Comédie humaine. 12 Bde. Paris 1976–1978 (Bibliothèque de la Pléiade). Völlig veränderte Neuauflage hg. v. PIERRE-GEORGES CASTEX

### *b) Einzelausgaben*

Im folgenden nennen wir nur die französischen Erstausgaben der einzelnen Bücher Balzacs, zu denen auch die frühen bändereichen Zusammenfassungen gehören, die der weitgreifenden Sammlung der meisten seiner Romane unter dem Titel *La Comédie humaine* vorausgingen.

L'héritière de Birague. Histoire tirée des manuscrits de Dom Rago. 4 Bde. Paris 1822

Jean-Louis, ou la fille trouvée. 4 Bde. Paris 1822

Clotilde de Lusignan ou le beau juif. 4 Bde. Paris 1822 – Später u. d. T.: L'Israëlite

Le centenaire, ou les deux Beringheld. 4 Bde. Paris 1822–1837 u. d. T.: Le sorcier

Le vicaire des Ardennes. 4 Bde. Paris 1822

La dernière fée, ou la nouvelle lampe merveilleuse. 2 Bde. Paris 1823

Annette et le criminel, ou suite du vicaire des Ardennes. 4 Bde. Paris 1824 – Später u. d. T.: Argow le pirate

Du droit d'ainesse. Paris 1824

Histoire impartiale des jésuites. Paris 1824

Wann-Chlore. 4 Bde. Paris 1825 – Später u. d. T.: Jane le pâle

Code des gens honnêtes ou l'art de ne pas être dupe des fripons. Paris 1825

Petit dictionnaire critique et anecdotique des enseignes de Paris. Paris 1826

Le dernier chouan ou la Bretagne en 1800. 4 Bde. Paris 1829–1834 u. d. T.: Les chouans ou la Bretagne en 1799

Mémoires pour servir à l'histoire de la révolution française. 2 Bde. Paris 1829

Physiologie du mariage, ou méditations de philosophie éclectique sur le bonheur et le malheur conjugal. 2 Bde. Paris 1830

Scènes de la vie privée. 2 Bde. Paris 1830 – Enthält: La vendetta; Les angers de l'inconduite; Le bal de sceaux; Gloire et malheur (La maison du chat-qui-pelote); La femme vertueuse; La paix du ménage

Scènes de la vie privée. 2. éd. 4 Bde. Paris 1832 – Bd. 3 und 4 enthalten: Le conseil (Le message, La grande Bretèche); La bourse; Le devoir d'une femme (Adieu); Les célibataires (Le curé de Tours); Le rendez-vous; La femme de trente ans (A trente ans); Le doigt de Dieu; Les deux recontres; L'expiation (La vieillesse d'une mère coupable)

Enquète sur la politique des deux ministères. Paris 1831

La peau de chagrin. Roman philosophique. 2 Bde. Paris 1831
Romans et contes philosophiques. Paris 1831 – Enthält: L'enfant maudit; L'elixir de longue vie; Les proscrits; Le chef-d'œuvre inconnu; Le réquisitionnaire; Étude de femme; Les deux rêves; Jésus-Christ en Flandre; L'église
Romans et contes philosophiques. 2. éd. Paris 1832 – Enthält außerdem: Sarrasine; La comédie du diable; El verdugo
Nouveaux contes philosophiques. Paris 1832 – Enthält: Maître Cornélius; Madame Firmiani; L'auberge rouge; Louis Lambert
Les cent contres drôlatiques colligez ès abbaies de Touraine et mis en lumière par le sieur de Balzac. 3 Bde. Paris 1832–1837
Histoire de Napoléon, contée dans une grande par un vieux soldat. Paris 1833 – Unerlaubter Druck des Fragments
Histoire intellectuelle de Louis Lambert. Paris 1833 – Erster Einzeldruck
Le médicin de campagne. 2 Bde. Paris 1833
Études de mœurs au XIXe siècle. 12 Bde. Paris 1834–1837
1. série: Scènes de la vie privée. T. 1–4 – Enthält neu: La fleur des pois; Le contrat de mariage; La paix du ménage; La recherche de l'absolu; La femme de trente ans (2 neue Kapitel); La vallée du torrent
2. série: Scènes de la vie de province. T. 5–8 – Enthält: Eugénie Grandet; La femme abandonnée; La grénadière; L'illustre Gaudissart; La vieille fille; Illusions perdues (I): Aus den Scènes de la vie privée wurden übernommen: Le message; La grande Bretèche (les trois vengeances); Le curé de Tours
3. série: Scènes de la vie parisiennes. T. 9–12 – enthält Neues und Altes: La femme vertueuse; La bourse; Le papa Gobseck; Les marana; Histoire des treize; La fille aux yeux d'or; Profil de marquise (Sarrasine); La contesse à deux maris (Le Colonel Chabert); Madame Firmiani
Le père Goriot. Histoire parisienne. 2 Bde. Paris 1835
Le livre mystique. 2 Bde. Paris 1835 – Enthält: Les proscrits; Histoire intellectuelle de Louis Lambert; Séraphita
Séraphita. Paris 1836 – Erster Einzeldruck
Jane la pâle. 2 Bde. Paris 1836 – 1. Ausgabe u. d. T.: Wann-Chlore
Le lys dans la vallée. 2 Bde. Paris 1836
Études philosophiques. 20 Bde. Paris 1835–1840 – Enthält: La peau de chagrin; Le réquisitionnaire; El verdugo; L'élixir de longue vie; Un drama au bord de la mer; Maître Cornélius; Jésus-Christ en Flandre; Melmoth réconcilié; L'église; Histoire intellectuelle de Louis Lambert; L'interdiction; La messe de l'athée; Les deux rêves; Facino Cane; Les martyrs ignorés; Le secret des Ruggieri; L'enfant maudit; La perle brisée; Une passion dans le désert; L'auberge rouge; Le chef-d'œuvre inconnu; Gambara; Les proscrits; Massimilla Doni; Séraphita
Argow le pirate. 2 Bde. Paris 1837 – 1. Ausgabe u. d. T.: Annette et le criminel
Le sorcier. 2 Bde. Paris 1837 – 1. Ausgabe u. d. T.: Le centenaire
L'excommunié. Roman posthume. 2 Bde. Paris 1837
Balthazar Claes ou la recherche de l'absolu. Paris 1839 – Erster Einzeldruck
Histoire de la grandeur et de la décadence de César Birotteau. 2 Bde. Paris 1838
La femme supérieure. 2 Bde. Paris 1838 – Darin 1. Ausgabe von Splendeurs et misères des courtisanes
A l'école des ménages. Comédie. (1838–1839) Œuvre posthume. Éd. originale. Paris 1907
Le cabinet des antiques. Scène de la vie de province. (Suivi de Gambara.) 2 Bde. Paris 1839 – Erster Einzeldruck
Eugénie Grandet. Paris 1839 – Erster Einzeldruck
Un fille d'Ève. Scène de la vie privée. 2 Bde. Paris 1839 – Erster Einzeldruck
Un grand homme de province à Paris. (Illusions perdues. 2.) 2 Bde. Paris 1839

Béatrix ou les amours forcés. Scène de la vie privée. 2 Bde. Paris 1839
Dom Gigadas. 2 Bde. Paris 1840
L'Israëlite. 2 Bde. Paris 1840 – Früher u. d. T.: Clotilde de Lusignan
Vautrin. Drame en 5 actes. Paris 1840
Physiologie de l'employé. Paris 1840
Pierrette. Scène de la vie de province. 2 Bde. Paris 1840
Revue parisienne. Dirigée par Honoré de Balzac. Paris 1840
Une princesse parisienne. Paris 1840
Physiologie du rentier de Paris et de province. Paris 1841
Le curé de village. Scène de la vie de campagne. 2 Bde. Paris 1841
Ursule Mirouet. 2 Bde. Paris 1842
Monographie de la presse parisienne. Paris 1842
Les ressources de Quinola. Comédie. Paris 1842
Mémoires de deux jeunes mariées. 2 Bde. Paris 1842
Les deux frères. Paris 1842
Une ténébreuse affaire. 3 Bde. Paris 1842
Cathérine de Médicis expliquée. 3 Bde. Paris 1843
Paméla Giraud. Drame. Paris 1843
David Séchard. 2 Bde. Paris 1843 – Erster Einzeldruck
Un début dans la vie. 2 Bde. Paris 1844
Modeste Mignon ou les trois amoureux. 4 Bde. Paris 1845
Honorine. 2 Bde. Paris 1844
La lune de miel. 2 Bde. Paris 1845
Petites misères de la vie conjugale. Paris 1845
Splendeurs et misères des courtisanes. Esther. 3 Bde. Paris 1844
Le provincial à Paris. 2 Bde. Paris 1847
Histoire des parents pauvres. La Cousine Bette et les deux musiciens. Paris 1847
La femme de soixante ans, suivie de L'enfant maudit... 3 Bde. Paris 1847
L'initié. 2 Bde. Paris 1848
La marâtre. Drama intime. Paris 1848
Mercadet. Comédie. Paris 1851
Théorie de la démarche. Paris 1853
Traité de la vie élégante. Paris 1853
Les paysans. 5 Bde. Paris 1855
L'amour masqué ou imprudence et bonheur. Roman inédit. Paris 1911
Les fantaisies de la Gina. Nouvelle inédite. Paris 1923
Journaux à la mer. Textes inédites de 1830–1839. Paris 1949

Beachtung verdienen vor allem die seit 1956 in der Reihe Classiques Garnier von Spezialisten herausgebrachten kritischen Ausgaben, die durch ihre informativen Einführungen, Anmerkungen und besonders durch eine reiche Lesartenauswahl aus den verschiedenen Fassungen der einzelnen Werke (Balzacs Manuskripte, Fahnenkorrekturen, mit handschriftlichen Zusätzen versehene Druckexemplare) einen überaus lebendigen Eindruck von seiner Schaffensweise vermitteln:
Béatrix (éd. M. Regard). Paris 1962
Le Cabinet des antiques (éd. P. G. Castex). Paris 1958
César Birotteau (éd. P. Laubriet). Paris 1964
Les Chouans (éd. M. Regard). Paris 1957
L'Envers de l'histoire contemporaine (éd. M. Regard). Paris 1959
Eugénie Grandet (éd. P.-G. Castex). Paris 1965
Histoire des Treize (éd. P.-G. Castex). Paris 1956
Illusions perdues (éd. A. Adam). Paris 1956
L'Illustre Gaudissart. La Muse de département (éd. B. Guyon). Paris 1970

Le Lys dans la vallée (éd. M. LE YAOUANC). Paris 1966
La Maison de chat-qui-pelote. Le Bal de Sceaux. La Vendetta (éd. P.-G. CASTEX). Paris 1963
La Peau de chagrin (éd. M. ALLEM). Paris 1960
Le Père Goriot (éd. P.-G. CASTEX). Paris 1960
Les Petits Bourgeois (éd. R. PICARD). Paris 1960
La Rabouilleuse (éd. P. CITRON). Paris 1966
Splendeurs et misères des courtisanes (éd. A. ADAM). Paris 1958
La Vieille Fille (éd. P.-G. CASTEX). Paris 1957

Auch die zahllosen neuen Ausgaben in den Reihen Garnier-Flammarion, Le Livre de poche, Folio sind jetzt mit seriösen Einführungen versehen. – Beispielhaft ist der Versuch, einzelne Werke wieder im Wortlaut der Erstausgabe herauszugeben, den Balzac bekanntlich durch ständige Überarbeitungen beträchtlich verändert hat, der aber für die zeitgenössische Rezeption maßgeblich gewesen ist:

La Peau de chagrin. Texte de l'édition originale (1831). Préface de PIERRE BARBÉRIS. Paris 1972 (Le Livre de poche Bd. 1701)

### *c) Übersetzungen*

Die Übersetzungen bis 1948 sind verzeichnet bei HANS FROMM, Bibliographie der deutschen Übersetzungen aus dem Französischen, Bd. 1. Wir nennen ältere Ausgaben und eine weitere kleine Auswahl.

Erzählende Schriften. 12 Bde. Stuttgart 1835–1836
Sämtliche Werke. Bd. 1–82. Quedlinburg 1841–1846
Ausgewählte Werke. (Übers. von Alfred Brieger.) 10 Bde. Berlin 1905
Menschliche Komödie. (Übers. von Felix Paul Greve u. a. Einl. von Hugo von Hofmannsthal.) 16 Bde. Leipzig (Insel) 1908–1911; neue Ausgabe 1923–1925
Gesammelte Werke. 46 Bdch. Berlin (Rowohlt) 1923–1926
Gesammelte Werke. Neuausgabe. Hamburg (Rowohlt) 1952 ff
Ehefrieden; Zwei Frauen; Glanz und Elend der Kurtisanen; Eugénie Grandet; Verlorene Illusionen; Junggesellenwirtschaft; Die Lilie im Tal; Vetter Pons; Tante Lisbeth; Albert Savarus; Der Alchimist; Geschichte der Dreizehn; Vater Goriot; Cäsar Birotteaus Größe und Niedergang; Der Landarzt; Modeste Mignon; Pariser Novellen; Die tödlichen Wünsche; Buch der Mystik; Eine dunkle Geschichte; Trollatische Geschichten; Der Landpfarrer; Nebenbuhler; Volksvertreter; Künstler und Narren; Katharina von Medici; Die Frau von 30 Jahren; Honorine; Heimliche Könige; Der Ehekontrakt; Oberst Chabert und andere Erzählungen; Die Geheimnisse der Fürstin von Cadignan
Geliebtes Leben. Ein Brevier von Werner Fuchs-Hartmann. Leipzig 1940
Oberst Chabert. (Übers. von Ernst Weiß.) Hamburg 1950
Die Frau von dreißig Jahren. (Übers. von Erich Noether.) Hamburg 1951
Ergötzliche Geschichten in den Abteien des gutes Lebens gesammelt. München 1952
Meisternovellen. (Ausgew. und übers. von Eva Rechel-Mertens.) Nachwort von Felix Stössinger. Zürich 1953
Verlorene Illusionen. (Übers. von Otto Flake.) Gütersloh 1955
Tolldreiste Geschichten. (Übers. von Nino Erné.) München 1955; 1958
Die tödlichen Wünsche oder Die Chagrinleder. (Übers. v. E. A. Rheinhardt.) Gütersloh 1956
Tolldrastische Geschichten. (Übers. von Walter Widmer.) München 1956
Erzählungen aus der Napoleonischen Sphäre. Wiesbaden 1958
Tante Lisbeth. Vollst. Ausg. München 1958

Die Chagrinleder. München 1957
Mystische Geschichten. München 1958
Das Mädchen mit den Goldaugen und andere Geschichten. München 1958
Der Vetter Pons. München 1958
Vetter Pons. Vater Goriot. Gobseck. München 1960
Die letzte Fee. (Übers. von Maria Honeit.) München 1963
Tolldrastische Geschichten. Mit den gesamten Illustrationen von Gustave Doré. (Übers. von Walter Widmer.) München 1963
Verlorene Illusionen. (Übers. von U. Wolf.) München 1965
Eine dunkle Affäre. Nachwort von Hugo Meier. Zürich 1968
Die Frau von dreißig Jahren. Wiesbaden o. J.
Glanz und Elend der Kurtisanen. (Übers. von E. W. Junker.) München 1969
Die Kunst, seine Schulden zu zahlen. Eine Theorie des Ganges. München 1969
Die Menschliche Komödie. Übers., eingel. und hg. von Prof. Dr. Ernst Sander. 12 Bde. Müchen 1971
Die Schicksalshaut. Nachwort von Hugo Meier. Zürich 1971
Vater Goriot. Nachwort von Carlo Schmid. München 1971
Briefe an die Freunde. Eine Auswahl. Übers. v. Gerda Gensberger, hg. und eingel. v. Ulla Momm und Gerda Gensberger. Bremen 1996

### 3. *Lebenszeugnisse*

Album Balzac. Iconographie réunie et commentée par JEAN A. DUCOURNEAU. Paris 1962 (Bibliothèque de la Pléiade)
BERTAUT, JULES: Balzac anecdotique. Choix d'anecdotes rec. Paris 1908
BLANCHARD, MARG.: Témoignages et jugements sur Balzac. Essai bibliographique. Paris 1931
Briefe an die Fremde. Hg. von WILHELM WEIGAND. 2 Bde. Leipzig 1911 – 2. Aufl. 1921
CHAMPFLEURY: Documents pour servir à la biographie de Balzac. 3 Bde. Paris 1875–1879
Correspondance 1819–1850. 2 Bde. Paris 1876
Correspondance inédite avec Mme Zulma Carraud. Paris 1935 – Éd. rev. Paris 1951
Correspondance inédite de H. de B. avec le lieutenant-colonel L. N. Périolas. Paris 1923
DUCOURNEAU, JEAN A., und ROGER PIERROT: Calendrier de la vie de Balzac. 1716–1825 in: Les Études balzaciennes 1951–1960; 1826 ff in: L'Année balzacienne 1960 ff. [L'Année balzacienne 1974: 1842]
GOZLAN, LÉON: Balzac chez lui. Souvenirs des jardies. Paris 1862
GOZLAN, LÉON: Balzac en pantoufles. Paris 1856 – Neue Ausgabe. Paris 1949 – Deutsch: Der intime Balzac. Anekdoten. Hannover 1922
Letters to his family 1809–1850. Ed. by WALTER HASTINGS. Princeton 1934 – Franz. Ausgabe. Paris 1950
Lettres à l'étrangère. 2 Bde. Paris 1899–1906 – Neue Ausgabe. Bd. 1–4. Paris 1925–1950
Lettres des femmes adressées à Balzac. Paris 1924
MÉTADIER, PAUL: Balzac en Touraine. Introduction de Pierre-Georges Castex. Photographies de Robert Thuillier. Paris 1968
WERDET, EDMOND: Portrait intime de Balzac. Sa vie, son humeur et son caractère. Paris 1859
SURVILLE, Mme L. de: Balzac, sa vie et ses œuvres d'après sa correspondance. Paris 1858
SURVILLE, Mme L. de: Les femmes de Balzac. Paris 1857

### *4. Gesamtdarstellungen und allgemeine Würdigungen*

ABRAHAM, PIERRE: Balzac. Paris 1927
ALLEMAND, ANDRÉ: Honoré de Balzac. Création et passion. Paris 1965
ALTHAUS, HORST: Zwischen alter und neuer besitzender Klasse. Stendhal, Balzac, Flaubert, Zola. Beiträge zur französischen Gesellschaftsgeschichte. Berlin 1987 (Schriften zur Kultursoziologie. 8)
AMBLARD, MARIE-CLAUDE: L'œuvre fantastique de Balzac. Sources et philosophie. Paris 1972
BALDENSPERGER, FERNAND: Orientations étrangères chez Honoré de Balzac. Paris 1927
Balzac – Leben und Werk. Zeugnisse und Aufsätze von Victor Hugo bis Georges Simenon. Hg. von CLAUDIA SCHMÖLDERS. Erw. Neuausgabe Zürich 1994
Balzac et la révolution française. Paris (Paris Musées) 1988
BARBÉRIS, PIERRE: Balzac et le mal du siècle. Contribution à une physiologie du monde moderne. I: 1799–1829. Une expérience de l'absurde: aliénations et prises de conscience. II: 1830–1833, Une expérience de l'absurde: de la prise conscience à l'expression. 2 Bde. Paris 1970
Balzac. Une mythologie réaliste. Paris 1971
Mythes balzaciens. Paris 1972
Le monde de Balzac. Paris 1973
BARDÈCHE, MAURICE: Une lecture de Balzac. Paris 1964, 1970
BARRIÈRE, MARCEL: L'œuvre de Honoré de Balzac. Paris 1890
BASCHET, ARMAND: Honoré de Balzac. Étude variée avec notes historiques de CHAMPFLEURY. Blois 1851
BÉGUIN, ALBERT: Balzac visionnaire. Propositions. Genf, Paris 1946
BERNHEIMER, CHARLES: Figures of ill repute: representing prostitution in nineteenth-century France. Cambridge, Mass., London 1989
BERTAULT, PHILIPPE: Balzac et la religion. Genf, Paris (Reprint) 1980
BETTELHEIM, ANTON: Balzac. Eine Biographie. München 1926
BILODEAU, FRANÇOIS: Balzac et le jeu des mots. Montréal 1971
BIRE, EDMOND: Honoré de Balzac. Paris 1897
BOREL, JACQUES: Médecine et psychiatrie balzaciennes. La science dans le roman. Paris 1971
BOSSE, MONIKA: Metamorphosen des literarischen «Contre-pouvoir» im nachrevolutionären Frankreich. München 1981
BROMBERT, VICTOR: The hidden reader: Stendhal, Balzac, Hugo, Baudelaire, Flaubert. Cambridge, Mass., London 1988
BRUMM, BARBARA: Marxismus und Realismus am Beispiel Balzac: eine kritische Auseinandersetzung mit Marx, Engels, Lukács und Barbéris. Frankfurt/Main, Bern 1979 (Europäische Hochschulschriften/20. 91)
BRUNETIÈRE, FERDINAND: Honoré de Balzac. Paris 1906 – 2. éd. 1913
CALIPPE, ABBÉ CHARLES: Balzac, ses idées sociales. Paris 1906
CANFIELD, ARTHUR GRAVES: The reappearing characters in Balzac's Comédie humaine. Chapel Hill 1961
COMEAU, PAUL T.: Diehards and innovators. The French Romantic Struggle: 1800–1830. New York 1988
CORNILLEAU, ROBERT: Honoré de Balzac. Paris 1926
CURTIUS, ERNST ROBERT: Balzac. Bonn 1923 – 2. Aufl. Bern 1951
DELATTRE, GENEVIÈVE: Les opinions littéraires de Balzac. Paris 1961
DESCAVES, PIERRE: Le président Balzac. Paris 1951
DETHLOFF, UWE: Die literarische Demontage des bürgerlichen Patriarchalismus:

Zur Entwicklung des Weiblichkeitsbildes im französischen Roman des 19. Jahrhunderts. Tübingen 1988 (Romanica et Comparatistica. 9)
DONNARD, JEAN-HERVÉ: Balzac. Les réalités économiques et sociales dans La Comédie humaine. Paris 1961
EITEL, WOLFGANG. Balzac in Deutschland: Untersuchungen zur Rezeption des französischen Romans in Deutschland. 1830–1930. Frankfurt/Main, Bern 1979 (Europäische Hochschulschriften/1. 272)
FAGUET, ÉMILE: Balzac. Paris 1913
FAILLIE, MARIE-HENRIETTE: La femme et le Code-Civil dans la Comédie humaine. Paris 1968
FLAT, PAUL: Essais sur Balzac. Paris 1893
FOREST, JEAN: L'aristocratie balzacienne. Paris 1973
FORTASSIER, ROSE: Les mondains de La Comédie humaine. Paris 1975
FRIEDRICH, HUGO: Drei Klassiker des französischen Romans. Stendhal, Balzac, Flaubert. Leipzig 1939 – 2. Aufl. 1950
GAUTIER, THÉOPHILE: Honoré de Balzac. Paris 1859
GERSON, NOEL BERTRAM: The prodigal genius. The Life and times of Balzac. Garden City/N. Y. 1972
GUICHARDET, JEANNINE: Balzac, «archéologue» de Paris 1986
GUMBRECHT, HANS-ULRICH u. a. (Hg.): Honoré de Balzac. München 1980
HEISS, HANNS: Balzac. Sein Leben und seine Werke. Heidelberg 1913
HELM, WILLIAM HENRY: Aspects of Balzac. London 1905
HEMMINGS, F. W. J.: Balzac. An interpretation of La Comédie humaine. New York 1967
Honoré de Balzac. 1799–1850. Bibliothèque Nationale. Exposition organisée pour commémorer le centenaire de sa mort. Paris 1950
HOLTZMANN, KURT: Die Stellung Honoré de Balzacs in der Geschichte der französischen Literatur. Gießen 1922 (Gießener Beiträge zur romanischen Philologie. 7)
HUGO, VICTOR: Grabrede auf Balzac (1850). In: Hugo, Actes et paroles. Paris 1875
HUNT, HERBERT J.: Balzac's Comédie humaine. London 1959
KLEIN, ROLF: Kostüme und Karrieren. Tübingen 1990 (Romanica et Comparatistica. 13)
KLOSE, JUTTA: Tafelfreud und Liebesleid in der Bourgeoisie: Essen und Trinken bei Balzac, Flaubert und Zola. Frankfurt/Main, Bern 1987 (Heidelberger Beiträge zur Romanistik. 22)
LE BRETON, ANDRÉ: Balzac, l'homme et l'œuvre. Paris 1905
LÉGER, CHARLES: A la recherche de Balzac. Paris 1927
LEMER, JULIE: Balzac, sa vie et son œuvre. Paris 1892
LONGAUD, FÉLIX: Dictionnaire de Balzac. Paris 1969
LOVENJOUL, VICOMTE CHARLES DE: Études balzacienne, Autour de Honoré de Balzac. Paris 1897
LOVENJOUL, VICOMTE CHARLES DE: Histoire des œuvres de Balzac. Paris 1879
LUKÁCS, GEORG: Balzac und der französische Realismus. Berlin 1952
MARCEAU, FÉLICIEN: Balzac et son monde. Édition revue et augmentée. Paris 1970
MAUPRAT, ANDRÉ: Honoré de Balzac. Lyon 1990
MAURIAC, CLAUDE: Aimer Balzac. Paris 1945
MAUROIS, ANDRÉ: Prométhée ou La vie de Balzac. Paris 1965. Deutsch: Prometheus oder Das Leben Balzacs, Düsseldorf 1966 (Econ)
MCCORMICK, DIANA FESTA: Les nouvelles de Balzac. Paris 1973
MÉTADIER, PAUL: La Touraine de Balzac. Tours 1971

MONTALIÉ, REMY: En lisant Balzac. Paris 1925
NYKROG, PER: La pensée de Balzac dans La Comédie humaine. Esquisse de quelques concepts-clé. Copenhague 1965
PARADISSIS, A. G.: Studies on the origins and significations of Balzac's humour and satire. Melbourne 1971
PARIS, JEAN: Balzac. Paris 1986
PETREY, SANDY: Realism and revolution. Balzac, Stendhal, Zola and the performances of history. Ithaca, London 1988
PRADALIE, GEORGES: Balzac historien. La société de la Restauration. Paris 1955
PREISENDANZ, WOLFGANG: Wege des Realismus. Zur Poetik und Erzählkunst im 19. Jahrhundert. München 1976
PRITCHETT, V. S.: Balzac. London 1973
REBOUSSIN, MARCEL: Balzac et le mythe de Fœdora. Paris 1966
ROUSSET, JEAN: Le lecteur intime: de Balzac au journal. Paris 1986
SCHOPBACH, IRENE: Deutschland und die Deutschen im Urteil Honoré de Balzacs. Gießen 1923 (Gießener Beiträge... 12)
SEILLIÈRE, ERNEST: Balzac et la morale romantique. Paris 1922
SULZER, ELISABETH: Natur und Mensch im Werke Honoré de Balzacs. Straßburg 1930
TAINE, HIPPOLYTE: Honoré de Balzac. Vie et caractère. In: Taine, Nouveaux essais de critique et d'histoire. Paris 1865 – Deutsch. Leipzig 1913 (Insel-Bücherei. 63)
WEDMORE, FREDERICK: Life of Honoré de Balzac. London 1890
WEIGAND, WILHELM: Stendhal und Balzac. Essays. Leipzig 1911
WURMSER, ANDRÉ: La Comédie inhumaine. Paris 1964. Édition revue et complétée 1965. Édition définitive 1970
VANNIER, BERNARD: L'inscription du corps. Pour une sémiotique du portrait balzacien. Paris 1972
VOISIN, NATHALIE: Le Paris de Balzac. Paris 1978
LE YAOUANC, MOISE: Nosographie de l'humanité balzacienne. Paris 1959
YÜCEL, TAHSIN: Figures et messages dans La Comédie humaine. Tours 1972
ZWEIG, STEFAN: Balzac. (Aus dem Nachlaß hg. von Richard Friedenthal.) Stockholm 1946–Leipzig 1958
ZWEIG, STEFAN: Drei Meister. Balzac, Dickens, Dostojewski. Leipzig 1920 – 26.–30. Tsd. – Später aufgenommen in den Sammelband: Baumeister der Welt

### *5. Biographische Untersuchungen*

ARNAULT, ALBERT: Madame de Berny, éducatrice de Balzac. Tours 1949
ARRAULT, ALBERT: Madame Hanska, le dernier amour de Balzac. Tours 1949
ARRIGON, LOUIS JULES: Les années romantiques de Balzac. Paris 1924
ARRIGON, LOUIS JULES: Balzac et la ‹contessa›. Paris 1932
ARRIGON, LOUIS JULES: Les débuts littéraires d'Honoré de Balzac d'après des documents nouveaux. Paris 1924
BERTRAUT, JULES: La vie privée de Balzac. Paris 1950
FILLAY, HUBERT: Balzac au collége de Vendôme 1807–1813. Blois 1939
FLOYD, JUANITA HELM: Women in the life of Balzac. New York 1921 – Franz. Ausg. Paris 1926
GROSMAN, LEONID: Balzac en Russie. Paris 1946
GUIGNARD, ROMAIN: Balzac et Issoudun. Issoudun dans la vie et dans l'œuvre d'Honoré de Balzac. Paris 1949
HANOTAUX, GABRIEL et G. VICAIRE: La jeunesse de Balzac. Balzac imprimeur. Balzac et Madame de Berny. Paris 1904

JARBLUM, IRÈNE: Balzac et la femme étrangère. Paris 1930
JARRY, PAUL: Le dernier logis de Balzac. Paris 1924
KORWIN-PIOTROWSKA, SOPHIE DE: Balzac et le monde slave. Mme Hanska et l'œuvre Balzacienne. Paris 1933
RUXTON, GENEVIÈVE: La dilecta de Balzac. Balzac et Madame de Berny. Paris 1909
SERVAL, M.: Une amie de Balzac. Madame Marbouty. Paris 1925

### 6. *Zum Werk und Einzeluntersuchungen*

ABRAHAM, PIERRE: Créatures chez Balzac. Paris 1931 – 2. éd. 1949
ANDRÉOLI, MAX: Le système balzacien. Essai de description synchronique. 2 Bde. Paris 1984
ARNAUD, PAUL: Le palais dans l'œuvre de Balzac. Montpellier 1924
ATKINSON, GEOFFREY: Les idées de Balzac d'après la Comédie humaine. 5 Bde. Genf 1949
Autour du chef–d'œuvre inconnue de Balzac. (E. N. S. A. D.) Paris 1985
Avec Balzac. Pour le centenaire de sa mort 1850–1950. Études sur Balzac par... Paris 1950
BARBÉRIS, PIERRE: Aux sources de Balzac. Les romans de jeunesse. Genf, Slatkine Reprints 1985
BARBÉRIS, PIERRE: Le Père Goriot de Balzac. Écriture, structures, significations. Paris 1972
BARDÈCHE, MAURICE: Balzac romancier. Paris 1944 – 2. éd. 1950
BARON, ANNE-MARIE: Balzac cinéaste. Paris 1990
BARTHES, ROLAND: S/Z. Paris 1970 [Interpretation von Sarrasine]
BÉRARD, SUZANNE J.: Le genèse d'un roman de Balzac. Illusions perdues. 1837. 2 Bde. Paris 1961
BERNARD, CLAUDIE: Le Chouan romanesque. Balzac, Barbey d'Aurevilly, Hugo. Paris 1989
BERNHEIM, PAULINE: Balzac und Swedenborg. Berlin 1914 (Romanische Studien. 16)
BOREL, JACQUES: Le Lys dans la vallée et les sources profondes de la création balzacienne. Paris 1961
BOREL, JACQUES: Proust et Balzac. Paris 1975
BOUTERON, MARCEL: Le culte de Balzac. Paris 1925
BOUTERON, MARCEL: Études balzaciennes. (Publ. avec le concours des amis de Marcel Bouteron.) Paris 1955
BOUVIER, RENÉ: Balzac. Homme d'affaires. Paris 1930
BURTON, JOHN MARVIN: Honoré de Balzac and his figures of speech. London 1922
CARL, JOACHIM: Untersuchungen zur immanenten Poetik Balzacs. Heidelberg 1978 (Beiträge zur neueren Literaturgeschichte. Folge 3/48)
CERFBERR, ANATOLE et JULES CHRISTOPHE: Répertoire de la Comédie humaine. Paris 1887
CÉSARI, PAUL: Étude critique des passions dans l'œuvre de Balzac. Paris 1938
CHOLLET, ROLAND: Balzac journaliste: le tournant de 1830. Paris 1983
CITRON, PIERRE: Dans Balzac. Paris 1986
DAGNEAUD, ROBERT: Les éléments populaires dans le lexique de la Comédie humaine. Paris 1956
DANGER, PIERRE: L'éros balzacien. Paris 1989
DETHLOFF, UWE: Le père Goriot: Honoré de Balzacs Gesellschaftsdarstellung im Kontext der Realismusdebatte. Tübingen 1989
DUCHET, CLAUDE/NEEFS, JACQUES: Balzac, l'invention du roman. Paris 1982

Duron, Jacques-Robert: Balzac: Le livre du centenaire. Paris 1952
Esneval, Aurée D': Balzac et la provinciale à Paris. Paris 1976
Fargeaud, Madeleine: Balzac et La recherche de l'absolu. Paris 1968
Felkay, Nicole: Balzac et ses éditeurs, 1822–1837. Paris 1987
Fernandez, Ramón: Balzac ou l'envers de la création romanesque. Paris 1980
Forest, H. V.: L'esthétique du roman balzacien. Paris 1950
Fortassier, Rose: Les écrivains français et la mode: de Balzac à nos jours. Paris 1988
Gauthier, Henri: L'image de l'Homme intérieur chez Balzac. Genf 1984
Guyon, Bernard: La création littéraire chez Balzac. La genèse du Médecin de campagne. Seconde édition augmentée. Paris 1967
Guyon, Bernard. La pensée politique et sociale de Balzac. Paris 1948
Le Huenen, Roland / Perron, Paul (Hg.): Le roman de Balzac. Recherches critiques, méthodes, lectures. Montréal 1980
Jung, Willi: Theorie und Praxis des Typischen bei Honoré de Balzac. Tübingen 1983 (Romanica et Comparatistica. 1)
Kashiwagi, Takao: La trilogie des célibataires d'Honoré de Balzac. Paris 1983
Küpper, Joachim: Balzac und der Effet de réel: eine Untersuchung anhand der Textstufen des Colonel Chabert und des Curé de village. Amsterdam 1986 (Beihefte zu Poetica. 17)
Laubriet, Pierre: L'intelligence de l'art chez Balzac. Genf, Slatkine Reprints 1980
Laubriet, Pierre: Un catéchisme esthétique. Le Chef-d'œuvre inconnu de Balzac. Paris 1961
Leathers, Victor L.: L'Espagne et les espagnols dans l'œuvre de Balzac. Paris 1931
Lecuyer, Maurice: Balzac et Rabelais. Étude sur les affinités profondes entre les deux maîtres tourangeaux. Paris 1956
Lichtenthäler, Barbara: Balzac als Jurist: das Recht-Strukturelement der Comédie humaine. Bonn 1988 (Abhandlungen zu Sprache und Literatur. 11)
Linsen, Ehrhart: Subjekt-Objekt-Beziehungen bei Balzac, Flaubert und Nathalie Sarraute unter besonderer Berücksichtigung der Sprachproblematik. Frankfurt/Main, Bern 1981 (Saarbrücker Arbeiten zur Romanistik. 1)
Lorant, André: Les Parents pauvres d'Honoré de Balzac. La Cousine Bette. Le Cousin Pons. Étude historique et critique. 2 Bde. Genf 1967
Lotte, Fernand: Dictionnaire biographique des personnages fictifs de «la Comédie humaine». Éd. rev. et augm. Paris 1968
Majewski, Henry F.: Paradigm and parody. Charlottesville 1989
Marceau, Félicien: Les personnages de la Comédie Humaine. Paris 1977
Ménard, Maurice: Balzac et la comique dans la comédie humaine. Paris 1983
Michel, Arlette: Le Mariage chez Honoré de Balzac. Amour et féminisme. Paris 1978
Mozet, Nicole: La ville de province dans l'œuvre de Balzac. Paris 1982
Nesci, Cathérine: La femme mode d'emploi. Lexington, Ky. 1992
Peytel, Adrien: Balzac, juriste romantique. Paris 1950
Prendergast, Christopher: The order of mimesis: Balzac, Stendhal. Cambridge 1986
Preston, Éthel: Recherches sur la technique de Balzac. Le retour systématique des personnages dans la comédie humaine. Genf, Slatkine Reprints 1984
Prioult, A.: Balzac avant la Comédie humaine. 1818–1829. Paris 1936
Rizakowitz, Eberhard: Balzacs Contes drôlatiques: der junge Balzac vor dem Entstehen der Comédie humaine; Unterhaltung als Wirkungsabsicht durch Literatur. Frankfurt/Main, Bern 1985 (Europäische Hochschulschriften/13.101)

Robb, Graham: Baudelaire, lecteur de Balzac. Paris 1988
Rossard, Janine: Pudeur et romantisme. Paris 1982
Rossum-Guyon, Françoise van (Hg.): Balzac, «Illusions perdues». «L'œuvre capitale dans l'œuvre». Groningen 1988 (C. R. I. N., 18)
Rossum-Guyon, Françoise van / Brederode, Michiel van (Hg.): Balzac et les parents pauvres: le cousin Pons, la cousine Bette. Paris 1981
Saint-Paulien: Napoléon Balzac et l'empire de la Comédie Humaine. Paris 1979
Schmid, Ursula: Zur Konzeption des «homme supérieur» bei Stendhal und Balzac. Frankfurt/Main, New York 1991
Sipriot, Pierre: Balzac sans masque. Paris 1992
Tappert, Birgit: Balzac und die Lyrik: Untersuchungen zur Verseinlage in der Comédie Humaine. Tübingen 1989 (Romanica et Comparatistica. 11)
Tritter, J. L.: Le langage philosophique dans les œuvres de Balzac. Paris 1976
Trousson, Raymond: Balzac, disciple et juge de Jean-Jacques Rousseau. Genf 1983
Vogel, Uwe: Balzac als Briefschreiber: ein Romancier zwischen Realität und Fiktion. Frankfurt/Main 1986 (Unters. zur Romanischen Philologie. N. F. 8)
Werner, Ingo: Distanz ohne Pathos. Die Kritik des Bildungsgedankens im Desillusionsroman Honoré de Balzacs. Frankfurt/Main, Bern 1991 (Europäische Hochschulschriften / 11. 467)
Wingard Vareille, Kristina: Les problèmes des couples mariés dans ‹La Comédie humaine› d'Honoré de Balzac. Uppsala 1978 (Studia Romanica Upsaliensia. 19)
Ygauin, Jean: Paris à l'époque de Balzac et dans la «Comédie Humaine». Paris 1992
Zélicourt, Gaston de: Le monde de la Comédie Humaine. Clefs pour l'œuvre de Balzac. Paris 1979

# NAMENREGISTER

*Die kursiv gesetzten Zahlen bezeichnen die Abbildungen*

# QUELLENNACHWEIS

## Texte

Die Zitate aus den Werken Honoré de Balzacs wurden den bei Rowohlt erschienenen *Gesammelten Werken* entnommen.

## Abbildungen

Roger-Viollet: 34 / Archiv für Kunst und Geschichte: 102 / Rowohlt-Archiv: 105, 106, 107, 108
Alle übrigen Bildvorlagen wurden aus dem Archiv des Verlages Éditions du Seuil zur Verfügung gestellt.

4503/9

## Theater / Film

**rowohlts monographien**
Begründet von Kurt Kusenberg, herausgegeben von Wolfgang Müller und Uwe Naumann.

**Ingmar Bergman**
dargestellt von Eckhard Weise
(50366)

**Luis Buñuel**
dargestellt von Michael Schwarze
(50292)

**Charlie Chaplin**
dargestellt von Wolfram Tichy
(50219)

**Walt Disney**
dargestellt von Reinhold Reitberger
(50226)

**Eleonora Duse**
dargestellt von Doris Maurer
(50388)

**Federico Fellini**
dargestellt von Michael Töteberg
(455)

**Gustaf Gründgens**
dargestellt von Heinrich Goertz
(315)

**Alfred Hitchcock**
dargestellt von Bernhard Jendricke
(420)

**Fritz Kortner**
dargestellt von Peter Schütze
(531)

## rowohlts monographien

**Ernst Lubitsch**
dargestellt von Herta-Elisabeth Renk
(50502)

**Marilyn Monroe**
dargestellt von Ruth-Esther Geiger
(50507)

**Pier Paolo Pasolini**
dargestellt von Otto Schweitzer
(50354)

**Karl Valentin**
dargestellt von Michael Schulte
(50144)

**Mary Wigman**
dargestellt von Gabriele Fritsch-Vivié
(50597)

Ein Gesamtverzeichnis der Reihe *rowohlts monographien* finden Sie in der *Rowohlt Revue*. Vierteljährlich neu. Kostenlos in Ihrer Buchhandlung.
Rowohlt im Internet:
www.rowohlt.de